Dydy DANNY CHUNG a maths ddim yn ffrindiau

Dydy DANNY CHUNG a maths ddim yn ffrindiau

MAISIE CHAN

Arlunwaith gan ANH CAO

Addasiad Cymraeg gan IWAN HUWS

atebol

Y Fersiwn Saesneg

Cyhoeddwyd gyntaf ym Mhrydain yn 2021 gan PICCADILLY PRESS
80–81 Wimpole St, Llundain W1G 9RE

Sy'n eiddo i Bonnier Books
Sveavägen 56, Stockholm, Sweden
www.piccadillypress.co.uk

Argraffiad gwreiddiol wedi'i gyhoeddi yn Saesneg o dan y teitl:
Danny Chung does not do maths

Y Fersiwn Cymraeg

Cyhoeddwyd yn y Gymraeg gan Atebol Cyfyngedig, Adeiladau'r Fagwyr,
Llanfihangel Genau'r Glyn, Aberystwyth, Ceredigion SY24 5AQ

Addaswyd gan Iwan Huws
Dyluniwyd gan Owain Hammonds

ISBN: 978-1-80106-448-4

Dymuna'r cyhoeddwr gydnabod cymorth ariannol
a chefnogaeth Cyngor Llyfrau Cymru.

atebol.com

Ariennir gan
Lywodraeth Cymru
Funded by
Welsh Government

Mae'r llyfr hwn er cof am Jean a Ron – fy mam a fy nhad. Diolch hefyd i deuluoedd Chan, Kwan a Mui y cefais fy magu yn eu cwmni ac a fu'n ysbrydoliaeth ar gyfer y llyfr hwn.

1

Hanner Hwyaden, Hanner Draig

Dwi wrth fy modd yn tynnu lluniau.

Byddaf yn tynnu lluniau ym mhob man: yn y gwely dan olau fflachlamp, yn yr ysgol, hyd yn oed pan fyddaf ar y toiled. (Wel, rhaid eistedd yno am amser hir weithiau, yn does? Ac ydw, dwi yn golchi fy nwylo wedyn.) Weithiau, byddaf yn mynd i'r parc i dynnu lluniau gyda Ravi, fy ffrind gorau. Fy hoff beth yn y byd ydy creu cymeriadau newydd sbon; rhai sy'n hanner un peth ac yn hanner rhywbeth arall – y gorau o ddau fyd, fel cyfuno bara brown a bara gwyn i greu torth berffaith.

Roeddwn i'n fodlon iawn gyda fy nghymeriad diweddaraf, yr Hwyaddraig. Creadur a chanddo gorff

hwyaden a phen draig. Dwi'n meddwl ei fod yn hynod Tsieineaidd. Mae dreigiau yn anifeiliaid lwcus yn Tsieina, ac yn boblogaidd iawn, ac mae hwyaid yn fendigedig o flasus. Y pen oedd y darn anoddaf i'w dynnu. Dydy dreigiau Tsieina ddim yn edrych fel dreigiau'n gwlad ni, a does ganddyn nhw ddim adenydd. Mae Ravi'n arbenigwr ar bopeth sy'n ymwneud â'r canoloesoedd a marchogion, ac mae o'n dweud bod dreigiau Tsieina yn 'anarferol', sy'n ffordd neis o ddweud bod rhywbeth braidd yn 'od'. Dydyn nhw ddim yn ceisio bwyta tywysogesau a brwydro yn erbyn marchogion chwaith, a dwi'n meddwl fod hynny yn beth da. Hyd y gwelaf i, does dim ochr ddrwg i'r Hwyaddraig.

O fy man clyd o dan y *duvet*, clywais ddrws yr ystafell yn agor gyda gwich.

'Danny? Ble rwyt ti?' Ba oedd yno. Roedd yr arogl olew sesame o'r gegin yn ddigon i mi wybod hynny.

O, nid rŵan, gweddïais – roeddwn i'n dal i dynnu'r llun. Roeddwn i bron iawn â gorffen pen y ddraig, pen â siâp nid annhebyg i ben camel, mewn ffordd. Roedd angen i mi sicrhau bod corff yr hwyaden yn cyd-fynd â maint y pen. Does neb eisiau gweld pen enfawr a chorff hwyaden bychan bach. Byddai'r gwddf yn rhy wan, yn un peth. Tynnais y *duvet* yn uwch dros fy mhen, gan obeithio dianc rhag llygaid Ba. Fel arfer, roedd dyddiau Sadwrn yn ddyddiau prysur, a byddai fy rhieni eisiau i mi helpu trwy blygu bwydlenni neu bentyrru tuniau diod ar y silff y tu ôl i'r cownter. Ond roedd yn well gen i aros yn fy mhyjamas a thynnu lluniau.

''Dan ni'n dy weld di, Danny Chung,' dywedodd Ma. 'Tyrd yn dy flaen, mae angen i ti ddod allan o'r gwely yna. Rhaid i Ba a finnau lanhau dy stafell di – mae hi fel tomen sbwriel. Mae angen mwy o le yma.'

Beth? Gostyngais y *duvet* i edrych yn sydyn. Roedd Ma yn gwisgo ei ffedog goch, yr un a wisgai bob nos wrth y cownter, a phâr o fenig rwber melyn. Roedd brwsh plu o dan ei chesail. Roedd hi'n edrych o gwmpas f'ystafell yn benderfynol. Gwyrodd Ba, gyda'i frwsh a'i badell lwch, a gollyngodd bentwr o fagiau duon ar y carped. Roedd rhywbeth o'i le. Roedd o'n chwysu ac yn fyr ei wynt. Doedden nhw byth yn dod yma i lanhau f'ystafell i fel arfer.

'Does dim llawer o amser,' meddai Ba. 'Mae hi wedi bod mor brysur, does ond chydig oriau ar ôl.' Aeth ati yn wyllt i ddechrau clirio'r holl bethau roeddwn i wedi bod yn eu stwffio'n ddi-hid o dan y gwely. Beth oedd yn digwydd? Ychydig oriau tan beth? Gafaelodd Ba mewn hen dedi bêr llychlyd a oedd o dan y gwely, a'i daflu ar draws yr ystafell – dim ond un llygad oedd ar ôl ganddo. Yna, ymestynnodd ei fraich ymhellach i gyrraedd pentwr o hen lyfrau sgetsio a oedd yn llawn o fy hen luniau a chreadigaethau.

'Glanhau? Ond mae hi'n ddydd Sadwrn. Pam na cha i ymlacio fel y plant eraill? Maen nhw'n cael chwarae gemau fideo a bwyta hufen iâ ar y penwythnos. Mae dydd Sadwrn yn ddiwrnod i wneud ... wn i ddim ... i wneud dim byd.' O diar. Cyn bod y geiriau wedi gadael fy ngheg, roeddwn yn gwybod yn iawn fy mod am gael pregeth gan Ba am 'y Ffordd Tsieineaidd'.

'Gwneud ... dim byd?! Dim byd?!' Cododd Ba oddi ar ei liniau a dechreuodd sgubo'r llwch a'r blew oddi ar ei drowsus â'i ddwylo. 'Dydy gwneud dim byd ddim yn rhan o'r Ffordd TSIEINEAIDD, Danny.' Cododd Ma ei hael arnaf i. Roedd hi'n gwybod yn iawn beth oedd ar ddod hefyd. Dechreuodd fwmian canu rhyw alaw gam wrth dynnu ei brwsh plu hyd ben fy wardrob.

'Mae'r Ffordd Tsieineaidd yn golygu gweithio'n galed. Mae'n golygu gwrando a pharchu'r rhai sy'n hŷn na ni. Mae'n golygu teulu, a helpu'n gilydd i lwyddo. Rhaid i ni weithio ddwywaith yn galetach na phobl eraill yn y wlad 'ma. Gweithio chwe diwrnod yr wythnos. Does neb am roi dim byd am ddim i ni. Dydan ni'n bendant DDIM yn gwneud ... DIM BYD!' bytheiriodd Ba.

'Nid dyna ro'n i'n ei ddweud. Be ro'n i'n ei feddwl oedd ...' Ond beth oeddwn i'n ei feddwl? 'Dwi'n hoffi tynnu lluniau, dyna'r cwbl. Dydy hynny ddim fel gwneud dim byd. Edrychwch. Dwi'n creu pethau.'

Troais y llyfr sgetsio ato er mwyn iddo weld y llun roeddwn yn ei wneud. Trodd Ma i edrych dros ei ysgwydd i gael cip hefyd. Symudodd ei phen yn nes, crychodd ei llygaid. Roedd yn amlwg nad oedd hi'n deall. Camodd o flaen Ba, ei sylw yntau bellach yn ôl ar y llawr gyda'r llanast, a daeth Ma yn nes i graffu ar y llun.

'Hybrid hanner hwyaden a hanner draig ydy o,' eglurais. Roeddwn i'n gobeithio y byddai'n gweld pa mor wych a Tsieineaidd oedd y llun, ond doedden nhw ddim yn deall. Troais y llyfr yn ôl i'w guddio.

'O, ia ... ocê ... o, edrycha, Tedi Glas!' dywedodd. Aeth ar ei chwrcwd i godi yr hen arth budr oddi ar y llawr. Roedd ei liw yn nes at lwyd na glas erbyn hyn.

'Dwi heb ei weld o ers blynyddoedd. Mae o angen cael ei sgwrio'n iawn,' meddai Ma gan chwythu'r we pry cop oddi arno.

'Mae o'n eithaf afiach, Ma, a dwi'n un ar ddeg oed, nid dwy oed,' atebais innau, yn pendroni pam ar y ddaear y byddai Ma eisiau cadw'r fath beth hyll. 'Mi gewch chi ei daflu efo'r sbwriel.'

'Sut allet ti ddweud peth o'r fath? Nai Nai wnaeth anfon hwn i ti, yr holl ffordd o Tsieina,' meddai Ma.

'Fydd hi byth yn gwybod ei fod o wedi mynd,' atebais. Fyddwn i'n malio dim pe bai'r arth yn cael ei daflu i'r bin. Fyddai fy nain Tsieineaidd, na chwrddais mohoni erioed, byth yn gwybod, felly pam mae angen i mi ei gadw?

'Bydd hi *yn* gwybod, Danny ... hynny yw ... byddai'n gwybod na wnest ti werthfawrogi ei hanrheg,' dywedodd yn frysiog.

Dechreuodd Ba ysgwyd y sach ddu yn ei ddwylo er mwyn ei hagor, a chododd bentwr o fy hen lyfrau sgetsio.

'Ba, arhoswch! Peidiwch â thaflu'r rheina.' Roedd fy nghalon yn dyrnu fel gordd. Doeddwn i ddim yn cofio beth oedd yn y llyfrau, ond roeddwn i'n gwybod eu bod yn haeddu gwell na'r bin ailgylchu.

Dewisodd Ba un llyfr o'r pentwr, a chan ysgwyd y llwch oddi arno, dechreuodd fflicio drwy'r tudalennau. Doedd hyn ddim yn arwydd da. Oedodd i edrych ar un dudalen.

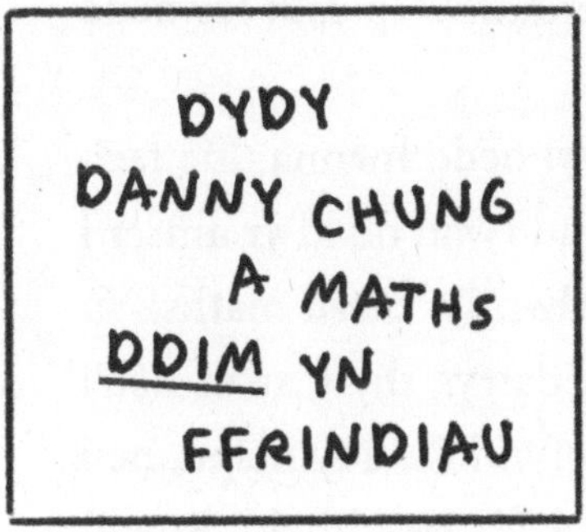

'DYDY DANNY CHUNG A MATHS *DDIM* YN FFRINDIAU …? Be mae hynny'n ei feddwl? Mae pawb yn hoffi mathemateg.' Roeddwn i wedi anghofio fy mod i wedi dechrau'r stribed comic yna. Roeddwn i wedi dechrau diflasu yn yr ystafell ddosbarth rhyw ddiwrnod, a Mr Heathfield yn traethu am rannu hir, felly dechreuais dynnu lluniau o'r holl bethau y *gallwn* fod yn eu gwneud yn hytrach na mathemateg.

Roedd hynny'n cynnwys cydbwyso ar bêl a chwarae trwmped yr un pryd, saethu dartiau papur trwy welltyn, a hedfan ar farcud enfawr siâp cath fôr oedd â dwy injan jet oddi tano.

'O, dim ond chydig o hwyl oedd hwnna. Jôc fach i wneud i Ravi chwerthin.' Nid rŵan oedd yr amser i gael trafodaeth am sut roeddwn i'n casáu maths. Yn aml, os na fyddwn i'n gallu datrys rhyw swm neu'i gilydd, byddwn i'n gorfod gofyn i Ravi fy helpu, neu byddwn yn rhoi rhyw esgus i Mr Heathfield. Roedd o'n gwbl grediniol fod gen i gi a oedd yn bwyta gwaith cartref.

Doedd Ba ddim yn fodlon. 'Os byddi di'n dweud wrth dy hun nad wyt ti'n hoffi neu'n gallu gwneud rhywbeth, wnei di byth lwyddo. Mae angen y meddylfryd iawn – mae mathemateg o dy gwmpas di ymhob man. Dydy'r busnes ... tynnu lluniau yma. Does dim pwrpas iddo.' Rhoddodd y pentwr cyfan o lyfrau sgetsio yn y bag du. Roedd yn teimlo fel pe bai wedi rhoi fy ngwaith caled i gyd ar y domen sbwriel.

'Ond dwi'n hoffi tynnu lluniau,' mwmiais yn dawel, gan anwesu'r llyfr a oedd yn fy nwylo.

Yn amlwg, doedd Ba heb glywed am arlunwyr byd-enwog, fel Van Gogh. (Er, dwi'n cydnabod ei fod o wedi byw mewn tlodi trwy ei oes, a chael damwain erchyll gyda'i glust, ond mae ei luniau yn werth miliynau erbyn heddiw). Ceisiais feddwl am ryw arlunydd enwog oedd â hanes ychydig hapusach. Cuddiais fy lluniau o dan y gobennydd.

'Ond pam, Ba? Pam na cha i fod fel Picasso?'

'Pam, ar wyneb daear, fyddet ti eisiau bod fel y Pica-pwy-bynnag yna ... y creadur melyn ar y teledu?' Ysgydwodd ei ben mewn penbleth. 'Does dim gyrfa yn hynny, Danny.' Tybed, yr eiliad honno, a oedd o yn fy nychmygu i fel oedolyn, yn martsio i mewn i swyddfa mewn gwisg Pikachu a chês yn fy llaw? Rhwystrais y chwerthiniad cyn iddo adael fy ngheg.

'Na, Ba. Arlunydd o Sbaen oedd Picasso. Fo ddywedodd, "Mae pob plentyn yn arlunydd." Roedd o'n enwog iawn. Nid Pokémon oedd o!'

Eisteddodd Ba ar erchwyn y gwely, daeth yn nes er mwyn rhoi ei fraich am fy ysgwyddau a rhoddodd wasgiad bach i mi.

'Danny, er dy les di dy hun, ti angen treulio dy amser hamdden yn gwneud pethau mwy adeiladol. Mi gei di dynnu lluniau mewn dosbarth arlunio ar ôl yr ysgol, ond pan fyddi di adre, mae'n rhaid i ti ganolbwyntio ar gael graddau da. Dwi a dy fam ddim eisiau i ti dreulio dy oes yn gweithio yn y siop tecawê, fel ni. Mathemateg, gwyddoniaeth, Cymraeg a Saesneg – dyma'r pynciau sydd angen dy sylw di.'

'Mae dy dad yn dweud y gwir,' meddai Ma, a oedd yn dal i geisio pigo'r llwch oddi ar yr hen dedi glas.

Edrychodd Ba i fyw fy llygaid. 'Dwi'n dy garu di, Danny, ond dim mwy o dynnu lluniau, iawn?'

Cododd ac edrychodd o gwmpas yr ystafell; crychodd croen ei dalcen, croen a oedd mor llyfn fel arfer. 'Ta waeth, mae'n rhaid i ni wneud lle i wely bync newydd. Bydd yn cyrraedd ymhen hanner awr. Ac wedyn mi fydd yn rhaid i mi fynd i nôl fy-' Roedd Ba ar fin dweud rhywbeth, ond rhoddodd Ma hergwd sydyn iddo.

Torrodd Ma ar ei draws, 'Rhaid i ni frysio ... gwisga dy ddillad rŵan.' Roedd hi'n dal i gydio yn yr arth glas. 'Bydd yr Yees yma unrhyw funud efo'r gwely bync.' Edrychodd ar Ba, rhyw edrychiad nad oeddwn i'n ei ddeall.

'Rhowch chydig o lonydd i mi ac mi wna i wisgo amdanaf, iawn? Mae hynny'n rhywbeth i edrych ymlaen ato, am wn i.' Codais o'r gwely. Byddai gwely bync newydd yn wych, roedd fy hen fatres i'n dechrau sigo yn y canol.

Rhoddodd Ba ei law ar f'ysgwydd; roedd golwg flinedig arno. Rhoddodd Ma ei llaw ar ei ystlys a'i dywys o'r ystafell, ac yntau'n llusgo'r sach ddu ar ei ôl fel rhyw Siôn Corn drwg. *Ffarwél, luniau! Mi fydd gen i hiraeth amdanoch chi!* Dyna roeddwn i eisiau ei weiddi. Roeddwn i'n benderfynol o atal hyn rhag digwydd eto. O hyn ymlaen, byddai'n rhaid i mi dynnu fy lluniau yn y dirgel.

Roedden nhw'n sibrwd ymysg ei gilydd wrth fynd i lawr y grisiau. Roeddwn i'n clywed Ma yn rhoi cerydd i Ba. 'Ddim eto ...' oedd yr unig eiriau a glywais yn glir.

Ddim eto? Beth oedd *ddim eto* yn ei feddwl?

2

Robotiaid Dieflig y Tylwyth Yee

'Dydyn ni heb ddod yn waglaw! Ble mae Danny?' gwaeddodd Modryb Yee.

Roedd cymaint o nerth yn llais Modryb Yee, roeddwn yn ei chlywed o'r ystafell wrth i mi wisgo fy nghrys a chau fy nhrowsus. Roedd fel pe bai hi eisiau i bawb ar y stryd fawr glywed beth oedd ganddi i'w ddweud. Edrychais drwy fy llyfr lluniau i chwilio am y llun a dynnais ar ôl i Modryb Yee ddod draw yr wythnos diwethaf.

Robotiaid Dieflig
y Tylwyth Yee!

Roeddwn i wedi rhoi cyrn fel diafol iddi hi a'i merch. Roedd Modryb Yee yn unben robotaidd

ofnadwy, a'i phlasty yn llawn o finlliw marwol. Does ond angen i ti agor y caead, wedyn BANG!, byddi di'n gelain. Doeddwn i heb ychwanegu unrhyw eiriau eto, roeddwn i am adael i Ravi wneud hynny pan fyddwn i'n mynd i'w gyfarfod yn y parc yn nes ymlaen. Ravi oedd fy mhartner gyda'r comics – fo oedd yn rhoi geiriau i fy nghymeriadau. Stwffiais fy llyfr lluniau i mewn i fy mag melyn cyn brysio i lawr y grisiau yn fy sliperi.

Roedd Modryb Yee, yn ddi-ffael, yn edrych fel pe bai newydd ddod allan o siop trin gwallt. A siop ewinedd. A siop dillad drud. Y tu ôl iddi hi safai Amelia Yee – yr un sbit â hi, ond yn llai. Byddai dillad y ddwy wastad yn cyd-fynd, fel rhyw bâr o efeilliaid od. Sgleiniodd y bresys ar ddannedd Amelia wrth iddi orfodi ei hun i roi hanner gwên i mi. Roedd gorfod treulio amser gydag Amelia Yee fel artaith. Doedd hi ddim eisiau bod yma, a doeddwn i ddim eisiau iddi fod yma chwaith. Ond y Ffordd Tsieineaidd ydy bod yn barchus, felly roedd yn rhaid i ni esgus cyd-dynnu.

Gosododd Modryb Yee ei thun cacennau ar y bwrdd a'i agor, gan ddatgelu cacen wedi'i stemio (os gallai rhywun ei galw'n gacen). Yr un gacen fyddai hi bob tro, a byddai'n rhaid i ni ei thagu i lawr gyda galwyni o de jasmin.

'Helô, Modryb Yee,' dywedais gan godi llaw. Doedd hi ddim yn fodryb i mi go iawn, cofiwch, dim ond yn rhywun roeddwn i'n ei galw'n fodryb, am mai dyna'r Ffordd Tsieineaidd.

'Diolch o galon am ddod â'r gwelyau!' dywedodd Ma, gan wenu fel giât ar Amelia. 'Rydych chi mor garedig.'

'Unrhyw beth i helpu ...' atebodd Amelia yn dawel, cyn troi ataf i a sibrwd '... y rhai sy'n llai ffodus,' fel mai dim ond fi a glywodd. Gwenodd, gan ychwanegu, 'Mae gen i wely dwbl newydd sbon sydd â theledu cudd yn rhan ohono. Roedd gan ferch arall yn yr ysgol un, ac fe wnaeth fy mam ddweud y byddwn i'n cael un hefyd os byddwn i'n pasio fy arholiad piano. Gradd 3.'

'Mae hi'n rhagori, rhaid dweud. Roedd y gwersi ychwanegol yn syniad campus. Mae hi'n mynd at ei thiwtor dair gwaith yr wythnos bellach. Rydyn ni fel lladd nadroedd trwy'r adeg, yn mynd â hi i'w holl wersi ychwanegol. Fe wyddost ti sut mae hynny, Su Lin!'

'O, ie wir ... arbennig iawn, Amelia,' meddai Ma. 'Danny, dwed wrth Amelia am yr holl bethau rwyt ti wedi bod yn eu gwneud, ac am dy ... bethau di.'

'Fy mhethau i?' holais. Doedd gen i ddim clem am beth roedd hi'n sôn.

'Danny, sut mae pethau yn yr ysgol?' holodd Modryb Yee. Dyna roedd hi'n ei ofyn bob tro y byddai'n dod draw. Dyna'r cwestiwn mwyaf diflas y gallai unrhyw un ei ofyn i blentyn.

'Mae Danny'n gwneud yn dda yn yr ysgol hefyd,' atebodd Ma ar fy rhan. 'Mae o mor weithgar. Ei drwyn mewn llyfr trwy'r adeg.' Gwasgodd Ma fy ysgwydd a mwythodd fy ngwallt. Edrychodd Amelia arnaf i gan grechwenu.

Byddai Modryb Yee wastad yn dweud wrth fy rhieni bod angen i mi wneud hyn a'r llall. Yn ffodus i mi, doedd gan ein teulu ni ddim llawer o bres i'w wario ar wersi preifat ychwanegol – roedd fy rhieni'n cynilo er mwyn prynu tŷ newydd.

'Danny, mae dy fam yn dweud wrtha i dy fod wedi rhoi'r gorau i'r gwersi ffidil, wedi rhoi'r ffidil yn y to, fel petai! Rwy'n awgrymu i ti roi cynnig ar y piano. Y gyfrinach yw ymarfer di-baid.' Trodd i wynebu Ma. 'Buddsoddwch yn eich plentyn, ac yn eich henaint bydd eich plant yn buddsoddi ynoch chi, fe wyddost ti hyn yn iawn.'

Bu'r deufis o artaith a gefais y llynedd, y gwersi ffidil bondigrybwyll, yn wastraff arian ac amser. Ba, erbyn y diwedd, wnaeth ymbil ar Ma i roi'r gorau i dalu amdanyn nhw. 'Does gan yr hogyn ddim mymryn o dalent; mae'n swnio fel pe bai'n crogi cath,' dyna ddywedodd o. Roedd Ba yn berffaith gywir, doeddwn i ddim yn mwynhau. A dweud y gwir, roeddwn i'n arfer chwarae'n wael yn fwriadol! Dyna'r unig dro i mi fod yn falch o fod yn wael am wneud rhywbeth!

Agorodd Ba ddrws y siop tecawê a rhoi rhywbeth yn ei erbyn i'w ddal yn ei le. Gallwn weld Ewythr Yee yn tynnu planciau gwyn hir o gefn y fan ac yn eu rhoi i Ba i'w pentyrru ger y ffenestr. Roedd golwg bryderus braidd ar Ba – roedd 'na lwyth o ddarnau o bren. Rhoddodd Ewythr Yee slap chwareus iddo ar ei gefn a gwenodd. Roedd o'n cario matres gyfan ar ei ben ei hun. Cododd Ba dalcen y gwely a'i gario i mewn i'r siop. Rhoddodd Ewythr Yee winc i mi wrth iddo nesáu – gyda'r fatres yn ei freichiau mawrion.

'Helô, was, sut mae pethau?' gofynnodd yn siriol, ei ben moel yn sgleinio dan y golau. Y fo oedd yr unig un roeddwn i'n ei hoffi o'r teulu cyfan.

'Dwi'n iawn, diolch,' atebais.

'Mi gawn ni'r horwth mawr 'ma i mewn i dy stafell ymhen dim. Digon o amser cyn – awwww!' Roedd Ba wedi ei daro ar gefn ei ben gyda darn o bren.

‘Wps, wps. Welais i mohonot ti. Mae’n ddrwg gen i.’ Rhoddodd edrychiad i Ma fel pe bai eisiau dweud, *dim mwy o sgwrsio.*

‘Diolch o galon, Adrian,’ meddai Ma wrtho. ‘Rydyn ni wedi gadael bocs o siocledi i ti yn y stafell fyw – Ferrero Rocher. Cymer faint fynni di.’

‘O, fy ffefryn!’ dywedodd Ewythr Yee. Llamodd i fyny’r grisiau, gan wneud i’r fatres edrych fel pe bai wedi’i gwneud o gandi-fflos. Llafuriodd Ba ar ei ôl gyda thalcen y gwely. Gallwn ei glywed yn taro yn erbyn y waliau wrth iddo fynd.

‘Dewch, be am i ni gael rhywbeth bach i’w fwyta,’ meddai Ma, gan wahodd Modryb Yee ac Amelia draw at y bwrdd. Roedd y bwrdd y tu ôl i’r cownter, ac roedd Ma wedi gosod rholiau wy a thebotaid o de jasmin arno. Roedd dysgl fechan o ffrwythau wedi’i gosod ar ganol y bwrdd. Eisteddodd Modryb Yee, ac amneidiodd ar Amelia i wneud yr un fath wrth ei hymyl. Tynnodd Amelia ei bag lliwiau’r enfys oddi ar ei chefn a’i bloncio ar y bwrdd o’i blaen. Roedd pawb yn osgoi edrych ar y gacen.

‘Dim bagiau ar y bwrdd wir, Amelia, nid barbariaid mohonom,’ dywedodd Modryb Yee. Roedd hi wedi bod yn siarad yn posh ers iddi gael ei chicio allan o Merched y Wawr, rhyw fath o glwb lle mae menywod yn mynd i bobi cacennau, yn ôl Ma. Doedd ei chacen sbwng wedi'i stemio ddim yn llwyddiant ysgubol yno, mae'n rhaid, dyna pam ei bod yn dod â nhw yma. Fel arfer, os na fyddai rhywun yn ddigon dewr, neu wirion, i'w bwyta, byddai Ma yn dweud wrthyf i am fynd â hi i'r parc i'w rhannu gyda Ravi. Yn aml, bydden ni'n chwarae ffrisbi gyda hi, cyn hel yr holl ddarnau at ei gilydd a'u rhoi yn y bin. Doeddwn i ddim eisiau gwenwyno unrhyw anifeiliaid.

Symudodd Amelia ei bag a'i osod ar y llawr ger ei thraed. Yna, estynnodd ei thabled a dechreuodd ei bys wibio ar hyd wyneb y sgrin.

'Felly, a wyt ti'n edrych ymlaen i gael gwely bync, Danny?' holodd Modryb Yee.

'Methu aros. Dwi'n mynd i wahodd fy ffrind, Ravi, draw i aros dros nos; dwi'n mynd i'w gyfarfod o yn y parc yn nes ymlaen.' Dechreuodd Ma edrych yn anghyfforddus. Roeddwn i'n meddwl ei bod hi'n hoff o Ravi. Doeddwn i ddim yn meddwl y byddai hi'n gwarafun iddo aros. Roedd hi a Ba yn gweithio'r nosau fel arfer, ac yn fy ngadael ar fy mhen fy hun i fyny'r grisiau. Gallai Ravi fod yn gwmni i mi; byddai'n wych cael rhywun yno am sgwrs tra bo fy rhieni'n gweithio.

'Doedd Amelia byth yn defnyddio'r gwely uchaf – doedd dim pwynt i ni ei gadw mewn gwirionedd. Roedd Adrian yn meddwl y byddai'n dda pan fo ffrindiau'n dod draw, ond mae Amelia'n rhy brysur o lawer ar gyfer pethau o'r fath – mae hyd yn oed ein penwythnosau'n llawn.' Gwibiodd rhyw gysgod blin hyd wyneb Amelia, ond mi ddiflannodd unwaith y cymerodd anadl ddofn. Roeddwn i'n meddwl ei bod hi'n boblogaidd iawn yn ei hysgol breifat newydd, lle'r oedd ei rhieni hi'n gorfod talu, ond efallai ddim.

'Dwi'n falch o gael gwared ar y gwely. Mae cael ffrindiau i aros dros nos yn fabïaidd,' dywedodd Amelia yn swta. Cododd ei phen i edrych arnon ni i gyd am eiliad, ac yna dychwelodd ei llygaid at y sgrin. Dechreuodd Ma arllwys y te.

Eisteddais yno yn pendroni beth i'w wneud. Fel arfer, pan fyddai Ewythr Yee yn ymweld, byddai'n hoffi chwarae cardiau, ac yn aml byddai'n rhoi unrhyw newid mân oedd yn ei bocedi i mi. Ond roedd o'n brysur gyda Ba, yn ceisio cael trefn ar y gwely. Codais rolsen wy felys a'i rhoi yn fy ngheg. Gwasgarodd briwsion dros fy nghôl fel dail. Sychais fy nwylo ar fy nhrowsus. Wedyn, es i wisgo'r esgidiau chwarae a oedd yn cael eu cadw ar waelod y grisiau. Byddai Ravi'n disgwyl amdanaf yn ein man arbennig yn y parc, unrhyw esgus i beidio â gorfod eistedd yno yn hirach yn gwrando ar Modryb Yee yn fy nghymharu i ag Amelia. Modryb Yee ac Amelia, **Robotiaid Dieflig**, ill dwy, yn dinistrio pentrefi cyfan gyda'u bagiau llaw herfeiddiol. Byddai eu canu cythreulig yn chwalu'r ffenestri cryfaf yn deilchion.

'Su Lin, a yw Danny wedi sôn am y gystadleuaeth mathemateg ar gyfer ysgolion yr ardal? Mae Amelia'n siŵr o ennill, mae hi wedi bod yn gweithio ar ei chyflwyniad ers chwech wythnos bellach.' Trodd wyneb Amelia'n fflamgoch. 'Tra bo plant eraill yn gwastraffu eu hamser mewn parciau ...' edrychodd Modryb Yee arnaf i. 'Mae f'Amelia annwyl wedi bod yn gweithio'n ddiwyd ar ei sgiliau cyflwyno.'

Brathais fy ngwefus. Roedd fy nosbarth i wedi cael ei enwebu i gynrychioli'r ysgol yn y gystadleuaeth a oedd yn cael ei chynnal ar draws y ddinas, cystadleuaeth o'r enw 'Mae Mathemateg yn Hwyl'. Doedd gennyn ni ddim gobaith caneri yn erbyn Amelia *sbïwch-arna-i* Yee. Dyna rywbeth arall y gallai Modryb Yee ei ddefnyddio i'w lordio hi dros Ma. Arbennig.

'Danny, wnest ti sôn fod dy ddosbarth di'n cystadlu, yn do?' holodd Ma. Gwych. Doeddwn i ddim eisiau i Modryb Yee wybod.

'Do.' Edrychais ar fy nhraed i ddisgwyl yr anochel ...

'Wel, Danny, pob lwc i chi gyda phopeth, ond mi fydd yn anodd i chi gystadlu yn erbyn ein hysgol ni, afraid dweud. Mae hi'n ysgol breifat, wedi'r cyfan, dosbarthiadau llai a hynny oll. Wrth gwrs, rwy'n siŵr fod dy ysgol di'n ... iawn, hefyd.' Cododd Modryb Yee ei phaned a chymerodd lymaid. Roedd ei bys bach yn sticio allan, fel pe bai yntau hefyd eisiau dianc oddi wrthi. Cododd Ma ei chwpan at ei gwefusau. Ar y cwpan roedd y geiriau, 'ANADLA'N DDWFN A DAL ATI'.

'Mami, dwi eisiau mynd adre, mae gen i gur pen.' Cadwodd Amelia ei thabled a'i chôt yn ei bag. Doedd Ma ddim yn deall, ac roedd Modryb Yee yn edrych yn eithaf siomedig hefyd – dyma'r unig ddigwyddiad cymdeithasol yn ei hwythnos gyfan. Ein teuluoedd ni oedd yr unig rai Tsieineaidd o fewn pum milltir i'w gilydd, felly roedd Ma a Modryb Yee wedi cael eu denu at ei gilydd fel dau fagned. Roedden nhw'n glynu at ei gilydd, er eu bod nhw'n gwrthgyferbynnu.

'Ond, cariad, mae dy dad yn dal i roi'r gwely at ei gilydd,' galwodd Modryb Yee wrth i Amelia frysio tuag at y drws.

'Dwi eisiau mynd,' dywedodd Amelia eto.

'A oes unrhyw beth alla i ei wneud?' holodd Ma. Cododd ar ei thraed, ei phryder i'w weld yn amlwg hyd ei hwyneb. Doedd hi ddim eisiau pechu ei hunig ffrind. 'Ai rhywbeth wnest ti ei fwyta sydd ar fai?' Gwyddwn yn iawn nad oedd Amelia wedi bwyta unrhyw beth. Rhywbeth arall oedd ar fai.

'Mae'n ddrwg gen i, Su Lin, ond bydd yn rhaid i ni i gyd fynd. Fe allwch chi orffen pethau gyda'r gwely, rwy'n siŵr.' Aeth Modryb Yee ar frys tua'r grisiau a galwodd, 'Adrian, mae'n rhaid i ni fynd! Mae rhywbeth yn poeni Amelia. Adrian. NAWR!'

Crynodd ein teledu pan daranodd Ewythr Yee i lawr y grisiau. Daeth i'r golwg wedi cynhyrfu i gyd. 'Beth sydd? A oes angen i ni fynd? Ond dwi heb gael trefn ar y ffrâm eto,' dywedodd, gyda Ferrero Rocher yn ei geg.

'Rwy'n siŵr y byddan nhw'n iawn. Gall Danny helpu. Yn dy flaen,' dywedodd Modryb Yee, a chydiodd yn ei lawes i'w lusgo. Edrychodd Ewythr Yee arnon ni a chodi ei ddwylo.

'Ddrwg gen i, Danny. Gobeithio y bydd y gwely'n barod ar gyfer dy syrpréis mawr.' Rhoddodd ei law ar fy ysgwydd. Clywais sŵn traed Ba yn brysio i lawr y grisiau.

Roedd Modryb Yee bron â chyrraedd y drws ffrynt. 'Amelia, cariad, rydyn ni'n dod! Su Lin, fe welaf i di ymhen ychydig wythnosau. Fe allwn fynd i gael mymryn o *dim sum* yn ystod gwyliau'r Pasg, iawn? Ffonia fi.' Llusgodd Ewythr Yee o'r siop tecawê.

'Be ydy'r syrpréis, Ma?' holais. Trodd i fy wynebu; roedd hi wrthi'n rhoi'r gacen wedi'i stemio mewn bag papur er mwyn i mi fynd â hi i'r parc.

'Pwy sy'n cael syrpréis?' holodd Ba gan ymuno yn y sgwrs. Roedd o'n chwys diferol.

'Ti,' atebodd Ma. 'Y syrpréis ydy bod yn rhaid i ni adeiladu'r gwely ein hunain, achos mae'r Yees wedi gadael. A dim ond dwy awr sydd nes bydd y "syrpréis" yn cyrraedd.' Defnyddiodd Ma ei bysedd i wneud arwydd dyfynodau ar y gair 'syrpréis', a chododd ei hael ar Ba.

'Pam nad oes neb yn egluro dim wrtha i? Be ydy'r syrpréis?' holais eto, gan fownsio o droed i droed, ar bigau'r drain.

'O, Danny, pur anaml y byddwn ni'n cael syrpreisys, yn de? Felly rydyn ni eisiau gwneud yn siŵr ein bod ni'n ei wneud yn achlysur arbennig.' Roedd dagrau'n dechrau cronni yn llygaid Ma.

Rhoddodd Ba ei fraich am fy ysgwydd. 'Danny, cer di allan i chwarae yn y parc, iawn? Tyrd adre erbyn pedwar, cei weld bryd hynny. Mi fyddi di wrth dy fodd!' Roeddwn i'n teimlo fel pe bai haid o loÿnnod byw yn fy stumog. Gwenais ar y ddau. Doedd hi ddim yn ben-blwydd arnaf i, doedd hi ddim yn flwyddyn newydd Tsieineaidd, ond dyma fi – gwely bync newydd a syrpréis arall ar y ffordd! Es i ar unwaith tua'r parc, doedd dim angen iddyn nhw ofyn eto.

3

Syr Ravi o'r Deheubarth

Doedd dim llawer i'w wneud yn yr ardal lle roedden ni'n byw yn y dref, heblaw am fynd i'r parc. Roedd modd cerdded i'r parc o'n siop tecawê ni ar y stryd fawr, y Ddraig Lwcus, mewn llai na chwarter awr. Ar benwythnosau, byddwn yn mynd i gwrdd â Ravi ar y fainc ger y parc chwarae. Y diwrnod hwnnw, roedd o'n eistedd yno yn barod pan gyrhaeddais i, yn darllen comic.

'Hei! Ti'n iawn?' holodd Ravi. Roedd o'n gwisgo esgidiau gwyn newydd gyda thic coch ar eu hochr. Roeddwn i'n gwisgo ei hen rai duon o, y rhai a wisgai flynyddoedd yn ôl. O ystyried fy oed a fy maint, roeddwn i'n ddigon arferol, ond roedd Ravi'n gwisgo dillad plant pedair ar ddeg oed yn barod. Gallai fod yn chwaraewr pêl-fasged – heblaw am y ffaith ei fod yn ofnadwy o wael am ddal pêl. Ac am daflu pêl. Ac roedd yn gas ganddo redeg.

'Mae dy esgidiau di mor llachar mi fyddan nhw'n gallu dy weld di o Neifion,' chwarddais. 'Hei, wnei di byth ddyfalu be sydd gen i i'w ddweud.' Eisteddais wrth ei ymyl ar y fainc ac agorais fy mag (un arall o hen bethau Ravi).

Gwthiodd ei sbectol yn ôl ar ei drwyn a chrychodd ei dalcen. Rhoddodd ei gomic wrth ei ymyl ar y fainc. 'Hm ... ydy Mr Heathfield wedi penderfynu cymryd blwyddyn o'r gwaith a does dim rhaid i ni wneud y peth maths 'ma a chodi cywilydd ar ein hunain o flaen y byd a'r betws?'

'O, na fyddai hynny'n wir, Ravi annwyl ... ond y newyddion ydy y cei di, ffrind anrhydeddus, bellach ddod i'n tŷ ni i aros dros nos!' Gwthiais fy mys i mewn i'w ystlys, rhyw hanner procio a hanner cosi.

'Rho'r gorau iddi!' chwarddodd Ravi. 'Ond ble fyddwn i'n cysgu? Mae dy stafell di'n ofnadwy o fach.

A wna i ddim cysgu ar y llawr. Falle bod ein tŷ ni'n orlawn, ond dwi ddim yn rhyw werinwr.'

'Wel, bore 'ma, mi ddaeth yr Yees draw, ac yn hytrach na rhoi poen bol neu gur pen i mi, mi ddaethon nhw â gwely bync! Mae Ma a Ba wrthi'n ei roi at ei gilydd rŵan. Roedd Ba wedi cynhyrfu am eu bod nhw fwy neu lai wedi ei adael o i wneud y cyfan ar ei ben ei hun.'

'Mi fyddai noson oddi cartre'n wych – dwi angen treulio noson yn bell o ben ôl drewllyd Vishal. Wir, dylai Mam roi'r gorau i roi wyau iddo fo ... mae'n stafell ni'n drewi fel bin compost efo peiriant cnecs yn ei ganol o. Ti'n lwcus mai unig blentyn wyt ti. Mae'n tŷ ni'n llawn o bobl trwy'r adeg, mae'n amhosib cael eiliad o heddwch.'

'Ond o leia mae gennych chi stafell chwarae, a gardd y galli di ddianc iddi.'

'Oes, ond alla i ddim cysgu yn yr ardd, na allaf?' Gwenodd Ravi arnaf i'n obeithiol.

'Mae ein fflat yn lle braidd yn ddiflas ar brydiau, cofia. Dydyn ni byth yn chwarae unrhyw gemau. Ac mae fy rhieni eisiau i mi wneud yn dda yn yr ysgol, ond does ganddyn nhw ddim amser i helpu efo fy ngwaith cartref.'

'Dydy fy rhieni i ddim yn gwneud hynny chwaith. Mae Dad yn gweithio trwy'r adeg ac mae Mam yn brysur yn cael trefn ar Vishal neu'n atal fy chwiorydd rhag methu eu harholiadau i gyd. Mi alli di wneud fel y mynni yn eich tŷ chi. Does neb dan draed gan eu bod nhw i gyd yn y gegin.'

'Yr unig beth dwi'n ei ddweud ydy ei bod hi braidd yn ... dawel ... dyna'r cwbl ... Nid 'mod i'n unig na dim.'

Daeth Carter a Mitchell, dau fachgen o'n dosbarth ni, i'r golwg o'r cae chwarae gerllaw, yn rhedeg tuag at y parc gan ddal eu gynnau lliwgar yn dynn wrth eu brestiau. Carlamodd y ddau trwy'r gwelyau blodau moel, gan neidio i mewn ac allan o'r gwrychoedd. Roedd Jay Jay, y lleiaf o'u criw, yn cuddio yn un o'r llwyni. Wnaeth yr un ohonyn nhw sylwi arnon ni'n dau yn eistedd yno, neu os gwnaethon nhw, mi benderfynon nhw ein hanwybyddu.

Edrychais tuag at Ravi eto.

'Wyt ti eisiau chydig o gacen ffrisbi?' gofynnais, gan godi cacen Modryb Yee o'r bag.

'Dim diolch,' atebodd, ei lygaid yn dal ar Carter a'i griw. 'Wyt ti'n meddwl y dylen ni symud i rywle arall?' gofynnodd. Roedd ei droed yn dechrau symud. Arwydd ei fod yn teimlo'n anniddig oedd hynny.

'Dwi'n meddwl ein bod ni'n iawn. Mae'n barc mawr, a wnân nhw byth ofyn i ni chwarae efo nhw.' Mewn gwirionedd, byddwn i wedi bod wrth fy modd yn chwarae mig gyda'r gynnau – roedd Carter yn dweud mai fo oedd wedi dyfeisio'r gêm honno. Roedd o a'i gang yn siarad amdani trwy'r adeg yn yr ysgol, ac roedd yn edrych fel hwyl. Ond, fel y soniais, doedden nhw byth yn gofyn i ni chwarae, a doedd Ravi ddim yn hoffi Carter chwaith, felly chawn ni byth gyfle i wneud.

Edrychais draw ar wn Carter. Roedd ganddo un o'r rhai awtomatig roeddwn i wedi ei weld ar y teledu! Roedd o'n un prin! Roedd ganddyn nhw *walkie-talkies* hefyd. Mor cŵl. Prociodd Ravi fy ochr gyda'i fys i darfu ar fy synfyfyrio. Roedden ni'n galw hynny'n jowstio, am ei fod o'n swnio'n ganoloesol.

'Helô? Y ddaear yn galw Syr Danny!'

'Sori, be?' Doeddwn i ddim eisiau brifo teimladau Ravi, ond weithiau byddwn i'n hoffi pe bai'n debycach i'r hen farchogion roedd o'n eu hedmygu gymaint – yn teithio ar hyd a lled y wlad ar ryw berwyl neu'i gilydd. Ond roedd hi'n well ganddo ddarllen amdanyn nhw na bod yn un.

'Wyt ti eisiau ysgrifennu'r ddeialog yn fy nghomic newydd, y Robotiaid Dieflig?' holais.

'Ydy hwyaid yn hoffi nofio? Wrth gwrs 'mod i. Rho fo i mi.' Estynnodd ei law tuag ataf.

Agorais y llyfr lluniau. Roedd y **Robotiaid Dieflig** yn llenwi rhan sylweddol ohono. Yn hwyrach ymlaen yn y comic, roedd Amelia wedi troi'n

drawsffurfiwr gyda rhadell fetel yn lle ceg, a diemwntau dieflig fel pigau ar ei hysgwyddau. Roedd ei mam yn hanner pŵdl a hanner reslar robotig. Chwarddodd Ravi pan welodd o'r llun. Yna, cofiais beth roeddwn i wedi ei wneud y bore hwnnw.

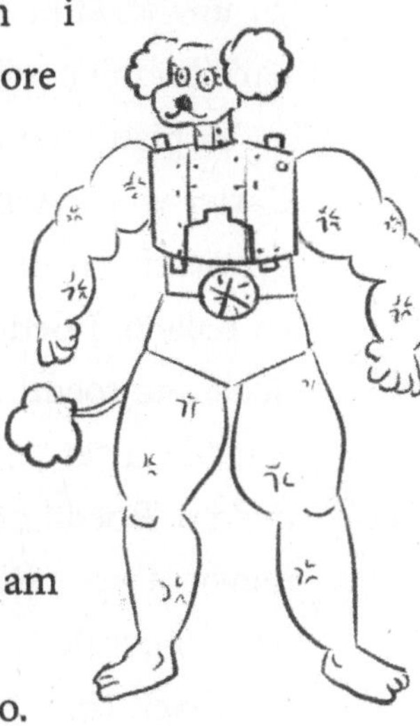

'Aros eiliad ... edrych, dwi'n meddwl y byddi di'n hoffi hwn,' dywedais wrth chwilio am y dudalen gyda'r Hwyaddraig arni. 'Dyma hanner hwyaden, hanner draig.' Rhoddais y llyfr yn ei law. Edrychodd ar y dudalen am ychydig, a gwenodd.

'Ha, da rŵan, dwi'n ei hoffi o. **HWYADDRAIG HERFEIDDIOL Y DEHEUBARTH** ... o, a ga i ychwanegu rhywbeth?' Estynnais bensel o fy mag a'i rhoi iddo. Dechreuodd ysgrifennu'n syth.

'Awww, be oedd hwnna?' gofynnodd Ravi yn sydyn, gan rwbio cefn ei ben. Trodd yn araf i edrych. Gallwn weld Carter, Mitchell a Jay Jay yn dod tuag aton ni. Edrychais ar Ravi; cododd ei aeliau.

'Yr eiliad rydyn ni'n dechrau cael hwyl, dyma nhw'n dod,' dywedodd Ravi. Roedd o a Carter yn arfer bod yn ffrindiau yn yr ysgol feithrin, ond pan aeth y ddau i'r ysgol gynradd, gadawodd Carter o ar y diwrnod cyntaf i fynd i chwarae gyda Mitchell a Jay Jay. Doedd Ravi heb anghofio hynny. Byddai Carter yn anwybyddu Ravi'n llwyr o'i gwmpas, fel pe na bai'n bodoli o gwbl.

'Fi piau hwnna,' meddai'r llais cyfarwydd. Roedd Carter yn fyrrach na Ravi a finnau, ond roedd yr holl gynnyrch yn ei wallt yn gwneud iddo ymddangos yn dalach. Roedd ganddo egin mwstásh ar ei wefus uchaf, ac roedd ei frest ddwywaith lled ein rhai ni. Roedd Carter yn solet, er mai yn yr un flwyddyn â ni oedd o. Roedd o'n dal y gwn ar hyd ei frest fel milwr mewn brwydr. Roedd Mitchell a Jay Jay yn crechwenu wrth ei gynffon, fel cŵn bach.

'Ydach chi'n chwarae Pedair Cainc y Babinogion, neu beth bynnag ydy'r gêm 'dach chi'ch dau mor hoff o'i chwarae?' holodd Mitchell.

'Ha ha, ti'n cofio eu gweld nhw'n procio'i gilydd efo'u bysedd yn yr ysgol!' dywedodd Jay Jay, gan wthio'i fys i gesail Mitchell. Roedd Mitchell yn chwerthin, ac yn ceisio stwffio'i fys i ystlys Jay Jay.

'Jowstio ydy o, twpsyn,' cwynodd Ravi o dan ei wynt.

Roedd â'i ben yn ei blu, a chaeodd y llyfr lluniau oedd ar ei lin a'i roi yn ôl yn fy mag. Roedden nhw wastad yn tynnu coes Ravi am ei fod o'n hoffi marchogion. Roedd Ravi'n gwybod y byddai'n well iddyn nhw beidio â gweld ein lluniau ni.

'Helô, Carter,' dywedais i, gan godi'r bwled sbwng bychan a oedd wedi taro Ravi. 'Dwi'n hoffi dy wn di. Mae'n cŵl. Dwi wedi gweld yr un yna ar y teledu.' Ac roeddwn i yn hoffi'r gwn, wir; nid dweud hynny er mwyn peidio â chael fy saethu yn fy mhen oeddwn i. Clywais fy ffrind gorau'n ochneidio'n dawel.

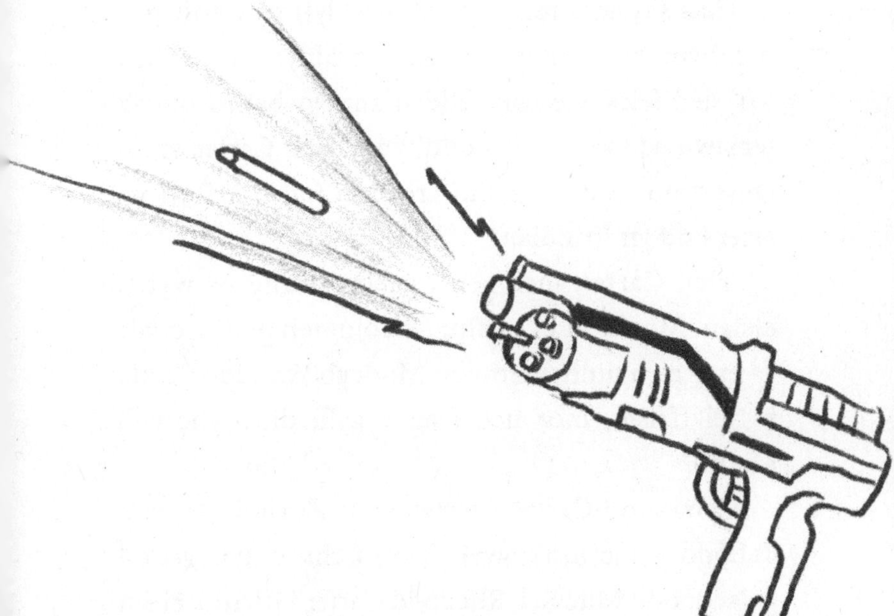

'Mi wnaeth Dad brynu hwn i mi'r penwythnos diwethaf,' dywedodd Carter. Roedd o'n gwisgo trowsus lliw caci ac roedd wedi peintio llinellau duon hyd ei wyneb. Yn ôl pob sôn, byddai tad Carter yn prynu popeth a fynnai iddo, a hynny am ei fod o wedi cael teulu newydd ac yn teimlo'n euog am adael Carter a'i fam. Roedd gan Mitchell a Jay Jay ynnau hefyd, a llinellau duon ar eu hwynebau.

'Bechod nad wyt ti'n gallu anelu,' cwynodd Ravi dan ei wynt.

'Dwi'n meddwl ei fod o wedi taro'r targed,' atebodd Jay Jay.

Cefais fy atgoffa o Ddiwrnod y Llyfr yn y dosbarth meithrin, pan daflodd Mitchell gleddyf Ravi ar ben to'r sied feics. Ceisiais feddwl am rywbeth i dorri'r tensiwn ac i'w hel nhw oddi yno. Safai Carter yno'n chwerthin. Allwn i ddim credu ei fod o a Ravi yn arfer bod yn ffrindiau.

'Hei, Carter, mae gen i gacen sbwng os wyt ti eisiau. Mi alli di ei saethu fel colomen glai.' Codais fy mag a chynnig methiant Modryb Yee iddo. 'Tafla hi fel ffrisbi, mor uchel ag y galli di, a cheisio'i saethu.'

Cymerodd Carter y gacen gron a'i rhoi i Jay Jay. Taflodd yntau hi i'r awyr. 'Wela i chi wedyn, *geeks!*' gwaeddodd Mitchell. Rhedodd Carter i ffwrdd, ei wn tua'r nef yn anelu at gacen anfwytadwy Modryb Yee. Roedden nhw'n ein galw ni'n '*geeks*' trwy'r adeg, ond roedd *geeks* i fod yn glyfar. Doedden ni ddim. Doedd yr enw ddim yn gweddu.

'*See ya, wouldn't want to be ya*!' gwaeddodd Jay Jay, gan ddilyn y lleill gyda'i wn yn ei law. Gwyliais y tri ohonyn nhw'n rhedeg o gwmpas y lle yn ceisio taro'r gacen. Roedd yn edrych fel hwyl.

Jay Jay a Mitchell fyddai'n dweud pethau cas, gan beri i mi feddwl nad oedd Carter cynddrwg. Ond roedd Ravi'n dweud mai 'adar o'r unlliw a hedant i'r unlle'.

'Mae Carter wir yn meddwl ei fod o yn y fyddin!' sibrydais. Rhoddodd Ravi chwerthiniad llipa; roedd o'n dal yn rhwbio cefn ei ben. 'Dwi'n hoffi'r gynnau yna, sgwn i faint maen nhw'n gostio,' dywedais. 'Falle y dylen ni brynu rhai? Falle y bydden nhw'n gadael i ni chwarae pe bai'r gynnau iawn gennyn ni, i ddangos ein bod ni ddim yn *geeks*.'

'Dwli, os ti'n gofyn i mi,' dywedodd Ravi'n swta.

'Ti'n iawn, mae'n siŵr ... dwli.'

'Mae 'na ormod o gywion milwyr yma i mi,' dywedodd Ravi.

Roedd angen troi'r sgwrs ar frys pan fyddai Ravi'n dechrau ymddwyn fel hyn. 'Hei, alli di feddwl am eiriau ar gyfer yr Hwyaddraig?'

'Iawn,' atebodd. Roedd o'n dawel. Byddai creu ychydig o gomics yn codi ei galon, meddyliais. Dechreuodd ysgrifennu. Gwyliais ei bensel yn crafu'r papur.

Cafodd yr Hwyaddraig ei tharo ar gefn ei phen gan garreg a daflwyd gan y cadlywydd aflan. Roedd gan yr Hwyaddraig gur pen wedyn, ond gwyddai bod angen dial, rhywsut. Hedodd uwchben y dolydd gwyrddion yn chwilio am y dihiryn.

Treuliodd y ddau ohonon ni oriau yn siapio'r stori. Byddai'r Hwyaddraig yn llowcio'r mân filwyr i gyd (maen nhw wastad yn marw yn y ffilmiau) a byddai'r cadlywydd yn ymbil am ei fywyd, gan addo peidio â thaflu cerrig byth eto. Dywedodd Ravi y byddai'r Hwyaddraig hyd yn oed yn gallu dodwy wyau a magu byddin ei hun rhyw ddydd. Byddin o

Hwyaddreigiau bychain! Dyna pam mae Ravi a fi yn gwneud tîm cystal. Roedd ganddo syniadau gwych bob tro.

'Wyt ti eisiau dod draw i'n tŷ ni am chydig?' Rholiodd Ravi ei gomic a'i stwffio yn ei boced gesail.

'Alla i ddim, sori. Mae Ba yn trefnu rhyw fath o syrpréis i mi.'

'Ond ti ddim yn cael dy ben-blwydd tan fis Ionawr,' dywedodd Ravi. 'Mae 'na fisoedd tan hynny.' Roedd o wastad yn cofio fy mhen-blwydd, ac yn cofio fy rhif ffôn hefyd, oherwydd mai ni oedd yr unig blant yn yr ysgol heb ffonau symudol eto, mae'n siŵr. Roedd Tia, o'r ysgol, yn ein galw ni'n *retro*.

'Dwi'n gwybod! Dwi ar bigau'r drain!'

'Wel, gad i mi wybod pan fyddi di yn yr ysgol ddydd Llun, ac mi gawn ni ddechrau cynllunio ar gyfer y parti cysgu gorau erioed.' Cododd Ravi.

'Mi wna i. Henffych well, Syr Ravi,' dywedais gan ei brocio yn ei ystlys gyda fy mys.

4

HWN ydy'r Syrpréis?

Pan ddes yn ôl, roedd y siop tecawê yn llawn mwg a phersawr. Roedd yr allor bren lle byddai fy rhieni'n gweddïo ar dduwiau'r gegin yn llawn offrymau a ffyn arogldarth. Codai'r mwg yn rhubanau llwyd i lenwi'r ystafell. Roedd bagiau dillad mawr coch a gwyn wedi'u gosod yn erbyn y cownter. Edrychais ynddyn nhw i weld a oedd unrhyw beth cŵl i mi ynddyn nhw - gwn efallai, neu beiriant gemau fideo - ond dim ond dillad oedd yno. Uwchlaw, yn y fflat, gallwn glywed sŵn traed a siarad.

Tynnais fy esgidiau a brysiais i fyny'r grisiau. 'Ma? Ba?' galwais wrth garlamu i fyny.

Safai Ba wrth fy ystafell, ei gorff yn llenwi ffrâm y drws. Allwn i ddim gweld heibio iddo; byddai'n symud bob tro y byddwn yn ceisio edrych i mewn. Roedd y blychau plastig a arferai fod yng nghornel fy ystafell bellach ar y llawr y tu allan.

'Arhosa eiliad, Danny,' dywedodd Ba. Roedd o'n wên o glust i glust.

'Helô, Danny, rydyn ni wedi gorffen gosod y gwely,' meddai Ma o'r tu ôl iddo. 'Roedd o'n haws nag oeddwn i'n feddwl.'

Roedd gen i ryw deimlad cynnes, llawn cyffro yn fy mol. Allwn i ddim aros.

'Ba, gad i mi fynd i mewn!' Symudais i'r ochr i weld yn well.

'Mi fyddi di mor hapus,' meddai Ma, gan stwffio o dan gesail Ba er mwyn gallu fy ngweld. Roedd hithau'n gwenu hefyd. Doeddwn i heb ei gweld hi'n gwenu fel yna ers amser maith.

'Danny, mae pethau'n mynd i fod chydig yn wahanol o hyn ymlaen, ac mi wnaiff gymryd amser i ti ddod i arfer, ond mae gen ti gysylltiad â dy wreiddiau rŵan,' dywedodd Ba.

Gwreiddiau? Am beth roedd Ba'n sôn? A oedden nhw wedi trawsnewid fy ystafell yn llwyr mewn awr, fel ar y teledu? Roeddwn i eisiau bagiau ffa mawr, a dillad gwely newydd. Clywais rywun yn pesychu. Roedd rhywun arall yn yr ystafell hefyd. A oedd Ewythr Yee wedi dod yn ei ôl i helpu?

'Cau dy lygaid,' dywedodd Ba. Gosododd ei ddwylo cynnes dros fy llygaid a cherddais ymlaen fel dyn dall, un cam petrus ar ôl y llall.

'Mae hyn mor gyffrous! Dewch ymlaen,' meddai Ma. O'r diwedd, symudodd Ba ei ddwylo o'r neilltu. Agorais fy llygaid, gan chwilio'n awchus am unrhyw beth a allai fod yn anrheg. Roedd yr ystafell yn edrych yn union yr un fath ag yr oedd hi: yr un hen bapur wal a'i flodau hyll; y llenni'n dal yn llwyd a diflas. Doedd y waliau heb gael eu peintio hyd yn oed. Doedd dim yn wahanol heblaw am y gwely bync enfawr (a oedd yn edrych yn wych), a'r hen ddynes fach a oedd yn eistedd ar y gwely isaf.

Hen ddynes fach a oedd â'r un trwyn â fy nhad.

Roedd ganddi wallt llwyd wedi'i dorri'n fyr, a bandana am ei phen. Roedd hi'n gwisgo cardigan borffor laes gyda dwy boced, a'r rheiny'n edrych yn llawn. Doedd ei thraed ddim yn cyrraedd y llawr; roedden nhw'n hongian yno, fel rhai plentyn. Cododd a cherddodd tuag ataf, ei breichiau ar led. Pan wenodd, gwelais fod ganddi ambell ddant aur fel môr-leidr; roedd y gweddill braidd yn felyn.

Daeth yr hen ddynes od yn nes ac yn nes, a

gafaelodd amdanaf o gwmpas fy nghanol. Edrychais i lawr ar ei hwyneb. Roedd ei hwyneb yn grychau i gyd, yn gwenu cymaint â'i cheg.

'Pam-mae-hi-yn-fy-stafell?' gofynnais gan anadlu'n drwm. Troais fy mhen i edrych ar fy rhieni. Roedd y ddau'n sefyll yno, law yn llaw. Beth oedd yn digwydd? Doedden nhw byth yn gafael yn nwylo ei gilydd.

'Dyma fy mam, Danny – dy nai nai di. Mae hi wedi dod i fyw aton ni.' Daeth Ba at y ddau ohonon ni. Roeddwn i'n teimlo fel pe bawn i'n cael fy ngwasgu gan beithon. Nai Nai? Roedd hi yma? Yng Nghymru?

Aeth Ba ar ei gwrcwd i gofleidio'r ddynes ddiarth – a minnau wedi cael fy nal rhyngddyn nhw. Edrychais ar Ma eto, a gwelais ddagrau'n cronni yn ei llygaid. Gallwn innau grio hefyd, ond am resymau gwahanol, yn amlwg. Llaciodd gafael yr hen ddynes, a sylweddolais, o'r diwedd, pam yr oedd gen i wely bync newydd.

Na ... mae'n rhaid mai jôc oedd hyn.

Gwely bync.

Hen ddynes fach a oedd yn edrych fel fy nhad?

O NA!

Mae'n rhaid fy mod i'n gwgu, oherwydd daeth Ba ataf i sibrwd: 'Danny, mae'n rhaid i ni barchu y rhai sy'n hŷn na ni. Rho gwtsh i dy nai nai ...' Rhoddodd hergwd i mi. 'Mae hi wedi bod yn disgwyl i ti ddod yn ôl er mwyn cael cwrdd â ti am y tro cyntaf.' Dywedodd hyn oll gan ddefnyddio'i lais *nid-gofyn-ydw-i-ond-dweud.*

'Mae hi eisiau rhoi cwtsh i ti a dweud cymaint mae hi'n dy garu. Rydyn ni wedi bod yn cynllunio'r syrpréis yma ers misoedd maith,' ychwanegodd Ma.

Dechreuodd Nai Nai barablu siarad, gan ddefnyddio synau nad oeddwn i wedi'u clywed o'r blaen. Roedd y synau'n swnio ychydig fel y Gantoneg a siaradai Ma a Ba gyda'i gilydd, ond dim ond ambell air o'r iaith honno roeddwn i'n eu hadnabod, fel 'wy' a 'cath', dim byd a fyddai'n ddefnyddiol iawn mewn sgwrs. Roedd Amelia, wrth gwrs, yn mynd i'r ysgol Tsieineaidd yn y ddinas, a gallai siarad Cantoneg a Mandarin yn rhugl.

Roedd iaith Nai Nai yn swnio fel rhywbeth yn y canol rhwng babi'n canu a broga'n crawcian. Cydiodd yn fy llaw i'w mwytho. Roedd ei chroen yn sych, ond roedd ei dwylo'n gynnes.

'Pam mae hi'n siarad fel yna?' holais. Daeth yn nes i roi ei dwylo ar fy wyneb. Gwasgodd fy moch rhwng ei bys a'i bawd a'i hysgwyd, gan binsio'r bloneg gyda'i bysedd.

'Mae hi'n siarad Mandarin wedi'i gymysgu â'i thafodiaith leol. Maen nhw'n siarad yr iaith yma yn yr ardal lle roedd hi'n byw. Roedd ganddi ei siop ei hun. Mae hi'n glyfar iawn,' dywedodd Ba.

Cefais fy nhynnu'n nes at Nai Nai eto, y tro yma rhoddodd ei phen ar fy mrest wrth iddi fy ngwasgu. Roedd llawer o wasgu'n digwydd. Dwi ddim yn un am gwtshys. Efallai y gallwn i ei dysgu i jowstio gyda'i bys, yn hytrach na fy ngwasgu fel hyn.

'Mae hi'n fy ngwasgu i ... ormod ...' ebychais. Roedd hi'n ofnadwy o gryf o ystyried ei maint.

Gollyngodd Nai Nai ei gafael, gan roi clamp o gusan wlyb ar fy moch. Defnyddiais fy llawes i sychu'r gwlybaniaeth.

'A oedd hi wastad mor fach â hyn, neu ydy hi wedi mynd yn llai?' gofynnais wrth edrych arni. Roedd hi wedi mynd i chwilio trwy un o'r bagiau a oedd ar y llawr.

'Mae hi wastad wedi bod yn fach. Roedd hi'n arfer dweud ei bod hi'n fach ond yn nerthol, fel morgrugyn,' meddai Ba.

Morgrugnain – dechreuais feddwl am gomic newydd. Hanner morgrugyn, hanner cadlywydd hynafol. Morgrugnain, yn dal ei phrae â'i hantenau gwenwynig. Gwyliais hi'n tyrchu trwy'r bag; roedd hi'n chwilio am rywbeth.

Ar ôl ychydig, tynnodd becyn bach allan – roedd o'n siâp llyfr. Cynigiodd y pecyn i mi â'i dwy law fel hambwrdd.

'Mae Nai Nai wedi dod ag anrheg i ti,' dywedodd Ma.

'Edrycha'n ddiolchgar, Danny,' dywedodd Ba. Roedd yn amlwg ei fod yn poeni am sut y byddwn i'n ymddwyn o gwmpas ei fam, felly derbyniais yr anrheg yn gwrtais a nodio fy mhen.

Gwenodd Nai Nai. Gollyngodd y pecyn, roedd wedi'i lapio mewn papur Nadolig oedd â dynion eira arno.

'Ond dydy hi ddim yn Nadolig,' dywedais.

'Derbynia'r anrheg, Danny, a gwena,' meddai Ma, gan roi edrychiad i mi a oedd yn dweud *paid-â-bod-yn-anniolchgar.*

Yn ofalus, dechreuais dynnu'r tâp oddi ar y cefn. Wrth ei agor, gwelais nodiant cerddorol yn dod i'r golwg, a llun o ffidil.

'Mae ganddi gof fel eliffant,' dywedodd Ma. 'Mi wnes i anfon llythyr ati y llynedd yn dweud dy fod yn dechrau cael gwersi ffidil. Ches i ddim cyfle i ddweud dy fod wedi rhoi'r gorau iddi. Paid â phoeni, mi rown ni o i Amelia. Wnaiff Nai Nai ddim sylwi nad oes gen ti ffidil, nac unrhyw dalent cerddorol.'

Doedd Ma ddim yn tynnu coes. Er ei fod yn

wir, roedd clywed nad oedd gen i unrhyw dalent cerddorol yn brifo. Rhoddais y llyfr ar y gwely isaf, a sylwais mai ar y gwely hwnnw roedd fy nillad gwely pêl-droed wedi cael eu rhoi, a'r hen arth hyll a oedd bellach wedi cael tro yn y peiriant golchi. Roedd o'n edrych fel pe bai wedi cael sioc drydanol. O na. Roedd hynny'n golygu ...

Fel pe bai hi wedi darllen fy meddwl, daeth Nai Nai at y gwely a dechrau dringo'r ysgol. Aeth hi hanner ffordd i fyny a thynnu ei bag llaw oddi ar y gwely uchaf. Roedd hi'n ddigon drwg fod yn rhaid i mi rannu ystafell gyda hi, ond roedd hi wedi cael y gwely gorau hefyd. Roedd fy nillad gwely i wedi cael eu hanfon i lawr – na, roeddwn *i* wedi cael fy anfon i lawr – i'r gwely gwaelod, a byddai'n rhaid i mi gysgu yno gyda'r hen arth. A hen ddynes.

'Roeddwn i eisiau'r gwely yna,' cwynais yn dawel, gan wybod ei bod hi'n rhy hwyr i newid unrhyw beth. Yn Tsieina, yr hynaf ydy rhywun, y mwyaf o lais sydd ganddyn nhw. Fi oedd ar waelod tomen ein teulu ni. Gwae fi, meddyliais.

Dywedodd Ba, 'Roedd hi eisiau bod yn nes i'r nefoedd, meddai hi.' Roedd y tensiwn wedi mynd o'i wyneb o'r diwedd. Edrychai'n fodlon ei fyd.

Daeth Nai Nai i lawr eto, i chwilio trwy ei bag llaw. Tynnodd het wlân ohono, un â streipiau gwyn a phorffor ar ei hyd, ac fel pe bai am goroni fy nghywilydd, gosododd hi ar fy mhen a'i thynnu dros fy nghlustiau. Bu'n rhaid i mi ddefnyddio fy holl nerth i beidio â rolio fy llygaid. Tynhaodd holl gyhyrau fy nghefn, a dechreuais godi fy ysgwyddau tuag at fy nghlustiau. Roeddwn i'n teimlo mor anghyfforddus yn yr het. Roedd yn teimlo fel pe bai miliwn o bryfed mân yn cropian dros fy mhen.

'Wel?' gofynnodd Ma, wrth iddi blygu dillad i'w rhoi mewn drôr. 'Dwyt ti ddim yn edrych yn rhy falch o gwrdd â dy nain am y tro cyntaf. Ti'n dweud trwy'r adeg dy fod eisiau teulu mwy. Wel, dyma ti.' Caeodd y drôr yn glep.

Roedd angen i mi, Danny Chung, droedio'n ofalus rŵan. Doeddwn i ddim eisiau pregeth arall am y Ffordd Tsieineaidd. 'Yr unig beth ydy ... mae hyn i gyd braidd yn annisgwyl ... fel syrpréis, dyna'r cyfan. Roeddwn i'n edrych ymlaen at wahodd Ravi i aros dros nos, ond alla i ddim gwneud hynny rŵan.'

'Ond dyma dy nai nai. Mae hi'n deulu. Roedd hi mor falch o weld dy fod wedi cadw Tedi Glas. Mi ddwedais i y byddai'n cofio, yn do?'

Rhoddodd Nai Nai un gusan arall i mi ar fy ysgwydd cyn dringo'r ysgol drachefn. Tynnodd flanced oren dros ei chorff bach ac o fewn dau funud roedd hi'n rhochian cysgu. Roedd ei chwyrnu'n swnio fel tegell yn chwibanu. Dim ond hanner awr wedi pedwar y prynhawn oedd hi.

'Pam mae hi'n mynd i'r gwely mor fuan?' gofynnais.

'*Jet lag*. Mae hi wedi blino'n lân ar ôl ei thaith. Mi wnaiff hi ddeffro erbyn swper,' dywedodd Ba. 'Tyrd yn dy flaen, mi rown ni lonydd iddi orffwys.'

Sleifiodd y tri ohonon ni o'r ystafell i ymgynnull yn yr ystafell fyw. Caeodd Ma y drws.

'Wyt ti'n iawn, Danny? Ti'n edrych ... braidd yn ... welw,' dywedodd, gan roi ei llaw ar fy nhalcen.

'Dwi'n iawn,' atebais, gan wthio ei llaw o'r neilltu. 'Dim ond ...' Wyddwn i ddim beth fyddai orau, dweud y gwir neu geisio dweud rhywbeth i'w cadw nhw'n hapus. Dewisais ddweud y gwir. 'Ba, pam mae hyn yn digwydd rŵan? Pam mae Nai Nai yn dod i fyw efo ni? Pam nad ydyn ni'n aros nes byddwn ni mewn tŷ mwy? Mi allai gael ei stafell ei hun wedyn.'

'Danny, 'nghariad i, mi fydd rhai blynyddoedd eto cyn y byddwn wedi cynilo digon i gael tŷ newydd, ac roedd Nai Nai ar ei phen ei hun yn Tsieina. Pan farwodd Ye Ye dair blynedd yn ôl, roeddwn i eisiau dod â hi yma i fyw efo ni bryd hynny, ond roedd angen gwneud llawer iawn o waith papur cyn y gallai hynny ddigwydd.'

'O. Reit.'

Eisteddai Ma ar ymyl y soffa a dechreuodd fwytho

fy mhen. 'Roedden ni'n meddwl y byddet ti'n caru'r syrpréis yma. Fyddi di ddim ar dy ben dy hun bob nos tra byddwn ni'n gweithio rŵan.'

'Pam na allai hi aros ar y soffa yn y stafell fyw? Dwi ddim yn deall pam mae'n rhaid iddi rannu fy stafell i.'

'Wnaiff hyn ddim para am byth, Danny, dim ond rhai blynyddoedd.' Roedd Ba'n edrych arnaf i fel pe bai'n dechrau amau nad fi fyddai'r ŵyr gorau yn y byd.

Rhai blynyddoedd? Byddwn i'n bedair ar ddeg erbyn hynny, ac yn rhannu ystafell gyda fy nain. Beth petai pawb yn yr ysgol yn clywed am hyn? Pan fyddwn i'n mynd i'r ysgol fawr? Roeddwn i eisiau i'r llawr agor a'm llyncu, nes bod dim un darn ohonof i ar ôl.

'Rhaid i ni fynd yn ôl i'r siop. Mi gawn ni swper efo'n gilydd yn y man, ac mi alla i gyfieithu i ti. Dydy hyd yn oed Ma ddim yn deall popeth mae Nai Nai yn ei ddweud.' Roedd golwg flinedig ar Ba.

'Yfory, mi awn â hi i weld pob dim. Mae hi eisiau gweld ble rwyt ti'n mynd i'r ysgol. Mae hi eisiau treulio amser efo ti,' dywedodd Ma gan rwbio fy nghefn. Aeth y ddau ar ôl hynny, a'm gadael.

Roeddwn i'n sownd. Doeddwn i ddim eisiau mynd i lawr y grisiau a doeddwn i ddim yn gallu mynd i fy ystafell. Gwasgais y botwm i ddeffro'r teledu, a syrthiais yn swp ar y soffa.

Wnaeth Nai Nai ddim deffro i gael swper; aeth yn ei blaen i chwyrnu trwy'r nos. Cododd y sŵn chwibanu yn uwch ac yn uwch, nes ei fod yn swnio fel rhinoseros gwyllt. Na, nid un rhino chwaith, ond haid ohonyn nhw.

Bues i'n gorwedd yn y gwely am amser hir y noson honno cyn cysgu. Roedd hi mor ddrwg ar brydiau nes i mi geisio stwffio papur toiled yn fy nghlustiau, ac ar ôl hynny gwisgais yr het wlân goslyd dros fy nghlustiau er mwyn cuddio sŵn y chwyrnu. Doedd fy ystafell ddim yn teimlo fel fy ystafell i bellach.

5

Marchnad Fach Fyd-Eang Mr Potempa

Roedd fy amrannau fel pe baen nhw wedi'u glynu at ei gilydd, a minnau'n breuddwydio am ryw greadur erchyll yn fy nilyn trwy goridorau tywyll, ei fysedd main yn ymestyn tuag ataf, gyda rhyw dalp o lysnafedd drewllyd ag arogl menthol arno. Doedd gen i ddim dewis ond rhedeg. *Gad lonydd i mi!* gwaeddais. *Cer*

i ffwrdd! Roeddwn i'n dyrnu ac yn cicio. Teimlais rywun yn cyffwrdd fy mraich.

Deffroais o fy nhrwmgwsg. Roedd yr het yn dal am fy mhen, a'r papur toiled yn dal yn fy nghlustiau.

'Aaaaaaa!' gwaeddais. Roedd hi yno o fy mlaen! Nai Nai, a'i hwyneb wedi'i orchuddio gan ryw bast gwyrdd a oedd yn cracio wrth iddi wenu arnaf i. Roedd arogl yr Eli Teigr yn gwneud i fy llygaid ddyfrio.

'A, Dan,' dywedodd, gan ddod â'i chlust yn agos i fy nhrwyn. Roeddwn i wedi dychryn yn lân. Daliais fy ngwynt, a thynhaodd pob cyhyr yn fy nghorff nes 'mod i mor stiff â darn o bren. Yr unig beth roeddwn i eisiau ei wneud oedd neidio allan o'r gwely a rhedeg. Ond aros wnes i, nes bu'n rhaid i mi anadlu eto. Ceisiais roi hanner gwên iddi. Codais fy mraich yn araf o ddyfnderoedd dillad y gwely i godi llaw arni yn betrus.

Gwenodd yn ôl arnaf i. Rhoddodd ei llaw ar fy nhalcen.

'*Zaoooooo*,' meddai, mewn llais bach digrif. Tynnodd yr het oddi ar fy mhen yn ofalus. Yna, gadawodd yr ystafell. Clywais ddrws y tŷ bach yn cloi.

Neidiais o'r gwely a chythru am ddillad oddi ar y llawr a phâr o drôns glân. Byddai'n rhaid i mi wisgo ar fyrder cyn iddi ddychwelyd. Ai fel hyn fyddwn i'n gorfod gwisgo amdanaf o hyn ymlaen? Agorais ddrws yr ystafell i edrych. Gallwn ei chlywed yn gwneud rhyw synau mewian allan o diwn o'r ystafell ymolchi.

Daeth Ba i'r golwg ar y landin, yn gwisgo gŵn nos.

'Bore da, Danny. Dwi'n clywed fod Ma yn dal yn hoff o ganu opera. Wnest ti a Nai Nai gysgu'n iawn?'

'Mi wnaeth hi gysgu'n dda. Wnes i ddim. Mi fues i am oes yn ceisio cysgu. Mae hi'n chwyrnu! Roedd yn rhaid i mi wisgo'r het wlân yna dros fy nghlustiau er mwyn cuddio'r sŵn.'

'Ha ha, ydy. Roedd fy nhad yn arfer dweud mai fo oedd yr unig berson yn y byd a allai gysgu trwy'r ffasiwn dwrw. Mi ddoi di i arfer. Mae rhai pobl yn byw ger y rheilffordd, ac ar ôl chydig dydyn nhw ddim hyd yn oed yn clywed y trenau'n gwibio heibio. Dyna sut fydd hi i ti hefyd.' Roeddwn i'n amau hynny'n fawr – roedd trên Nai Nai yn swnllyd ar y naw.

'Ba, roedd Nai Nai yn sefyll uwch fy mhen i bore 'ma. Roedd hi ar erchwyn y gwely, ac roedd ei hwyneb hi ... roedd o'n wyrdd! Roedd hi'n cyffwrdd fy wyneb fel nyrs, ac wedyn mi roddodd ei chlust wrth fy nhrwyn,' dywedais.

Chwarddodd fy nhad. 'Mae'n rhaid ei bod hi'n meddwl dy fod wedi dal annwyd, ac mai dyna pam dy fod yn gwisgo'r het yn dy wely. Dim ond gweld a oeddet ti'n iawn oedd hi.'

Codais fy mysedd i ddangos iddo. 'Wir i chi, roedd hi o fewn hyn i fy wyneb!'

'Paid â phoeni am hynny. Dim ond gweld oeddet ti'n dal i anadlu oedd hi. Roedd hi'n gwneud hynny i mi hefyd, pan oeddwn i'n fach.'

'Ond dwi ddim yn fabi, Ba.'

'Nac wyt, ond wnaeth hi erioed dy weld di'n fabi naddo, felly mae ganddi waith dal i fyny, yn does?' atebodd Ba dan chwerthin.

'Mae o i gyd mor od. Mor od,' dywedais. Roedd fy nain hynafol yn gwneud profion babi bach arnaf i, a doedd fy nhad yn malio dim. Doeddwn i erioed wedi clywed am beth mor wirion.

'Paid â phoeni. Unwaith y bydd hi'n fodlon dy fod yn iach, mi wnaiff hi roi'r gorau iddi,' dywedodd Ba. 'Mae hi'n dy garu di gymaint, mae hi eisiau gofalu amdanat ti. Dyna'r Ffordd Tsieineaidd, dwi'n dweud wrthyt ti. Mae neiniau a theidiau'n gofalu am eu hwyrion a'u hwyresau. Teulu ydy'r peth pwysicaf un.'

'Roeddwn i'n meddwl ei bod hi am fy lladd i!' dywedais.

'Paid â siarad dwli. Os oedd hi eisiau dy ladd di, byddai wedi gwneud hynny wrth i ti gysgu!' dywedodd Ba dan chwerthin eto. Chwarddodd Ma hefyd, pan ymddangosodd ar y landin wrth ymyl Ba. Rhoddodd hergwd iddo â'i phenelin.

'Paid â'i ddychryn o,' meddai. 'Dewch, awn ni i gael brecwast ac yna mi awn â hi am dro.' Aeth y ddau ohonyn nhw i'w hystafell a chau'r drws.

Es i lawr y grisiau at y bwrdd bwyd. Daeth Nai Nai ar fy ôl i eistedd, a'i hwyneb wedi ei olchi'n lân. Tynnodd ei chadair i fod yn nes at f'un i. Arllwysodd ddŵr poeth i mewn i'w gwydryn o'i fflasg. Yna, arllwysodd ychydig i mi hefyd. Daeth Ba wedyn, gyda phwdin swydd Efrog, *congee*, a rhywfaint o frocoli wedi'i stemio. Rhwbiodd Nai Nai ei dwylo'n awyddus, cyn rhoi pinsiad i fy mochau.

'Mm, ffantastig,' cwynais, wrth i Nai Nai ddechrau codi mwy a mwy o *congee* i fy nysgl. Chwifiais fy nwylo mewn ymgais i'w hatal rhag rhoi mwy i mi. 'Diolch ... ond ... dim mwy ... gormod. Diolch.' Wedyn, rhoddodd lai na chwarter yr hyn a roddodd i mi yn ei dysgl ei hun, a dechreuodd godi brocoli gyda'i *chopsticks* a'u gollwng fesul un yn fy nysgl. Arnofiodd yr ynysoedd gwyrddion yn y môr o uwd gwyn. Edrychais o fy nghwmpas. Hwn oedd fy nheulu i rŵan.

'Dyma'r cynllun ar gyfer y bore: mi awn ni am dro o gwmpas yr ardal – mae hi eisiau gweld ble rwyt ti'n mynd i'r ysgol – ac wedyn bydd yn rhaid i Ma a finnau ddod yn ôl i ddechrau gweithio, ond mi gei di fynd â hi i weld siop Mr Potempa. Mae'n braf gallu cerdded i bob man yma,' dywedodd Ba.

'Be am fynd â hi i'r parc tra bo'r cennin Pedr yn dal yno? Mae hwnnw'n rhan neis o'r dre.'

'Maen nhw wedi mynd yn barod, mae'r gwelyau blodau'n wag,' dywedais, gan gofio Carter yn carlamu dros y pridd moel y diwrnod cynt.

'Dyna drueni,' meddai Ma wrth iddi godi darn arall o frocoli o'r plât a'i ollwng yn fy nysgl. Pam mae pawb mor awyddus i ollwng pethau gwyrdd yn fy nysgl?

Dechreuais gnoi'r llysiau'n araf.

'Ba, pam na ches i gwrdd â Nai Nai tan ddoe?' gofynnais.

'Ddim nawr, Danny, bwyta dy fwyd,' dywedodd Ba, gan edrych i grombil ei ddysgl.

Roedd gen i bwdin swydd Efrog yng ngafael fy *chopsticks*. 'Ond mae'n od, dydy? Pam na allwch chi ddweud wrtha i?' Roedd Nai Nai'n brysur yn crensian hefyd, ond roedd hi'n defnyddio ei dwylo ac yn llyfu ei bysedd ar ôl pob brathiad.

Rhoddodd Ma ei *chopsticks* o'r neilltu ac edrychodd ar Ba a fi. 'Yn fyr, doedd dy dad a Ye Ye ddim wastad yn cyd-dynnu. Doedden nhw ddim yn rhannu'r un meddylfryd am bethau ac am fywyd.' Roedd hynny'n swnio'n gyfarwydd, meddyliais.

'Pam?' holais yn ofalus.

Ochneidiodd Ba, cyn dweud, 'Mae teuluoedd yn

bethau cymhleth, Danny. Wnes i ddim siarad ag o am gyfnod hir. Ond roeddwn i a Nai Nai yn siarad ar y ffôn unwaith bob rhyw chydig fisoedd, a byddwn i'n sôn amdanat ti. Ches i ddim cyfle i wneud pethau'n iawn rhwng fy nhad a fi cyn iddo farw.' Roeddwn i'n gweld y dagrau'n dechrau cronni yn ei lygaid.

'Ac roeddwn i'n danfon lluniau iddi o bryd i'w gilydd,' ychwanegodd Ma. 'Ond dyna ddigon ar hen hanesion trist. Mae Nai Nai yma rŵan. Bwyta dy fwyd.'

Aethon ni â Nai Nai am dro o gwmpas y dre. Cerddai Ma â'i braich wedi'i phlethu ag un Nai Nai, gyda Ba yn brasgamu o'u blaenau, yn pwyntio at siopau ac yn siarad yn yr un dafodiaith â Nai Nai. Roedd y siop sosej rôls wedi cau. A oedd sosej rôls i'w cael yn Tsieina? meddyliais. Aeth y pedwar ohonon ni rownd y gornel, a heibio'r parc.

Aethon ni heibio fy ysgol i. Roedd y giatiau wedi'u peintio'n goch y llynedd. Edrychodd Nai Nai trwy'r bariau a dywedodd rywbeth wrth fy nhad.

'Mae hi'n dweud ... bod yr ysgol yn edrych yn llewyrchus iawn. Mae hi'n dweud ei fod yn edrych fel lle croesawgar.' Roedd Ba yn ei hwyliau rŵan, a dechreuodd siarad fel melin bupur â'i fam. Roedd hithau'n gwenu ac yn nodio ei phen. Am beth oedden nhw'n siarad? Rhoddodd Ma ei braich amdanaf, a dechreuodd hithau ddweud pethau wrth Nai Nai hefyd. Allwn i ddim adnabod unrhyw eiriau cyfarwydd. 'Dwi newydd ddweud wrthi pa mor hapus wyt ti yma, y gorau yn dy ddosbarth.'

'Maaaaa,' cwynais. 'Does dim rhaid i ti ddweud hynny. Nid fi ydy'r gorau.'

Trodd Nai Nai ataf a rhoi cwtsh mawr i mi. Cydiodd yn fy wyneb a gwenodd arnaf i; gwnes fy ngorau i wenu'n ôl.

'Danny, mae'n rhaid i Ba a mi fynd yn ôl i baratoi ar gyfer heno. Alli di fynd â Nai Nai draw i siop Mr Potempa? Mae hi angen chydig o ffrwythau i'w helpu i fod yn ... gyson. Wyt ti'n deall?'

'Wrth gwrs 'mod i'n deall. Dwi'n un ar ddeg oed,' atebais.

'Wyt, siŵr. Gwych, welwn ni di adre felly.' Rhoddodd Ba fag siopa i mi, ac yna ffarweliodd o a Ma â ni, gan fy ngadael i hebrwng Nai Nai i'r siop.

Ceisiodd Nai Nai gerdded yn agos i mi, ond es yn fy mlaen yn frysiog heb yngan gair nes cyrraedd Marchnad Fach Fyd-Eang Mr Potempa. Roedd Mr Potempa yn ŵr tal, gyda mwstásh mawr llwyd a oedd yn gorchuddio'r wefus uchaf yn gyfan gwbl, a barf a oedd yn ymestyn y tu hwnt i'w ên. Byddai darnau o fwyd yn glynu iddo weithiau. Dywedais hynny wrtho

unwaith, ac mi chwarddodd gan ddweud, 'Rhywbeth bach i'w fwynhau yn nes ymlaen!' Roeddwn i'n ei hoffi o a'i ŵr, David. Roedd David yn dod o Mauritius ac roedd o'n gweithio i'r cyngor, nid bod hynny'n golygu dim i mi. Roedd y ddau ohonyn nhw'n byw uwchben y siop, fel ni.

'Pwy sydd wedi dod yn gwmni i ti heddiw, Danny?' holodd Mr Potempa, gan godi o'i hen gadair lwyd fratiog a gosod ei nofel ddiweddaraf ar y cownter. Roedd o'n dweud wrth Ma o hyd y dylai hi ymaelodi â'r llyfrgell, er mwyn iddi gael rhywbeth i'w ddarllen yn y 'cyfnodau tawel' pan nad oedd unrhyw gwsmeriaid. Roedd o'n dweud y gwir, ond roedd Ma wastad yn dweud ei bod hi'n rhy brysur i ddarllen.

'Dyma fy nain. Mae hi newydd symud i'n tŷ ni.'

'Helô, nain Danny! Croeso!' dywedodd Mr Potempa, gan godi llaw. Roedd Nai Nai wedi brysio i ffwrdd fel pe bai mewn siop da-da. Roedd hi'n gwasgu ac yn arogli popeth. Cododd gneuen goco at ei chlust a'i hysgwyd ar un pwynt. Wedyn, cododd felon enfawr a oedd yr un maint â chi bach, a dechrau ei droi yn ei dwylo a'i arogli. Yna dechreuodd ei daro â chledr ei llaw.

Bam! Bam! Bam! A oedd hi'n chwarae cnoc-cnoc rhag ofn bod rhywun yn byw y tu mewn iddo? Ysgydwodd ei phen a rhoddodd y melon yn ôl gyda'r gweddill, yna dewisodd un llai o'r pentwr a dechreuodd guro hwnnw yn yr un modd. Meddyliais pa fath o sŵn fyddai'n rhaid i'r melon ei wneud cyn y byddai'n fodlon. Edrychais ar Mr Potempa a chodi fy ysgwyddau.

'Wn i ddim be mae hi'n ei wneud. Ydych chi'n gwybod?'

'Mae pob dynes Asiaidd yn gwneud yr un fath. Maen nhw'n meddwl eu bod nhw'n gallu clywed a ydyn nhw'n aeddfed neu ddim. Dweda wrthi fod popeth yn fy siop i'n ffres. Blasus iawn. Dim angen ei guro fel yna,' chwarddodd.

'Mae hi angen ffrwythau am reswm penodol ...' Winciais arno. 'Mae hi angen ffrwythau ar gyfer y tŷ ... y tŷ bach, hynny yw,' sibrydais, gan anghofio am eiliad nad oedd Nai Nai'n deall gair o'r hyn roeddwn yn ei ddweud.

'A, dwi'n gweld. Wel, mae 'na eirin aeddfed bendigedig yma, ac mae 'na fricyll wedi'u sychu ar y silff draw yn y fan acw, wrth ymyl y prŵns. Byddai dod i fyw i wlad dramor yn rhoi tipyn o straen ar unrhyw un, heb sôn am rywun ei hoed hi.' Doeddwn i ddim wedi ystyried hynny.

'Rho hwn iddi,' estynnodd Mr Potempa fasged i mi, ac es ar ôl Nai Nai fel gwas bach o gwmpas y siop. Dewisodd ddau felon Galia, grawnffrwyth, satswmas, a thri ffrwyth ciwi. Roedd y fasged yn trymhau. Wedyn, rhedodd draw tuag at focs a oedd ar y llawr ger yr oergelloedd. Ynddo, gwelais bentyrrau o frigau gyda pheli bychain coch a phigog arnyn nhw.

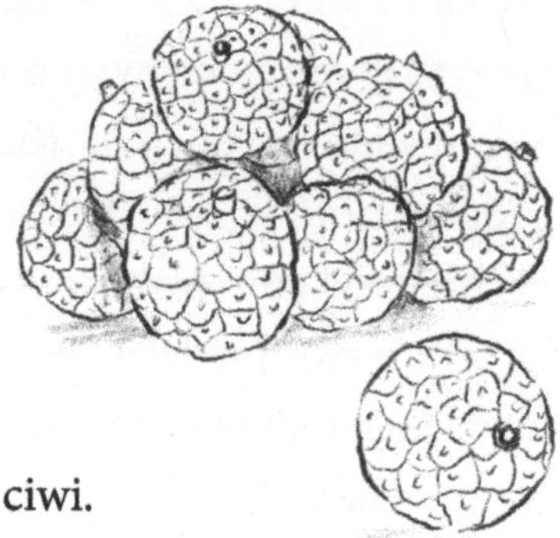

'*Hao-a*! *Hao*-! Da, da iawn,' ebychodd Nai Nai. Estynnodd ei llaw i gyffwrdd y peli bychain, gan lusgo ei bys ar hyd y croen garw. Gwnaeth arwydd i mi ddod draw. Gwyrais wrth ei hymyl. Clywais sŵn traed Mr Potempa yn nesáu.

'Mae'n amlwg ei bod hi'n hoffi litshis,' dywedodd Mr Potempa.

'Ydy, mae Ma yn eu hoffi nhw hefyd. Dwi ddim yn eu bwyta nhw,' atebais. 'Maen nhw'n llithrig ac yn afiach. Dim ond ffrwythau gwyrdd fydda i'n eu bwyta.'

'Ti ar dy golled, Danny.'

Cododd Nai Nai un ohonyn nhw at ei cheg. '*Chi-a*?' gofynnodd, gan edrych arnaf i ac yna ar Mr Potempa. Doeddwn i ddim yn gyfieithydd, ond byddai'n rhaid i mi roi cynnig arni, er gwaethaf pa mor gyfyng oedd fy ngeirfa.

'Fyddai'n iawn iddi flasu un?' gofynnais.

'Wrth gwrs, ewch amdani,' atebodd Mr Potempa.

'*Chi chi*,' dywedais wrth Nai Nai, gan godi fy nwylo at fy ngheg fy hun i ddangos ei bod hi'n cael blasu.

'Edrychwch, nain Danny. Mi ro i fargen go iawn i chi. Mi wertha i bedwar cilo o'r rhain i chi am bum punt. Cynnig arbennig i gwsmer arbennig, wrth gwrs.'

'Wnaiff hi ddim eich deall chi,' dywedais i.

Aeth Mr Potempa yn ôl at y cownter i estyn papur a phensel. Ysgrifennodd rywbeth cyn dychwelyd at Nai Nai. Dangosodd y rhifau iddi. Roedd hi eisoes wedi plicio dau litshi ac wedi'u stwffio i'w cheg. Roedd hi'n edrych fel bochdew. Bochdew bach bodlon iawn.

'*Hao-a*!' nodiodd Nai Nai, gan ddal ati i gnoi. Yna, yn ddirybudd, cododd ei llaw a phoerodd ddau hadyn du, sgleiniog i mewn iddi. Afiach.

Roedd gen i ychydig o gywilydd bod yn ei chwmni hi'n gyhoeddus. 'Ych,' dywedais.

'Mae'n iawn, nain Danny, rhowch nhw yma,'

meddai Mr Potempa gan godi'r bin sbwriel. Gollyngodd yr hadau yn y bin, a sychodd ei dwylo ar ei chardigan. Gallwn weld ôl y poer ar y gwlân porffor. Ych a fi. Dechreuodd Nai Nai godi llwyth ar ôl llwyth o'r litshis a'u pentyrru yn y fasged, a oedd bellach yn orlawn. Aeth y ddau ohonon ni yn ôl at y cownter. Edrychais ar y llyfr roedd Mr Potempa wedi'i adael yno – nofel ramantus y tro hwn. Nofelau ditectif fyddai yno weithiau.

Safai Mr Potempa gan droelli llysieuyn od iawn yr olwg rhwng ei ddwylo, rhywbeth â phigau drosto. 'Mae gen i gynnig arbennig ar flodfresych bendigedig hefyd, os hoffech chi rai.' Dyna'r llysieuyn mwyaf od i mi ei weld erioed. Stryffaglais i godi'r fasged ar y cownter wrth i Nai Nai afael mewn blodfresychen yn llawn cyffro. Syllodd arni â llygaid syn. Tynnodd ei llaw ar hyd y blodau, cyn ei chynnig i mi i wneud yr un fath. Teithiodd fy mys o gwmpas ei thyrrau pigog. Roedd hi'n teimlo'n od.

'Blodfresych Romanesco. Ymysg y pethau sy'n gwerthu orau gen i, ond pur anaml y bydd gen i rai yn y siop.'

Roedd yn edrych fel rhywbeth o blaned arall. Dychmygais y pigau fel rhan o ryw gymeriad newydd – fel cragen rhyw grwban enfawr neu rywbeth. Byddai hynny'n gomic da.

'Dwi ddim yn siŵr a fydda i'n gallu cario'r holl bethau 'ma adre,' dywedais.

Dechreuodd Mr Potempa roi prisiau pentwr Nai Nai drwy'r til. Pan welodd y cyfanswm, aeth i dyrchu trwy ei bag bach sidan pinc. Edrychodd ar y til eto, i weld a oedd digon ganddi. Cyfrodd yr union faint mewn newid mân, a symudodd y flodfresychen o'r neilltu, gan ei gadael i hudo rhywun arall.

'Dim digon o arian heddiw? Peidiwch â phoeni, bydd mwy yn dod mewn chydig wythnosau,' dywedodd Mr Potempa, gan roi'r arian yn y til. Cefais lolipop am ddim ganddo hefyd.

Doeddwn i ddim yn disgwyl y byddai Nai Nai'n deall ein system rifau ni. Roeddwn i'n siŵr bod system wahanol yn cael ei defnyddio yn Tsieina.

Rhywbeth i'w ofyn i Ma yn nes ymlaen. Er nad oedd Nai Nai yn siarad dim o'n hiaith ni, roedd yn gysur gwybod y gallai fynd i siopa ar ei phen ei hun. Fyddai dim rhaid i mi ei gwylio'n poeri hadau yn y bin wedyn.

6

Morgrugnain, Archelyn!

Fyddwn i byth wedi meddwl y byddwn i'n edrych ymlaen at gael mynd i'r ysgol, ond mi roeddwn i'r diwrnod hwnnw. A doedd dim ffiars o beryg y byddwn i'n eistedd wrth y bwrdd brecwast i adael i Nai Nai binsio fy wyneb a mynnu fy mwydo. Sawl gwaith y mae angen gofyn i rywun a ydyn nhw'n llwglyd?

Codais cyn cŵn Caer er mwyn gwneud yn siŵr na allai Nai Nai fy neffro eto trwy gydio yn fy mraich neu drwy wyro uwch fy mhen gyda'i masg gwyrdd dychrynllyd. Ond roedd hi wedi achub y blaen yn barod. Roedd ei gwely hi'n wag. Gwelais ei bod wedi gosod Tedi Glas ger fy mag ysgol. A oedd hi wir yn meddwl y byddwn i'n mynd ag o i'r ysgol?! Taflais Tedi ar draws yr ystafell cyn cydio yn fy llyfr lluniau a'm pensiliau. Es i'r tŷ bach a chloi'r drws ar fy ôl. Gyda phensel yn fy llaw a brwsh dannedd yn hongian o fy ngheg, tynnais lun brysiog o fy archelyn diweddaraf – Morgrugnain. Roedd hi ym mhob man. Doedd hynny ddim yn cŵl. Ar ôl i mi orffen glanhau fy nannedd, brysiais yn ôl i fy ystafell i roi fy ngwisg ysgol amdanaf, cyn rasio i lawr y grisiau i nôl fy mag. Gwisgais fy esgidiau er mwyn i mi allu dianc cyn cael fy nal yn ei chrafangau.

Roedd Nai Nai yn y rhan o'r siop lle mae'r cwsmeriaid fel arfer, yn droednoeth ac yn gwisgo tracsiwt felfed wyrddlas. Roedd ei thraed yn fychan, a'i hewinedd wedi'u peintio'n lliw coch llachar. Roedd hi'n dyrnu'r awyr ac yn gwneud synau 'ha'. Aeth Ma heibio i mi gan roi ei bys wrth ei gwefusau i ddweud wrthyf am fod yn dawel.

'*Qigong*,' meddai Ma.

'Be?' sibrydais.

'Mae hi'n meithrin ei grym bywydol – bydd yn ei helpu i fynd i'r tŷ bach.'

'O,' atebais. Roedd hynny'n iawn am wn i, cyn belled â'i bod hi ddim yn bwriadu sugno'r grym bywydol allan ohonof i. Efallai ei fod o'n gweithio, achos doedd hi ddim yn edrych fel yr hen ferched roeddwn i'n eu gweld o gwmpas y dre – doedd hi ddim yn edrych yn wan ac yn eiddil o gwbl.

Daeth Ba i'r golwg; roedd o'n gwisgo siwmper smart a chrys newydd. Mae'n rhaid bod Nai Nai wedi prynu dillad iddo fo hefyd.

'Bore da, Danny!' dywedodd gan wenu. Roedd o mewn hwyliau da.

'Bore da, Ba.'

'Mae hi'n gymylog braidd heddiw,' meddai Ma, gan estyn y dysglau ar gyfer brecwast. 'Gobeithio na wnaiff hi fwrw glaw. Dwi'n gobeithio bod Nai Nai'n hoffi byw yma.'

'Wel, mae'n wahanol iawn i ble ces i fy magu,' atebodd Ba. 'Mae hi'n oerach o lawer yma, does dim dwywaith am hynny. Ac mae hi eisoes wedi sôn am yr holl wynebau gwelw yma. Roedd hi'n pwyntio drwy ffenestr y car wrth i mi yrru o'r maes awyr: "Dacw un. Dacw un arall. Ac un arall." Roedd o'n ddoniol. Mi ddwedais y byddai'n dod i arfer â hynny.'

Stwffiais dun o Tango i mewn i fy mag ysgol, gan ystyried a allwn i fynd â llond llaw o rawnfwyd hefyd, yn hytrach nag eistedd wrth y bwrdd i fwyta. Roedd pawb yn edrych arnaf i. Roedd Nai Nai wedi gorffen gwneud ei hymarferion, a daeth i'n hochr ni o'r cownter i eistedd. Dywedodd rywbeth wrth Ba, a throdd yntau ataf i. 'Mae hi'n dweud ei bod hi yma

i ofalu amdanat ti, am fod y ddau ohonoch chi'n ddreigiau.'

'Dreigiau? Be mae hynny'n ei feddwl?' gofynnais, gan sleifio'n araf at y drws.

'Cafodd y ddau ohonoch chi eich geni ym mlwyddyn y ddraig,' atebodd Ba.

'O, do.'

'Ti a Nai Nai ydy fy nreigiau lwcus i,' dywedodd Ba gan wenu. Dywedodd Nai Nai rywbeth a nodiodd Ba arni. Dangosodd sgrin ei ffôn i mi. Roedd o'n dangos beth oedd rhinweddau'r rhai sy'n cael eu geni ym mlwyddyn y ddraig:

MAE DREIGIAU YN FFYRNIG.
Maen nhw'n rhagori yn y celfyddydau, mewn gwleidyddiaeth ac mewn addysg.
Maen nhw'n meddwl yn gyflym.
Maen nhw ar eu gorau pan fyddan nhw'n cydweithio.

'Ti'n gweld, byddwch chi'ch dau yn dîm anhygoel,' dywedodd Ba. 'Dau berson peniog a chlyfar ... fy nreigiau lwcus i.'

Wel, roeddwn i'n dda am wneud celf. Dyna'r unig beth o'r rhestr a oedd yn wir amdanaf i. Doedd Nai Nai a fi ddim yn debyg i'n gilydd o gwbl. Doedden ni ddim yn dîm da. Edrychais draw ati, roedd hi'n amneidio arnaf i ddod i eistedd wrth ei hymyl. Hen bryd i mi fynd. Gallwn gael rhywbeth sydyn o'r siop gornel ar fy ffordd i'r ysgol.

'Rhaid i mi fynd rŵan,' dywedais.

'Ond be am dy frecwast? A dwyt ti ddim yn gwisgo dy gôt hyd yn oed,' dywedodd Ma gan osod y llwyau ar y bwrdd.

'Mi ga i rywbeth yn nes ymlaen.'

'Ocê,' meddai Ma. Roedd golwg ddryslyd braidd ar Nai Nai.

'Hwyl fawr,' dywedais gan frysio tuag at y drws.

'Arhosa,' dywedodd Ba.

'Be?'

Gwnaeth Ma lygaid soser arnaf i, a nodiodd ei phen tuag at Nai Nai.

'Be?' gofynnais.

'Mae angen dweud hwyl fawr wrthi hi hefyd, Danny. Paid â'i hanwybyddu hi.'

'HWYL FAWR, Nai Nai!' gwaeddais.

'Dydy hi ddim yn fyddar, Danny,' dywedodd Ba.

Cododd Nai Nai ei llaw arnaf i, cyn codi i gerdded dow dow tuag at y drws ffrynt er mwyn cael fy ngweld i'n mynd. Roedd hi'n dal yno pan edrychais yn ôl, yn dweud rhywbeth dan ei gwynt. Wnaeth hi ddim dod allan o gysgod y drws. Aeth bws dau lawr heibio, a diflannodd Nai Nai yn ôl i mewn i'r siop ar frys. Efallai bod synau'r wlad hon yn dal yn ddiarth braidd i fy nain fach o Tsieina. Dreigiau ffyrnig, choelia i fawr.

*

Pan gyrhaeddais iard yr ysgol, roedd yr aer fel pe bai'n llawn trydan. Roedd criw mawr o fy nosbarth i wedi heidio o gwmpas Carter, ei wallt wedi'i dorri'n fyr, fyr. Daliai ffôn newydd sbon yn ei law. Roedd o wedi rhoi ei hen un i Mitchell. Stwffiais drwy'r haid o blant i weld beth oedd yn digwydd.

'Waw, mae'r ap yna'n wych.'

'Mae dy wallt di'n cŵl, Carter.'

'Mae hwnna mor anhygoel ...' bla bla bla.

Es i ar frys tuag at Ravi, a oedd yn disgwyl amdanaf ger y fainc ym mhen pellaf yr iard. Hwn oedd ein lle ni. Cododd ei law. Roedd o'n cyrraedd yn gynnar bob dydd, gan fod ei fam yn gorfod brysio draw i fynd â'i frawd i'r feithrinfa wedyn, ac yna'n mynd â'i chwiorydd i'r ysgol uwchradd, yr ysgol y bydd Ravi a fi'n mynd iddi'r flwyddyn nesaf.

'Hei, Ravi.'

'Hei, ti'n gynnar heddiw.'

'Ydw.' Doeddwn i ddim yn siŵr sut i ddechrau sôn am Nai Nai.

Gwthiodd Ravi ei sbectol yn uwch ar ei drwyn. 'Be oedd y syrpréis mawr?'

Penderfynais ddweud y gwir, yn blwmp ac yn blaen. 'Nain o Tsieina.'

'Paid â bod yn wirion. Be gest ti go iawn?'

'Dwi newydd ddweud.' Rhaid cyfaddef ei fod o'n swnio'n wirion.

'Be wyt ti'n ei ddweud? Wyt ti'n siarad mewn cod?'

'Mae mam fy nhad wedi hedfan yr holl ffordd o Tsieina, ac wedi glanio yn fy stafell wely i, ar wely uchaf y bync, i fod yn fanwl gywir. I fyw. Dim jôc.'

'Paid â'u dweud nhw! Wyt ti o ddifri? Ti'n rhannu dy stafell efo dy nain?' Roedd llygaid Ravi'n fawr, a'i wefusau'n ceisio'u gorau i beidio â gwenu fel giât.

'Fyddwn i ddim yn jocian am rywbeth fel hyn,' dywedais gan wgu.

Pwysodd Ravi yn ôl, gan roi ei gefn yn erbyn y pren. 'Wel, mae'n ddrwg gen i glywed am dy drybini di, Danny. A fy nhrybini i hefyd, achos alla i ddim dod i aros i'ch tŷ chi rŵan.' Edrychodd yn flin am eiliad, ond buan y pasiodd y cwmwl hwnnw. 'Wnaeth hi ddod ag anrhegion i ti? Mae Nani wastad yn dod â dillad a DVDs i mi pan fydd hi'n dod yma o India.'

'Mi ddaeth hi â het wlân i mi – a ti'n gwybod fod hetiau'n gwneud i fy mhen i edrych fel wy. O, ac mi ddaeth â llyfr ffidil i mi hefyd.'

'Ond dwyt ti ddim yn chwarae'r ffidil.'

'Wn i.'

'Ddrwg gen i, Danny.' Gwyrodd Ravi ei ben mewn cydymdeimlad. Ond gallwn weld y wên yn ei lygaid. 'Nain ... o Tsieina ... doeddwn i ddim yn disgwyl hynny.'

'Ti heb glywed ei hanner hi eto. Mae hi'n fy nilyn i bob man, yn fy nghusanu i, yn gollwng brocoli yn fy *congee*. Mae hi'n gadael olion traed ar sêt y toiled hefyd – dwi wedi'u gweld nhw.'

'Mae hi'n sefyll i fynd i'r tŷ bach?'

'Wel, cyrcydu mae hi mewn gwirionedd. Ac mae hi'n chwyrnu, yn ofnadwy o uchel.'

'Wel, ti'n gwybod sut mae fy mywyd i rŵan,' dywedodd Ravi.

'Na, dydy hyn ddim yr un fath – dydy cael brawd bach sy'n rhechu arogl wyau ddim yr un fath â rhannu dy stafell wely efo hen ddynes sydd ddim yn gallu siarad dy iaith di.'

Agorais fy mag a thyrchu am y llyfr lluniau.

'Edrycha ar hwn,' dywedais gan ddangos y lluniau brysiog roeddwn i wedi'u tynnu y bore hwnnw.

'Roedd yn rhaid i mi eu gwneud nhw ar y slei yn y stafell ymolchi bore 'ma. Wyt ti'n eu hoffi nhw?' Byddai'n rhaid i'r ystafell ymolchi fod yn ystafell amlbwrpas i mi o hyn ymlaen. Rhoddais y llyfr i Ravi. Edrychodd ar y tudalennau.

'O, ia, dwi'n hoffi'r darn yma ...' dywedodd.

'Be am hwn? Ti'n gweld hwn? Mae hi'n casglu ffrwythau ac yn eu cadw nes byddan nhw'n dechrau

pydru, ac yna'n eu rhoi nhw yn ei gwn *gamma* i'w saethu at bobl.' Roeddwn i'n gwybod y byddai Ravi wrth ei fodd ag o, yn ei hoffi'n fwy na'r comic diwethaf wnes i hyd yn oed.

'Mae hwn mor cŵl – neis. Ga i ysgrifennu arno fo?'

'Cer amdani,' atebais. Fo oedd yr un ymarferol, ac roedd ganddo ddawn gyda geiriau.

Estynnodd y bensel a brynodd ar ei ymweliad diweddar â Chastell Coch, a dechreuodd ysgrifennu. Gwnaeth ei ysgrifen yn fân, fân er mwyn i'r geiriau ffitio yn y swigen, ac roeddwn i'n gwybod y gallwn i ei rwbio oddi yno pe na bawn i'n ei hoffi. Ysgrifennodd: 'Bydd fy chwyrnu'n gwneud i'r holl fyd grynu!'

Chwarddodd y ddau ohonon ni. Roedd o'n eithaf doniol. Canodd y gloch. Codon ni'n dau a mynd i ymuno â gweddill y dosbarth, a oedd bellach wedi dechrau sefyll mewn rhesi wrth y brif fynedfa.

Ymunais i a Ravi tua'r cefn, fel roedden ni'n ei wneud fel arfer, oherwydd bod Carter a'i griw yn tueddu i wthio i'r tu blaen. Wrth i ni arafu er mwyn rhoi amser i'r rhes ffurfio'n iawn, gwelais nad oedd Carter wedi ymuno. Roedd o'n edrych tuag aton ni.

'Mi awn *ni* i'r cefn heddiw,' dywedodd.

'Iawn,' atebodd Ravi, a oedd fwy yn ei gwman nag arfer.

Aeth y ddau ohonon ni i sefyll o flaen Carter, Mitchell a Jay Jay. Roeddwn i'n ceisio rhoi fy llyfr i gadw pan gafodd ei gipio o fy ngafael. Mitchell.

'Be ydy hwn?' holodd, gan ei godi.

'Rho fo'n ôl,' dywedais. Roedd fy stumog yn troi fel chwyrligwgan.

'Wedi bod yn tynnu lluniau bach, Chung?' Dechreuodd ysgwyd y llyfr. Roedd Mitchell wastad yn gwneud pethau fel hyn er mwyn cael sylw gan Carter. Cythrais am y llyfr i'w gael yn ôl.

'Mitchell, dwi'n meddwl y dylet ti roi hwnna'n ôl i Danny,' meddai Ravi. Roedd cryndod yn ei lais, fel pe bai ei gorn gwddf yn rhewi.

'Wyt ti am wneud i mi ei roi o'n ôl?'

Roedd Carter wedi codi ei ffôn newydd i'n ffilmio ni. 'Cer amdani, rho ddwrn iddo fo. Mae gan Mitchell felt melyn mewn jiwdo,' dywedodd gan grechwenu.

'Rho dafliad i Ravi, Mitchell!' ychwanegodd Jay Jay. Roedd hynny'n swnio'n boenus.

''Dan ni ddim eisiau ymladd,' dywedodd Ravi. Safai y tu ôl i mi gan ddangos cledrau ei ddwylo. Symudais i'r ochr yn araf, gan geisio symud y tu ôl i Ravi. Tarodd fy mhenelin yn erbyn ei un o.

'Na, 'dan ni ddim eisiau ymladd,' dywedais. 'Dim ond eisiau fy llyfr yn ôl ... plis.' Rhoddodd Ravi hergwd i mi.

Troais a gwelais ein hathro, Mr Heathfield, yn brasgamu trwy'r brif fynedfa, gan anelu'n syth amdanon ni. Dyna lwc, meddyliais. Edrychais ar Carter. Roedd o'n edrych arnaf i dros ymyl ei ffôn. Yna, edrychodd i weld ble roedd Mr Heathfield.

'Cer i nôl dy lyfr annwyl!' dywedodd Mitchell, gan daflu'r llyfr dros ein pennau. Glaniodd mewn pwll o ddŵr ar y glaswellt wrth yr adeilad. Rhedais i'w nôl.

'Danny! Yn ôl at weddill y dosbarth ar unwaith!' gwaeddodd Mr Heathfield. Codais y llyfr, gan edrych ar y tudalennau'n frysiog i weld y difrod. Roedd dwy dudalen yn wlyb diferol, ond roedd cefn y llyfr yn iawn. Roedd **Morgrugnain** wedi'i hachub. Ond roedd comic y **Robotiaid Dieflig**, a oedd ar y tudalennau cyntaf, wedi'u difetha. Roedd yr holl luniau o Amelia wedi'u baeddu. Ceisiais rwbio'r baw oddi arnyn nhw gyda fy llawes. Wrth i mi gerdded yn ôl tuag at y rhes o ddisgyblion, daeth Mr Heathfield i sefyll o fy mlaen, ei freichiau wedi'u plethu.

'Danny, dwi ddim yn hoffi gweiddi am naw o'r gloch y bore.'

'Ond, syr, roeddwn i – '

'Dim esgusodion. Byddi di'n eistedd y tu allan i'r ystafell athrawon trwy gydol amser cinio. Dim mwy o gambihafio gen ti heddiw, deall?'

'Ydw, syr.'

Doeddwn i erioed wedi gorfod aros i mewn dros amser cinio o'r blaen. Mae'n rhaid mai ar Nai Nai oedd y bai – roedd hi wedi dod â lwc ddrwg gyda hi o Tsieina. 'Draig lwcus' o ddiawl.

7

Traed Ieir

Yng nghefn y dosbarth mathemateg, gyda fy llyfr lluniau o fy mlaen, dechreuais dynnu llun o gastell. Roedd mieri'n tyfu fel drysfa o'i gwmpas. Safai rhywun yn ffenestr un o'r tyrau yn galw am help. Roedd o'r un oed â fi. Roedd ganddo wallt fel fy ngwallt i, ac roedd ganddo arwydd

yn ei law a oedd yn dweud, '**HELPWCH FI!**'. Roedd Morgrugnain yn llechu yn y drysni islaw, yn chwifio'i gwn bananas yn fygythiol. 'Danny ... Danny! ... Y ddaear yn galw Daniel Chung.'

'Be?' Rhuthrais i guddio fy llyfr o dan y bwrdd, a chodais fy mhen.

'Ydy dy glustiau di'n gweithio, Danny?' Cododd Mr Heathfield ei ddwylo at ei glustiau gan esgus eu troi nhw ymlaen. 'I'ch atgoffa, dyma'r meini prawf, a dyma lle y dylech chi fod ar hyn o bryd. Rwy'n disgwyl eich cyflwyniadau mathemateg ar ôl gwyliau'r Pasg.' Aeth yn ei flaen i ddweud, 'Dylech chi fod wedi dewis pa syniad rydych am ei gyflwyno i'r dosbarth yn barod.'

'Ond, syr, be os bydd fy nghi wedi bwyta fy ngwaith cyn i ni ddychwelyd i'r ysgol? A fydda i'n dal i orfod ei wneud o?' Carter yn ceisio bod yn ddoniol. Rhoddodd hergwd i Amy a oedd yn eistedd wrth ei ymyl.

'Os bydd dy gi yn bwyta dy waith, bydd gen ti ddau brosiect i'w wneud y tymor nesaf.'

'Iawn, syr, dim ond tynnu coes oeddwn i.' Eisteddodd yno gan grechwenu.

'Felly gawn ni drafod unrhyw beth sy'n ymwneud â mathemateg?' holodd Grace.

'Cofiwch, enw'r prosiect yw MAE MATHEMATEG

YN HWYL!' Cerddodd Mr Heathfield at y bwrdd gwyn. 'Y gair pwysig yma yw "hwyl".'

'Be wyt ti am ei wneud?' gofynnais i Tia o dan fy ngwynt. Roedd hi wedi symud yma o Nottingham ym mis Medi. Bob tro y byddwn i'n gofyn cwestiynau iddi, er mwyn bod yn gyfeillgar, byddai'n dweud wrthyf i am 'beidio â gofyn cymaint o gwestiynau.' Y rhan fwyaf o'r amser, byddai'n troi ei phen ac yn siarad â Grace yn eu hiaith gyfrinachol.

'Mae gen i syniad gwych, ond dwi ddim am ddweud be rhag ofn i ti ei ddwyn o.' Trodd ei phen a chodi clawr ei llyfr dosbarth er mwyn cuddio'r hyn roedd hi'n ei ysgrifennu.

'Cofiwch, bydd yr enillydd yn cael cwrdd â maer y dre, ac yn cael mynd â'i ffrindiau yn limo personol y maer am ddiwrnod cyfan. Hefyd, bydd yr enillydd yn cael tocynnau i fynd i barc antur Marchogion yr Oes a Fu.'

Edrychais ar Ravi, roedd hyn wedi'i gyffroi. Roedden ni wedi gweld hysbysebion y parc hwnnw ar y teledu. Doeddwn i erioed wedi bod mewn parc antur o'r blaen, nac wedi gweld limo, heb sôn am eistedd mewn un, ond roeddwn i'n gwybod yn iawn na fyddwn i byth yn ennill y gystadleuaeth mathemateg, waeth i mi heb â breuddwydio. Ac roedd Modryb Yee wedi dweud bod Amelia wedi bod yn gweithio ar ei phrosiect hi ers oes pys. Doedd gen i ddim gobaith caneri.

Doeddwn i a rhifau ddim yn cyd-fynd. Fel hufen iâ a chiwcymbyrs. Ond fyddwn i byth yn dweud hynny wrth Ba. Edrychais ar y cloc. Doedd dim llawer tan amser cinio. Meddyliais beth oedd Ma a Ba yn ei wneud yr eiliad honno. Roedd Ma wedi sôn ei bod hi am fynd i gael cerdyn bws am ddim i Nai Nai. Roedd bod yn hen yn swnio'n eithaf da; cael teithio am ddim, cael gostyngiad yn y siop trin gwallt, a chael gwneud fel y mynnan nhw heb i neb gwyno (pethau fel poeri hadau). Doeddwn i ddim yn siŵr ai peth hen bobl neu beth Tsieineaidd oedd hynny.

'Danny ... Danny ... edrycha.' Roedd Ravi'n taro ei bren mesur yn erbyn fy ysgwydd.

'Paid,' dywedais. Yr unig beth roeddwn i ei eisiau oedd cyrraedd diwedd y dydd heb ddim mwy o strach. Roeddwn i'n poeni y byddai Mr Heathfield yn dechrau pigo arnaf i eto.

'Syr ... mae rhywun ar iard yr ysgol. Syr,' dywedodd Grace, gan hanner codi o'i sedd ac ymestyn i geisio gweld yn well.

'Mae hi'n edrych fel y frenhines, syr, ond mae ganddi fwy o liw haul,' dywedodd Damaris.

'Llygaid tuag at flaen y dosbarth, os gwelwch yn dda, bawb,' dywedodd Mr Heathfield. Roedd o'n dechrau gwylltio; roedd ei glustiau'n dechrau troi'n goch.

'Na, syr ... nid disgybl sydd yno ... ond hen ...' dywedodd Tia, gan wthio'i sbectol yn ôl i weld yn well, '... hen ddynes.'

Nid hi, plis, nid hi.

Nid hi, plis, nid hi.

Nid hi, plis, nid hi.

'Hen ddynes Tsieineaidd, syr,' chwarddodd Carter.

Ochneidiais. *Perffaith.*

Brasgamodd Mr Heathfield at y ffenestr. 'Beth ar wyneb y ddaear – ?' Rhythodd trwy'r gwydr. Cododd pawb o'u seddau er mwyn gweld pwy oedd yn crwydro'r iard wag yn ystod oriau ysgol. Rhuthrais i at y ffenestr hefyd. Roedd Ravi wrth fy ochr. Gwthiais i'r tu blaen i weld.

Gwyrodd Ravi ei ben tuag ataf. 'Ai hi ydy'r Forgrugnain?' holodd, gan bwyntio.

'Ia,' atebais, gan gilio'n araf o'r ffenestr rhag iddi fy ngweld. Edrychodd pawb arni'n syllu trwy ffenestri swyddfa'r ysgol. Dechreuodd gerdded tuag aton ni wedyn. Gwasgodd ei hwyneb yn erbyn ffenestr yr ystafell ddosbarth, gan graffu i weld yn well. Pam, o pam, mai dim ond un llawr oedd i'n hysgol ni? Pam, o pam, roedd Ma wedi mynnu dangos ble roeddwn i'n mynd i'r ysgol?

Beth oedd hi'n ei wneud yma? Roeddwn i mewn digon o drybini'n barod heddiw, doeddwn i ddim angen mwy.

Gwelodd fi, a gwenodd. Cododd ei llaw.

Dechreuodd guro ei llaw yn erbyn y gwydr, a chododd fag plastig ag arno logo'r Ddraig Lwcus. O na, roedd hi wedi dod â bwyd i mi. Ddylai Ma a Ba ddim gadael iddi grwydro fel hyn ar ei phen ei hun. Beth oedd yn bod arnyn nhw?

'Danny, wyt ti'n nabod y ddynes yna?' Roedd Mr Heathfield yn swnio'n fwy blin nag arfer.

'Ydw ... mewn ffordd.'

'Rwyt ti un ai yn ei nabod hi neu ddim.'

'Ydw, dwi yn ei nabod hi, syr.' Roedd hi'n anodd cyfaddef ei bod yn perthyn i mi. 'Hi ydy ... ym ... fy nain.'

Agorodd Mr Heathfield y ffenestr rhyw fodfedd, fel pe bai'n ofni i Nai Nai neidio i mewn os byddai yn ei hagor yn lletach.

'Ym ... helô ... chi draw'n fan'na ... a wnewch chi fynd i swyddfa'r ysgol, os gwelwch yn dda? Nain Daniel. Ia, chi.' Pwyntiodd tuag at y brif fynedfa ar ochr arall yr iard. Gwenodd Nai Nai fel giât a nodiodd. Cododd law arnaf i eto. Roeddwn i'n teimlo'n sâl.

Caeodd Mr Heathfield y ffenestr a daeth ataf. Brysiais yn ôl at fy nghadair, heb wybod yn iawn beth i'w wneud.

'Iawn, fe gei di fynd allan i weld beth mae hi ei eisiau. Hefyd, dweda wrthi na ddylai ddod yma yn ystod oriau ysgol. Mae'n tarfu ar y gwersi.'

'Alla i ddim, syr.' Gwthiais fy nghadair yn ôl yn ddigalon a hanner codi.

'Ddim yn gallu? Pam?' Gwgodd arnaf yn anghrediniol.

'Dwi ddim yn siarad ei hiaith hi, syr.' Roeddwn i'n sefyll erbyn hyn, a'm dwylo wedi'u stwffio yn fy mhocedi. Roedd fy wyneb yn fflamgoch. Gallwn deimlo fy mochau'n llosgi. Doedd cywilydd ddim yn air digon cryf i ddisgrifio sut roeddwn i'n teimlo.

'Mae hi'n dod o ardal fechan yn Tsieina. Mae'r iaith maen nhw'n ei siarad yno yn wahanol, syr.'

'Gwahanol? *Chinese* ydy *Chinese,* siŵr Dduw. Nawr, cer.'

Mae'n od, mae pobl yn meddwl mai dim ond un math o berson Tsieineaidd sydd, ond mae llwyth o wahanol fathau, gyda'u bwydydd eu hunain a hyd yn oed eu hieithoedd eu hunain.

Gwnes fy ngorau i anwybyddu chwerthin gweddill

y dosbarth, a'r lleisiau'n sibrwd 'babi nain' arnaf i wrth i mi adael yr ystafell ddosbarth. Es tua'r dderbynfa.

Pan agorais ddrws yr ysgol, roedd Nai Nai yno'n barod, yn disgwyl yn eiddgar amdanaf. Daeth i mewn a chydio ynof yn dynn, yna dechreuodd gusanu fy moch. Cododd y bag i'w ddangos i mi. Roedd blwch plastig y tu mewn iddo. Agorais y caead. Y tu mewn iddo roedd tocyn o draed iâr brown a blasus. Roeddwn i wrth fy modd â nhw. Roedd yr arogl yn tynnu dŵr o fy nannedd. Dechreuodd fy mol ruo. Caeais y caead yn glep i rwystro'r arogl bendigedig.

'Na, Nai Nai, alla i ddim bwyta hwn yn yr ysgol. Dwi'n cael cinio ysgol. Rhaid i chi fynd adre.' Roeddwn i eisiau ei hel hi adref, ond allwn i ddim. Byddai Ba yn siŵr o golli ei limpyn pe bai'n clywed fy mod i wedi gwthio ei fam. Pwyntiais tuag at y drws.

'*Chi-a, chi, chi*.' Agorodd y caead eto, gan amneidio arnaf i fwyta. Tynnodd bâr o *chopsticks* metel o boced ei chôt a chododd un o'r traed brown bendigedig at fy ngheg.

Er gwaethaf yr arogl a'r ysfa i'w llowcio, allwn i ddim.

'Na, alla i ddim bwyta hwn yma.' Edrychais tuag at ddrws yr ystafell ddosbarth; gallwn weld fod pawb yn dal i rythu arnon ni trwy'r gwydr. Roedd Mr Heathfield yn brysur yn ysgrifennu rhywbeth ar y bwrdd gwyn, yn malio dim amdanon ni. Roedd y rhan fwyaf o'r plant yn chwerthin erbyn hyn, yn gwylio Nai Nai yn ysgwyd troed iâr o 'mlaen, yn erfyn arnaf i i'w bwyta. Gallwn weld fod Carter wedi nôl ei ffôn symudol er mwyn ffilmio'r cyfan. Arbennig. Gwych.

'Dan Dan, *chi*.'

Roeddwn i'n gwybod mai'r unig ffordd i'w chael i adael oedd i mi fwyta. Agorais fy ngheg, a stwffiodd Nai Nai ddarn brau o droed iâr i mewn ar unwaith. Wnaeth hi ddim llwyddo i gael y cyfan i mewn, a gadawodd ôl sos ar hyd fy moch. Gwthiodd Nai Nai fwy a mwy o'r traed i mewn, ac yna llyfodd ei bysedd a dechreuodd olchi fy mochau. Roeddwn i'n cnoi a chnoi, ond allwn i ddim llyncu. Pam na allwn i lyncu?

Llynca, Danny.

Llynca.

Cythrais am y blwch a gwgais arni er mwyn dweud ei bod hi'n hen bryd iddi fynd.

‘*Hao, hao*,’ meddai, gan fwytho fy mraich.

Nodiais.

Edrychai’n ddigon bodlon wrth iddi droi a cherdded trwy’r drws, yn falch ei bod wedi llwyddo i fy mwydo. O’r diwedd, llwyddais innau i lyncu.

Pan ganodd y gloch ar ddiwedd y dydd, edrychais trwy’r ffenestr ar olygfa lwyd a llwm. Roedd hi’n bwrw hen wragedd â ffyn; doedd dim ar ôl o’r awyr las a fu yno gynt. Diwedd gweddus i ddiwrnod ofnadwy.

Roedd Carter wedi anfon y fideo i Mitchell. Roedd Mitchell, yn ei dro, wedi ei anfon i bob disgybl yn yr ysgol oedd â ffôn symudol. Gwych – roeddwn i wedi mynd yn feiral am adael i hen ddynes stwffio traed iâr i mewn i fy ngheg. Yn y prif goridor, wrth i mi frysio heibio i fynd tuag adref, roedd sawl un yn fflapio eu breichiau fel adenydd. Roedd y rhai mwyaf dyfeisgar ohonyn nhw yn gwneud sŵn hefyd – *clwc, clwc, clwc!* Es i a Ravi allan â’n hwynebau tua’r llawr.

‘Hei, tyrd draw yn nes ymlaen i hel syniadau ar gyfer

y cyflwyniad mathemateg, iawn?' dywedodd Ravi. 'Rhaid i mi fynd, mae Mam yn mynd â Vishal i'w ddosbarth carate meithrin rŵan.' Brysiodd Ravi at gar ei fam. Roedd hi'n amlwg ei fod o'n ceisio gwneud i mi feddwl am rywbeth heblaw miri'r dydd. Roedd Ravi'n ystyriol iawn.

'Hei, Chung!' Clywais lais fel taran y tu ôl i mi. Troais a gwelais Mitchell yn dod ataf gyda'i gôt am ei ben, i gadw ei wallt perffaith rhag gwlychu.

'Mae dy gariad di wedi dod i dy hebrwng di adre! Methu cael digon ohonot ti!' gwaeddodd.

Doeddwn i ddim yn deall.

'Ond ... does gen i ddim cariad,' dywedais, gan droi i fynd tua'r giât.

Dacw hi. O na, ddim eto, meddyliais.

Safai Nai Nai yno, ar ben y wal goch ger y giât, yn gwisgo pâr o esgidiau glaw enfawr – rhai fy mam mae'n debyg. Sut wnaeth hi gyrraedd yno? Roedd hi'n chwilio amdanaf i ar yr iard, fel pe bai'n fôr-leidr yn nyth y frân.

Doedd hi ddim yn gwybod bod ei phresenoldeb yn gyfystyr â cherdded y planc i mi. Sblash, ffarwél i fy *street cred* am byth, meddyliais.

'Dan! Dan!' galwodd pan welodd fi o'r diwedd. Dechreuodd chwifio ei hymbarél amryliw i ddal fy sylw. Er mai bychan oedd hi, doedd dim modd peidio â sylwi arni. Daeth chwa o wynt a pheri iddi golli ei chydbwysedd am eiliad.

'Esgusodwch fi ... helô? Peidiwch â dringo'r waliau!' galwodd un o'r athrawon o'r brif fynedfa. Mrs Brannan oedd yno, y dirprwy. Brasgamodd tuag at Nai Nai gan chwifio'i dwylo fel pe bai'n ceisio lladd pry.

'O, peidiwch â chynhyrfu ... dim ond hen ddynes ydy hi. Diolch byth nad un o'r meithrin oedd yno!'

Erbyn hyn, roedd Nai Nai yn rhedeg ar hyd y wal. Brysiais ati. Roedd haid o rieni wrth y giât, pob un yn pendroni pam roedd hen ddynes yn galw amdanaf i o ben y wal.

'Dan! Dan! Da-ni-ah!'

'Dewch i lawr, Nai Nai! Plis, dewch i lawr!' erfyniais arni.

'Pa blentyn ydych chi'n ei nôl?' galwodd Mrs Brannan dros dwrw gweddill y rhieni a oedd yn hel eu plant.

'Fi, Miss! Mae'n ddrwg gen i, doedd hi ddim yn gallu fy ngweld i'n iawn.'

'Iechyd a diogelwch, Danny. Iechyd a diogelwch. Does gan yr ysgol ddim yswiriant ar gyfer perthnasau'n anafu eu hunain ar dir yr ysgol.' Roedd Mrs Brannan yn chwifio'i breichiau'n wyllt ar Nai Nai er mwyn ei chael i ddod i lawr.

'Ddrwg gen i, Miss.'

Sbonciodd Nai Nai yn ysgafndroed ar hyd y wal tuag at y giât. Roedd ganddi gydbwysedd da mae'n rhaid, dim ond dwy fricsen o drwch oedd y wal. Neidiodd i lawr pan gyrhaeddodd y pen a brysiodd tuag ataf, gan ddal ei hymbarél uwch fy mhen i fy nghadw'n sych rhag y glaw.

Clywais daran fawr yn rhwygo'r awyr, a gwasgarodd y rhieni a'u plant tuag adref nerth eu traed. Tynnodd Nai Nai fi'n dynn at ei hystlys, a phlethodd ei braich am f'un i. Roedd hi'n anodd cerdded braidd oherwydd y gwahaniaeth taldra rhyngon ni.

'Edrychwch! Babi nain!' galwodd Jay Jay wrth iddo redeg heibio i neidio i mewn i gar swanc ei dad. Es i fy nghwman a chodais fy ysgwyddau i guddio.

Pan ddaeth Mitchell heibio, rhoddodd hergwd i'r ymbarél nes disgynnodd o afael Nai Nai.

'*Ah ya*!' ebychodd wrth blygu i'w chodi drachefn. Perffaith. Sioe arall gan Nai Nai i ddifyrru gweddill y dosbarth. Cododd Nai Nai'r ymbarél yn ofalus cyn dechrau tynnu'r coesau yn ôl i'w lle cystal ag y gallai. Dechreuodd barablu yn ei hiaith ei hun. Doedd hi ddim yn dweud pethau clên – roeddwn i'n deall hynny o sŵn ei llais. Brysiodd y ddau ohonon ni ar hyd y pafin tuag adref gan geisio ein gorau glas i gadw'n sych, er bod y gwynt yn chwipio'r glaw o bob cyfeiriad. Doeddwn i ddim eisiau iddi ddod i'r ysgol i ddal ei hymbarél wirion dros fy mhen. Yr unig beth roeddwn i ei eisiau oedd llonydd.

Roedd fy nhraed yn wlyb diferol erbyn i ni gyrraedd y siop tecawê. Taflais fy esgidiau gwlyb ar waelod y grisiau cyn stompio i fyny'r grisiau yn nhraed fy sanau. Daeth Ma i fy ystafell gan ddal basged olchi.

'Be sy'n bod, Danny?' holodd wrth gau'r drws yn ofalus.

'Nai Nai! Dyna be sy'n bod – daeth i'r ysgol DDWYWAITH heddiw!' atebais, gan stryffaglu i gael y sanau gwlyb oddi ar fy nhraed.

'Roedd hi eisiau dod ag ymbarél i ti, am nad est ti a dy gôt i'r ysgol. Roedd hi'n meddwl ei bod hi'n dywydd monswŵn. Be sy'n bod? Pam wyt ti mor wlyb?'

'Doeddwn i ddim eisiau iddi ddod. Mi ddylai fod wedi aros yma.'

'Danny, dydy hi ddim yn deg i ddweud hynny. Dwi'n meddwl dy fod yn anniolchgar braidd.'

'Roedd o'n *embarassing*, Ma! Yn gynta, mae hi'n dod â llond bocs o draed iâr i mi, ac wedyn mae hi'n dod i fy hebrwng i adre. Roedd pawb yn chwerthin ar fy mhen!'

'Does dim angen gweiddi ... shhh ... mae hi'n dod i fyny'r grisiau.' Roeddwn i'n clywed y traed bach yn nesáu hefyd. Agorodd drws yr ystafell. Roedd Nai Nai wrthi'n sychu ei hun gyda lliain sychu dwylo oren.

'Roedd hi'n gwneud rhywbeth caredig. Roedd hi wedi sylwi na wnest ti fwyta unrhyw frecwast, a dy fod wedi mynd heb gôt. Roedd hi'n ystyriol, Danny, yn wahanol i ti,' dywedodd Ma yn gadarn.

Roeddwn i eisiau tynnu fy nillad. Roedd fy nghrys ysgol yn glynu at fy nghroen. Codais ac agorais ddrws y wardrob. Disgynnodd pentwr o ddillad Nai Nai oddi ar y silff uchaf.

'Aaaaa! A'r holl stwff yma! Fy stafell i ydy hon! BYDDAI'N WELL GEN I PE NA BAI NAI NAI YMA O GWBL! BYDDAI'N WELL GEN I PE BYDDAI WEDI AROS YN TSIEINA!'

Troais ar fy sawdl er mwyn mynd i'r ystafell ymolchi i newid, ond gwelais Ba yn sefyll wrth y drws, a golwg boenus ar ei wyneb.

8

Poen Cefn

'Danny Chung! Dwi'n – alla i ddim – ' Allai Ba ddim cael trefn ar ei dafod. Roedd ei wyneb yn fflamgoch. Ceisiodd sefyll yn syth, ond allai o ddim, a phwysodd yn erbyn y wal. Roedd ei dawelwch yn waeth na'r gweiddi. Roedd o wedi cael cymaint o ysgytwad fel na allai roi ei bregeth 'Y Ffordd Tsieineaidd' i mi hyd yn oed.

Ceisiodd gael trefn ar ei hun.

'Roedd Nai Nai yn ceisio bod yn gefn i ti, dyna'r cwbl. Fu hi ddim yno am un ar ddeg o flynyddoedd cyntaf dy fywyd di, felly mae hi eisiau gweld cymaint ag y gall hi rŵan.' Gwingodd mewn poen wrth ddweud hyn, a rhoddodd ei law ar ei gefn.

Trodd Ma tuag ato, gan fwytho ei fraich gyda'i

llaw rydd hi. 'Mae Danny a Nai Nai angen chydig o amser efo'i gilydd, dyna'r cwbl. Mi fyddan nhw'n iawn ymhen dim. Wyt ti'n iawn?' Rhoddodd y fasged olchi o'r neilltu.

'Dim ond fy nghefn i ... mae o wedi bod yn fwy poenus yn ddiweddar.' Doedd Ba erioed wedi cael anaf fel hyn o'r blaen. 'Dwi'n meddwl mai gosod y gwely bync wnaeth y drwg,' meddai, gan nodio ei ben tuag at y gwely tal.

'Dyma be wnawn ni. Mi wna i ddal ati efo'r golchi,' meddai Ma, gan godi'r dillad oddi ar y llawr. 'Mi wnei di, Danny, wneud mwy i helpu a threulio mwy o amser efo Nai Nai. Ac mi wnei di ...' dywedodd, gan edrych ar Ba. 'Mi wnei di fynd i orffwys.'

'Dydy o'n ddim byd. Edrych, mi af i â'r fasged 'na i ti. Ti'n gweld? Dim byd yn bo-OOOO!' Cymerodd y fasged o ddwylo Ma a gollyngodd hi yn syth bin. Disgynnodd fy nillad budron i gyd allan. 'Aaaaaa!' Roedd Ba yn sefyll yn gam, yn gwyro i'w dde. Roedd un o'i ddwylo ar ei gefn, a'r llall yn cydio'n dynn yn ffrâm y drws.

'Be ddigwyddodd?' holodd Ma. Roedd golwg bryderus arni. 'Alli di ddim sefyll yn iawn.' Casglodd y dillad at ei gilydd eto a'u rhoi yn ôl yn y fasged.

'Mae hi'n dweud y gwir, Ba. A oes angen i chi fynd i'r ysbyty?' Roeddwn i'n poeni fod bod mor annniolchgar wedi achosi i'w holl gyhyrau gloi neu rywbeth. Er hynny, roeddwn i hefyd yn falch fod rhywbeth wedi tynnu ei sylw oddi ar pa mor wael oeddwn i fel ŵyr.

'Dwi ddim yn mynd i unlle. Dwi heb orffen dweud y drefn yma.' Trodd er mwyn mynd yn ôl i lawr y grisiau, ond plygodd un o'i goesau oddi tano.

'Aw,' dywedais.

'AAaAAAa!' sgrechiodd yntau. Roedd o'n cydio'n dynnach yn ei ystlys, allai o ddim cuddio'r boen erbyn hyn.

'Dyna ddigon. Rwyt ti'n mynd i orwedd yn y gwely a dyna ni. Mi wna i gael trefn yma,' meddai Ma, gan ei hebrwng yn araf bach yn ôl i'w hystafell nhw. Clywais ei ochenaid o ryddhad wrth iddo orwedd. Daeth Ma yn ôl ychydig eiliadau wedyn.

'Fi fydd yn coginio yn lle Ba, a bydd Nai Nai yn dy helpu di efo'r archebion; dim ond cyfnod byr fydd hwn. Mae hi'n ddechrau'r wythnos, ac mae hi wastad yn dawel yr adeg yma,' dywedodd Ma, ei llaw ar fy ysgwydd.

Roeddwn i'n teimlo'n sâl eto. Doeddwn i ddim yn dda iawn yn gwneud y math yma o waith. Roeddwn i wedi gwylio Ma yn cymryd miloedd o archebion, wrth gwrs, ond doeddwn i erioed wedi gwneud fy hun. A sut allai Nai Nai helpu, a hithau'n methu â

siarad yr iaith? Roedd fy nghoesau'n sigo oddi tanaf, yn union fel rhai Ba. Beth os byddwn i'n gwneud y syms yn anghywir? Beth os byddwn i'n rhoi'r newid anghywir i rywun? Roedd fy mhen yn llawn symbolau maths yn gwibio brith draphlith dros ei gilydd.

Rywsut, roedd Nai Nai wedi newid ei dillad, a safai yno bellach mewn tracwisg, a sliperi am ei thraed. Eglurodd Ma wrthi beth oedd wedi digwydd, a thynnodd Nai Nai botyn o Eli Teigr o rywle a brysio i ystafell fy rhieni. Aeth Ma ar ei hôl hi hefyd.

'Ond, Ma. Dwi ddim yn meddwl 'mod i – ' Dilynais hi i'w hystafell wely. Roedd Ba yn griddfan ar y gwely wrth i Nai Nai ei droi a rhwbio'r eli menthol ar ei gefn. Roedd Ma yn tynnu'r sliperi oddi ar ei draed mewn ffordd eithaf garw.

'Mi alli di wneud yn iawn, Danny. Yr unig beth sydd angen ei wneud ydy dod o hyd i'r rhif ar y fwydlen, gwneud nodyn ohono, ac adio popeth at ei gilydd.' Adio? Roeddwn i'n gallu adio, ond a allwn i wneud dan bwysau?

‘Aaaaaa! Mi fydda i’n iawn ymhen dim!’ sgrechiodd Ba wrth i Nai Nai wthio ei bys yn erbyn rhyw ran poenus o’i gefn. Ceisiodd godi ar ei eistedd, ond cafodd ei wthio yn ôl ganddi. Dechreuodd Nai Nai fwytho a thylino ei ysgwyddau.

‘Ond Ma, mae gen i ryw waith mathemateg mae’n rhaid i mi ddechrau arno ... roeddwn i’n gobeithio cael mynd draw i dŷ Ravi i wneud ...’ Gwyddwn nad oedd hi’n gwrando dim arnaf i. Roedd sŵn griddfan Ba yn boddi fy llais distaw.

‘Gorwedda, neu ddoi di byth yn well!’ dywedodd Ma yn flin, gan bwyntio ar Ba. Trodd tuag ataf i wedyn. ‘Mi fyddwn ni’n iawn, ocê, Danny? Mae’r Chungs yn mynd i’w gwneud hi! Tîm Chung! Dwi ddim yn mynd i wastraffu’r holl fwyd sydd wedi’i baratoi. Falle y daw Adrian draw i helpu yn nes ymlaen.’ Cythrodd am ei ffôn. Roeddwn i’n gwybod ei bod hi’n anfon neges at Modryb Yee i holi. Roedd gan Ewythr Yee flynyddoedd o brofiad yn y diwydiant arlwyo, ac roedd wedi hanner ymddeol.

Nodiais fy mhen yn araf. Byddai’n rhaid i’r sesiwn syniadau mathemateg gyda Ravi aros. Yn lle hynny, roedd yn rhaid i mi dreulio fy amser gyda Nai Nai ... eto. Gadawodd Ma yr ystafell, a’m gadael i a Nai Nai i ofalu am Ba.

Trodd Ba i fy wynebu i. ‘Mae dy nai nai di yn dda

iawn efo rhifau. Mae ei meddwl hi fel cyfrifiannell. Mi allai ... aaaaa ... dy ... helpu ... di ... efo'r arian. Dreigiau lwcus, fel dywedais i.'

Roedd Nai Nai yn mwmian canu wrth iddi rwbio ei ystlys – ar yr eiliad honno, dim ond hi a'r eli a fodolai yn ei byd bach hi. Roedd hi'n mwynhau gofalu am Ba hefyd, gallwn weld.

'Roedd hi'n bencampwr mathemateg yn yr ysgol uwchradd,' meddai Ba. 'A phan roeddwn i'n cael fy magu, roedd hi wrth ei bodd yn dysgu am yr holl wahanol fathau o fathemateg, nid adio yn unig ... aawwwww ... Ma! Hi oedd yr un ymarferol yn ein teulu ni ...' Roedd golwg ddigri ar Ba, wrth iddo hel atgofion.

Chwarddodd Nai Nai wrth rwbio'r eli arno. Dywedodd Ba rywbeth wrthi, a nodiodd. '*Hao hao,*' meddai Nai Nai.

Danny, dwi'n gwybod bod ei chael hi yma yn anodd i ti ... ond mae hi mor falch o dy weld di. Alli di wneud chydig o ymdrech, os gweli di'n dda? I mi?'

Roeddwn i'n teimlo'n ddrwg am ddweud nad oeddwn i eisiau iddi fod yma. Roedd Ba mor falch o weld ei fam, a rŵan roedd o mewn poen. Gallwn i roi cynnig arni, meddyliais.

Ymddangosodd pen Ma trwy'r drws.

'Iawn,' meddai Ma. 'Mae Clarissa wedi dweud y gall Adrian ddod draw i helpu heno, ac yfory efallai, ond ddim tan wedi wyth o'r gloch. Felly mi fydd yn dal angen i ti a Nai Nai weithio ar y cownter am chydig oriau. Mae'n beth da ei bod hi yma, bydden ni mewn trybini fel arall.'

Sbonciodd Nai Nai oddi ar y gwely a chododd ei dwylo. Roedd yr arogl menthol yn llenwi'r ystafell.

Es i'r ystafell fyw i ffonio Ravi i ddweud na fyddwn i'n gallu mynd draw yno. Roeddwn i'n gweithio gyda Nai Nai.

9

Morgrugnain a'i Ffrind Newydd

Safais yn dalsyth wrth ddisgwyl am y cwsmer cyntaf. Y feiro yn fy llaw yn tapio yn erbyn y llyfr archebion, ar bigau i ysgrifennu rhywbeth. Roedd rhif coch ar waelod pob dalen, i'w rwygo i ffwrdd a'i roi i'r cwsmer fel eu bod nhw'n gwybod pa un oedd eu harcheb nhw pan fyddai'r rhif yn cael ei alw o'r gegin. Roedd fy stumog yn troi a throsi. Roedd Nai Nai wedi gwneud lle i'w hun wrth y bwrdd ger y teledu, gyda llond dysglaid o ffrwythau o'i blaen.

'Does dim angen i ti sefyll yno fel milwr yn disgwyl cwsmeriaid, Danny,' dywedodd Ma. 'Eistedda, gwylia chydig o deledu. Pan fyddan nhw'n dod i mewn, coda ar dy draed bryd hynny. Mae Nai Nai yma yn gwmni i ti. Cofia wenu.'

'Iawn, Ma, mi wna i fy ngorau.'

Edrychais tua'r bwrdd. Roedd Nai Nai wrthi'n sugno eirinen ar ei hanner a'r sudd yn diferu i lawr ei gên. Sychodd y sudd gyda hances bapur. Roedd hi'n gwylio rhywun yn dawnsio ar y teledu, ac roedd yn amlwg ei bod hi'n mwynhau. Rhaglen am ddynion yn gwisgo fel merched oedd hi – fel merched hynod smart.

Agorodd y drws, a daeth dynes hŷn i mewn. Roeddwn i wedi ei gweld hi yma o'r blaen, ond doeddwn i erioed wedi siarad â hi. Roeddwn i'n gobeithio ei bod hi'n garedig.

'O, rwy'n caru'r rhaglen yma. Dynion hardd yn gwisgo fel merched hardd. Doedd dim llawer o hynny i'w gael pan oeddwn i'n ifanc.'

'Dydy fy mam-yng-nghyfraith erioed wedi gweld dim byd tebyg, dydy hi ddim yn credu'r peth,' meddai Ma, a oedd yn sefyll ger drws y gegin. 'Noswaith dda, Mrs Cruikshanks!'

'Helô, Su Lin,' atebodd y cwsmer gan chwerthin.

'Dyma fy mab, Danny. Fo fydd yn cymryd eich archeb chi heno. Fi sydd yn coginio.'

'O, yw'ch gŵr yn iawn?'

'Mae o yn ei wely. Poen cefn. Mi fydd o'n iawn

ymhen chydig ddyddiau. Danny, cymera di archeb Mrs Cruikshanks. Mae hi'n gwsmer ffyddlon.' Trodd Ma ar ei sawdl a dychwelodd i'r gegin. Gallwn arogli rhywbeth yn llosgi.

'Shw'mae?' holodd Mrs Cruikshanks. Roedd hi'n gwisgo côt hir liw golau, a phan roddodd ei dau benelin ar y cownter gwelais ei bod yn fudr o gwmpas y llewys.

'Iawn, diolch,' atebais. Ond doeddwn i ddim yn teimlo'n iawn; roedd fy nwylo'n crynu.

'Fel arfer, bydda i'n dewis yr un peth bob wythnos. *Chow Mein* cyw iâr gyda sglodion. A porc *sweet and sour* ar fy mhen-blwydd!'

'Ocê.'

'Ai dy fam-gu di sydd draw fan acw?'

'Ia, fy nai nai. Mi ddaeth hi yma chydig ddyddiau yn ôl.'

'Helô 'na!' dechreuodd Mrs Cruikshanks godi llaw ar Nai Nai.

Cododd Nai Nai a sychodd ei dwylo gyda'r lliain sychu llestri a oedd ar gefn un o'r cadeiriau. Daeth at y cownter a chamu ar ben dau focs o duniau cola, er mwyn bod cyn daled â Mrs Cruikshanks.

'Hal-ô,' dywedodd Nai Nai. Roedd hi'n ymdrech eithaf da i ddweud helô, chwarae teg. Edrychai Nai Nai fel pe bai'n falch fod rhywun yn rhoi sylw iddi.

'Y'ch chi'n mwynhau byw yma? Mae hi wedi bod yn wlypach nag wythnos ym Mlaenau Ffestiniog. Newid hinsawdd, yn fy marn i, er bod rhai draw yn y neuadd bingo yn taeru mai twyll yw hynny i gyd,' dywedodd Mrs Cruikshanks. 'Ww, wyt ti'n tynnu llun?' Roeddwn i wedi bod yn dŵdlo ar y llyfr archebion heb feddwl.

'O, ydw. Cath ar ben stilts,' atebais. 'Ydych chi'n mwynhau chwarae bingo?'

'Rwyt ti'n un da am dynnu lluniau. Ydw, rwy'n caru bingo. Rwy'n mynd bob diwrnod bron â bod. Yr wythnos diwethaf, enillais botel o bersawr gan ryw grŵp o'r enw Little Minx neu rywbeth tebyg. Sôn am ddrewdod, fe wnes i ei roi i'r siop elusen. Ond mae modd ennill pethau gwych – talebau, siocled ... dyna sut collais i fy nannedd.' Edrychais arni. Roedd ganddi lond ceg o ddannedd gwynion llachar. Doeddwn i ddim yn deall.

'Dwi heb weld neuadd bingo yma. Ble fyddwch chi'n chwarae?' holais.

'Yng nghanolfan gymunedol y dre, ger y parc. Maen nhw'n cael bingo bob dydd am ddau o'r gloch.

Ac unwaith y mis, ar ddydd Sadwrn, maen nhw'n cael bingo arbennig gyda gwobr fawr. Dydw i heb ennill hwnnw hyd yma, cofiwch, ond rwy'n byw mewn gobaith. Dyle dy fam-gu roi cynnig arni. Mae sesiynau yoga i bobl dros eu deugain hefyd, ond dydw i ddim am fentro hynny, byddwn i'n bennu lan yn yr ysbyty ...' Ceisiais ei dychmygu'n plethu ei choesau y tu ôl i'w phen – roedd hi'n ddelwedd ddoniol. Efallai y dylwn i geisio tynnu llun o hynny yn nes ymlaen.

'Ydych chi'n gwybod be i'w archebu?' holais, gan deimlo fel oedolyn go iawn, â'm beiro'n barod.

'Ydw. Nac ydw ... dal sownd.' Roedd hi'n dal i edrych ar y fwydlen oedd ar y cownter. Sylwais ar ei hewinedd hir, braidd yn felyn, wrth iddi symud ei bys yn araf trwy bob colofn.

'A ddylwn i fod yn fentrus heno? Na ... yr un fath ag arfer, os gwelwch yn dda, sglodion a *chow mein* cyw iâr. Rhifau 92 a 67.'

Ysgrifennais y rhifau a'r prisiau ar y papur.

'Aros eiliad! Fe gymeraf *prawn crackers* a thun o bop hefyd,' ychwanegodd. Nodais y rhifau ar y papur.

Gallwn deimlo Nai Nai wrth fy ymyl, yn gwenu ar Mrs Cruikshanks ac yn edrych ar y llyfr archebion yn fy llaw. Roedd hynny'n fy ngwneud i'n nerfus braidd, ac yn ddryslyd. Edrychais o dan y cownter yn gyflym i weld a oedd cyfrifiannell yno. Roedd y til yn hynafol. Doedd o ddim yn dweud y cyfanswm, a dim ond un botwm oedd yn gweithio, sef yr un i agor y drôr arian.

'Ma! Ble mae'r gyfrifiannell?' gwaeddais wrth i mi dyrchu o dan y cownter.

'Dwi'n rhy brysur yn coginio, Danny. Gwna'r sym yn y llyfr archebion!' galwodd Ma yn ôl arnaf. Gallwn deimlo fy nwylo'n dechrau chwysu.

'Faint sydd arna i?' holodd Mrs Cruikshanks, ei hewinedd hirion yn tapio wyneb y cownter.

'Mae'n ddrwg gen i ... un eiliad.' Brathais du mewn fy moch. Roedd fy ymennydd yn troi'n slwj. Dechreuais droi a throi caead y feiro. Gallwn deimlo'r gwres yn codi oddi ar fy ngwar.

Gwyrodd Nai Nai ymlaen yn ofalus, a llithrais y llyfr archebion draw ati, gan roi golwg obeithiol iddi. Roedd Ba wedi dweud ei bod hi'n bencampwr mathemateg, wedi'r cyfan. Cymerodd y feiro, ac o fewn ychydig eiliadau roedd hi wedi nodi'r cyfanswm. Bam, bam, bam ac roedd hi'n gwybod yr ateb. Wnaeth hi ddim hyd yn oed nodi ffigyrau i'w cario drosodd. Rhoddais ochenaid o ryddhad.

'Deuddeg punt a dau ddeg pump ceiniog, os gwelwch yn dda,' dywedais.

'Dyma chi, syr.' Rhoddodd Mrs Cruikshanks yr

arian yn fy llaw, a heb oedi dim, agorodd Nai Nai y til a rhoddodd y newid i Mrs Cruikshanks.

Rhwygais yr archeb o'r llyfr ac es i'r gegin at Ma. Syllais am eiliad ar y pigyn main lle byddai'n plannu'r papur pan fyddai wedi gorffen coginio'r archeb. Arhosais wrth y drws; roedd y gegin yn llawn pethau a allai wneud niwed difrifol i rywun.

'Popeth yn iawn yn y siop?' holodd Ma, gan droi i edrych arnaf. Roedd fflam enfawr yn dod o'r hob, ac roedd hi'n arllwys olew i mewn i'r wok ac yn ei throi'n sydyn er mwyn ei gorchuddio'n llwyr. Canai'r wok yn swnllyd bob tro y byddai'n taro yn erbyn yr hob fetel. Trodd y ffan diwydiannol ymlaen.

'Popeth yn iawn. Mae Nai Nai yn dda yn gwneud maths.'

Gwaeddodd Ma, er mwyn i mi ei chlywed dros y twrw, 'Ti'n gwneud yn wych, Danny!' Gwenodd arnaf wrth daflu shibwns i mewn i'r badell, ac yna rhagor o lysiau a darnau o gyw iâr.

'Diolch.'

Es yn ôl i'r siop. Roedd Nai Nai wedi agor yr hatsh ac wedi mynd i eistedd gyda Mrs Cruikshanks. Roedd hi'n cynnig litshis iddi.

'Beth ar wyneb y ddaear yw'r pethau od yna?'

'Litshis,' atebais. 'Maen nhw'n dod o Tsieina. Mae Ma yn dweud bod Nai Nai yn eu caru nhw am eu bod nhw'n ei hatgoffa o adre. Maen nhw'n tyfu yn yr ardal lle cafodd hi ei magu.'

Roedd Nai Nai yn sgwrsio'n braf, a Mrs Cruikshanks yn gwenu ac yn nodio arni. Roedden nhw'n edrych fel ffrindiau bore oes.

'Wel, dydw i erioed wedi bwyta dim byd tebyg i'r slefren yma, ond rhof gynnig arni. Mae dy fam-gu di'n wych, gyda llaw. Mae ganddi wyneb mor annwyl. Deall dim, cofia, ond rwy'n gallu dweud ei bod hi'n un dda.'

Daeth Ma o'r gegin gyda bag llawn bwyd a'i osod ar y cownter, cyn estyn tun o bop o'r blwch y bu Nai Nai'n sefyll arno gynt.

'Dyma chi, mwynhewch!' sychodd ei thalcen â'i llaw cyn dychwelyd at wres y gegin. Cododd Nai Nai a cherddodd yn araf y tu ôl i'r cownter. Estynnodd oren o'r ddysgl a'i roi ym mag Mrs Cruikshanks hefyd.

'Diolch, cariad. Hei, dylech chi ddod i'r bingo. Rwy yno bob prynhawn.'

Doedd Nai Nai'n deall dim, felly penderfynais ymyrryd.

'Mae hynny'n swnio fel syniad da. Mi wna i ddweud wrthi.'

'Da fachgen. Hwyl nawr!' gafaelodd yn ei bwyd a gadawodd.

Wel wir! Roeddwn i wedi llwyddo! Roeddwn i a

Nai Nai wedi delio â'n cwsmer cyntaf, a doedd o ddim yn brofiad ofnadwy. Roedd Mrs Cruikshanks yn glên iawn, wyddwn i ddim pam y bues i'n poeni cymaint.

Ar ôl hynny, daeth dau o bobl ifanc i mewn – dyn a dynes – roedden nhw'n hŷn na chwiorydd Ravi, ond ddim yn 'hen' fel Ma a Ba.

'Helô, be hoffech hi heno?' holais, gan gofio gwenu. Safai Nai Nai wrth fy ymyl, gyda'r llyfr archebion a'r feiro'n barod. A dweud y gwir, roeddwn i'n ofnadwy o falch fod Nai Nai yno i helpu gyda'r gwaith adio.

'Dau flwch o gorgimychiaid mewn sos ffa du, un reis wedi'i ffrio efo wy, un reis wedi'i ferwi. Cawl cranc ac india-corn, a ffrityrs afal,' dywedodd y ddynes yn ofnadwy o gyflym.

Pwyntiais at bob un o'r eitemau a archebwyd. Gwnaeth Nai Nai nodyn o bob un, ac o fewn dim roedd hi wedi cael cyfanswm.

'Pymtheg punt ac wyth deg naw ceiniog, os gwelwch yn dda,' dywedais, gan edrych ar y llyfr archebion.

'Ydych chi'n cymryd cerdyn?' holodd y ddynes. Roedd y dyn wedi mynd i eistedd, a bellach wedi ymgolli yn sgrin ei ffôn.

'Mae o'n ddigyswllt. Tapiwch y cerdyn yma,' dywedais, gan godi'r teclyn bychan. 'Diolch, bydd yn barod ymhen rhyw ddeng munud.'

Es i â'r archeb i'r gegin at Ma, a phan ddes yn ôl roedd dau berson arall wedi cyrraedd. Safai Nai Nai yn gwenu ac yn nodio arnyn nhw. Roedd y ddynes wrthi'n pwyntio at rifau ar y fwydlen, a Nai Nai'n nodi pob un ar ei phapur.

Gwibiodd y ddwy awr a hanner nesaf heibio. Daeth llu o archebion ar un adeg, ond tawelodd wedyn, gan roi eiliad fach i bawb anadlu. Daeth Ma o'r gegin a disgynnodd yn swp i mewn i gadair. Gallwn weld bod ei thraed yn brifo ar ôl sefyll cyhyd. Allwn i ddim deall sut allai Ba wneud hyn bob dydd.

''Dach chi'ch dau wedi bod yn wych. Dwi wedi blino'n lân ar ôl bod i mewn yn y gegin yna. Mae hi mor boeth yno.' Arllwysodd ddŵr o'r fflasg ac estynnodd afal.

Es i a Nai Nai i eistedd hefyd, ond cadwodd y ddau ohonon ni lygad yr un ar y drws, rhag ofn i gwsmer arall ddod i mewn.

Dywedodd Nai Nai rywbeth wrth Ma, cyn gafael mewn eirinen wlanog a'i brathu.

'*Shuxue*,' meddai Nai Nai gan edrych arnaf i. Gwenodd Ma.

'Ma, be mae 'shwshe' yn ei olygu?' gofynnais. 'Mae Nai Nai wedi dweud hynny sawl gwaith heno.'

'O, mae *shuxue* yn golygu mathemateg. Gall Nai

Nai dy helpu efo dy fathemateg os wyt ti eisiau, a rhyw ddiwrnod falle y byddi di'n gallu gwneud y syms i gyd dy hun. Wedi dweud hynny, mae 'na gyfrifiannell yma'n rhywle hefyd. Hwyrach fod Ba wedi ei gadael yn y car. Mi ddylen ni drwsio'r til, ond mae'r pethau yma'n costio.'

'Sut mae hi'n deall ein rhifau ni? Ro'n i'n meddwl eu bod nhw'n defnyddio symbolau yn Tsieina?' Roeddwn i'n gwybod mai dim ond cyfres o linellau oedd un, dau a thri yn Tsieina.

'Maen nhw'n deall ein rhifau ni hefyd. Mae hi'n iaith sy'n cael ei deall ar draws y byd,' atebodd. 'Gwell i mi fynd yn ôl i'r gegin. Gobeithio y bydd Ba'n gwella'n fuan; dwi ddim eisiau i ti orfod gweithio yma yn rhy hir.'

Agorodd y drws yn llydan agored, ond nid cwsmeriaid oedd yno, ond Modryb ac Ewythr Yee.

'Dim angen cynhyrfu! Rydyn ni yma o'r diwedd!' Gwisgai Modryb Yee esgidiau gwastad a throwsus du, ei gwallt wedi'i glymu'n ôl yn dynn y tu ôl i'w phen. Yn un llaw roedd ganddi fag drud, ac yn y llall roedd pâr o fenig rwber. Gwenodd Ma wrth wylio Modryb Yee yn eu gwisgo.

'Adrian, cer di i goginio. Mi wna i gadw cwmni i Su Lin wrth y cownter. Dyma ni wedi dod i achub y dydd, unwaith eto.' Edrychodd Ewythr Yee arni ac ysgydwodd ei ben. Daeth ataf a rhoddodd bawen lawen i mi.

'Helô, was. Clywed bod dy dad wedi brifo ei gefn?'

'Ydy, mae o yn ei wely i fyny'r grisiau.'

'Druan. Fe af i weld sut mae ei hwyliau,' dywedodd Ewythr Yee. Tynnodd ei esgidiau cyn mynd i fyny'r grisiau. Roeddwn i'n falch ei fod o yma.

'Mae Amelia adre'n gweithio ar ei phrosiect mathemateg. Mae'r camera arni, felly gallwn gadw llygad barcud o fan hyn,' dywedodd Modryb Yee, gan godi ei ffôn symudol. Roeddwn i'n falch na fyddai'n rhaid i mi ddioddef cwmni Amelia heno, ac yn falch nad oedd fy rhieni i'n ysbïo arnaf i bob eiliad o'r dydd.

'Wel, mae'n rhaid mai hon yw dy nai nai di.' Dywedodd Modryb Yee rywbeth wrth Nai Nai, a nodiodd Nai Nai arni wrth ateb.

Daeth Ewythr Yee yn ôl o'r fflat yn cario cwpanau gwag. Cododd ffedog goch Ba oddi ar gefn un o'r cadeiriau ac fe'i gwisgodd. Clymodd y cwlwm yn dynn yn y cefn.

'Iawn, dwi'n barod amdani! Da iawn ti, Danny, am helpu dy fam. Fe gei di a dy nai nai fynd i orffwys nawr. Fe wnawn ni gadw'r slac yn dynn.' Rhoddodd bawen lawen arall i mi.

Tynnodd Modryb Yee ei hesgidiau a'i menig ac

eisteddodd ar gadair. 'Adrian, cyn i ti ddechrau, gwna baned o de lemon a sinsir i mi,' dywedodd.

'Ar bob cyfrif, eich mawrhydi,' atebodd yntau gan foesymgrymu.

'Diolch, Danny. Roeddet ti a Nai Nai yn help mawr. Ewch i'ch gwelyau – mae 'na ysgol yn y bore,' dywedodd Ma.

Aeth Ma ac Ewythr Yee i'r gegin, a chlywais sŵn y tegell yn berwi.

Roeddwn i a Nai Nai yn falch o gael dychwelyd i'r fflat, ac o gael gadael cwmni Modryb Yee, a oedd wedi diffodd y teledu'n barod. Roedd hi wedi naw o'r gloch, ac roeddwn i wedi blino'n lân; doeddwn i heb gysgu'n dda y nosweithiau blaenorol. Gallwn weithio ar y prosiect mathemateg rhyw dro arall. Gyda lwc, byddai cefn Ba'n gwella'n fuan.

10

Pen Gwag

Diolch i'r Bwda Boliog, roedd hi'n ddydd Gwener. O'r diwedd! Roeddwn i wedi bod yn brwydo rhag cysgu yn yr ysgol trwy'r wythnos. Roeddwn i a Nai Nai wedi bod yn helpu wrth y cownter bron bob nos yr wythnos honno, nes byddai Ewythr Yee yn dod i gymryd yr awenau gan Ma yn y gegin. Roedd Ba'n gwella'n araf deg, a gallai hercian o gwmpas y lle erbyn hyn o leiaf. Neithiwr, daeth i weithio y tu ôl i'r cownter am ychydig, ac roedd o'n falch o fod ar ei draed eto.

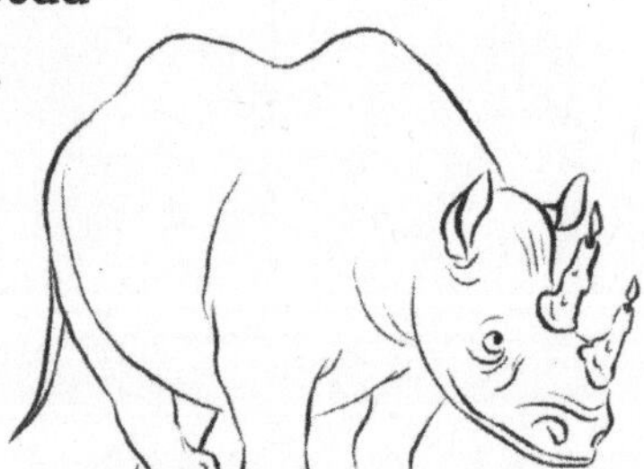

Cyn i mi adael i fynd i'r ysgol, tynnais lun sydyn o rhinoseros oedd â chanhwyllau yn hytrach na chyrn. Roedd o'n crwydro o gwmpas y lle yn cynnau tanau, yn gwneud dymuniadau, ac yn ffoi rhag yr anifeiliaid eraill oedd yn ceisio diffodd ei ganhwyllau. Roeddwn i'n cael cymaint o hwyl nes i mi anghofio faint o'r gloch oedd hi, a bu'n rhaid i mi redeg i'r ysgol. Roedd y gloch eisoes wedi canu erbyn i mi gyrraedd, a phawb wedi mynd i mewn yn barod.

Rhedais i'r ystafell ddosbarth a gwelais fod Ravi'n eistedd yn fy nghadair i, wrth ymyl Tia. Roedden nhw'n chwerthin am rywbeth. Gwelodd Ravi fi, a chododd ei law cyn mynd yn ôl i'w gadair ei hun. Trodd Tia yn ei chadair i ddweud rhywbeth wrth Mitchell, a thynnodd hwnnw ei ffôn o'i boced a dechreuodd ysgrifennu rhywbeth.

'Ti'n edrych yn flinedig,' meddai Tia, gan roi edrychiad od i mi. 'Unrhyw beth, neu unrhyw un, yn dy atal di rhag cysgu?'

'Dwi wedi blino'n lân,' atebais yn bwyllog. Roedd rhywbeth o'i le, doedd Tia byth yn gofyn cwestiynau. Troais at Ravi i siarad, ond roedd golwg welw iawn arno, fel pe bai ar drothwy rhyw annwyd cas.

'Hawddamor, Syr Ravi. Gest ti unrhyw syniadau ar gyfer y prosiect mathemateg?'

'Do, dwi'n meddwl. Dwi am wneud ffracsiynau hip hop. Mae fy nghefnder, Deep, am fy helpu efo'r chwaraewr recordiau. Wyt ti angen help?'

'Mae dy syniad di'n swnio'n cŵl. Dwi angen gwyrth o ryw fath. Ti'n meddwl y byddi di'n gallu cwrdd yn ystod gwyliau'r Pasg er mwyn rhoi chydig o help i mi?'

'Dwi ar gael ddydd Mawrth, dwi'n meddwl,' atebodd Ravi. 'Mae fy nheulu yn dod am ginio ddydd Llun – shhhh. Brysia, tro rownd, mae Mr Heathfield yma.' Troais ar f'union, o fewn trwch blewyn i gael fy nal.

Dechreuodd rhai yn y dosbarth chwerthin ac roedd eraill yn sibrwd ymysg ei gilydd gan grechwenu.

'Dyna ddigon, bawb,' dywedodd Mr Heathfield.

Teimlais fy mod ar fin dylyfu gên, ac allwn i wneud dim i'w atal.

'Noson hwyr, Mr Chung? Neu a ydw i'n dy ddiflasu di?'

'Na, syr – ond, oedd. Roedd hi'n noson hwyr.'

Cododd Mitchell ei law.

'Ie, Mitchell?'

'Mae Danny wedi blino am ei fod yn rhannu gwely bync efo'i nain!'

'Ac mae hi'n rhechu yn y nos, syr!' ychwanegodd Jay Jay. Dechreuodd pawb weiddi chwerthin. Roedd fy wyneb yn fflamgoch. Suddais yn fy sedd, roeddwn i eisiau i'r ddaear agor a'm llyncu'n gyfan. Dyna pam y gwnaeth Tia holi oeddwn i wedi blino, a pham roedd Mitchell yn anfon negeseuon – roedd popeth yn gwneud synnwyr rŵan. Ond sut roedden nhw'n gwybod? Pwy wnaeth ddweud?

'Distaw! Dydy trefniadau cysgu eich cyd-ddisgyblion yn ddim o'ch busnes chi,' dywedodd Mr Heathfield. Daeth draw ataf i, a dweud yn dawel, 'Mr Chung, cer i'r swyddfa, dwi wedi anghofio'r gofrestr. Cei ddewis rhywun i fynd efo ti, os wyt ti eisiau.' Pwyntiais at Ravi, a dechreuodd o godi o'i sedd yn araf.

Rhuthrais o fy nghadair, heb edrych yn ôl. Gallwn glywed Ravi'n dod y tu ôl i mi. Roedd Mr Heathfield wedi gwneud cymwynas â mi – roeddwn i angen gadael yr ystafell yna. Roedd pawb yn gwybod fy mod i'n rhannu ystafell gyda Nai Nai. Dyma'r peth gwaethaf allai ddigwydd. Allwn i ddim dod yn ôl ar ôl hyn.

'Arhosa amdana i, Danny,' dywedodd Ravi, gan wthio ei fys i mewn i fy ochr.

'Ddim rŵan, Ravi,' atebais yn flin, fy nwy law wedi'u cau yn ddyrnau tynn.

'Wyt ti'n iawn?'

'Ydw i'n edrych yn iawn i ti?' atebais. 'Dyma'r diwrnod gwaethaf yn yr ysgol erioed. Alla i ddim meddwl am brosiect maths, does dim byd yn fy mhen i ar hyn o bryd, ac ar ben hynny, fi ydy ffŵl y dosbarth, a dwi wedi blino'n lân.'

'Mae'n ddrwg gen i,' meddai Ravi. Cododd y

gofrestr oddi ar fwrdd y swyddfa ac aeth y ddau ohonon ni yn ôl i lawr y coridor gyda'n gilydd.

'Dwi ddim yn deall,' dywedais. 'Sut oedden nhw'n gwybod am y gwely bync? Mae'r bws yn stopio y tu allan i'r siop, falle bod rhywun wedi edrych i mewn i fy stafell wely. Wyt ti'n meddwl mai dyna ddigwyddodd?'

'Falle,' atebodd Ravi. 'Oes gen ti unrhyw luniau newydd?'

'Dim ond un, mi gei di ei weld o yn nes ymlaen. Prin fod gen i amser i dynnu lluniau – dwi'n gorfod gweithio y tu ôl i'r cownter bob nos efo Nai Nai. Ond mae cefn Ba bron yn well erbyn hyn. Mae o am weithio heno. Dwi mor falch ei bod hi bron yn wyliau'r Pasg, mae'n gas gen i'r ysgol ar hyn o bryd. Efo lwc, erbyn i ni i gyd ddod yn ôl bydd pawb wedi anghofio am Nai Nai, a byddan nhw wedi dod o hyd i blant eraill i chwerthin ar eu pennau.'

'Dwi'n edrych ymlaen at hynny hefyd.'

Gwnes i fy ngorau i beidio denu sylw at fy hun trwy'r dydd. Roeddwn i ar bigau'r drain i adael y lle.

Wrth i mi fynd trwy'r giât am adref, clywais rywun yn dod y tu ôl i mi. Ravi oedd yno. 'Danny, aros am eiliad, rhaid i mi ddweud rhywbeth – '

Cyn i mi droi, roedd Carter wrth fy ymyl hefyd. 'Hei, Danny.' A oedd o wedi dod i rwbio halen yn y briw?

'Paid â phoeni ... doedd o ddim yn bwysig.' Cododd Ravi ei law arnaf i a rhedodd tuag at gar ei fam.

'Helô,' dywedais wrth Carter, yn nerfus braidd.

'Ym ... wyt ti'n cofio'r gacen 'na yn y parc, honno wnest ti ei rhoi i ni i saethu ati? Wel, roedd o'n dipyn o hwyl. Wyt ti eisiau dod i chwarae efo ni yn y parc wythnos nesa? Mae gen i wn sbâr, os oes gen ti fwy o gacennau. Mi wna i ddweud wrth y bechgyn am fihafio. Dwi'n gwybod eu bod nhw'n gallu bod braidd yn ...'

'O, ie, paid â phoeni am y peth ... byddai hynny'n wych. Pa ddiwrnod?' Doeddwn i ddim eisiau edrych yn rhy awyddus, ond roeddwn i'n gyffro i gyd! Doedd Ravi a fi ERIOED wedi cael gwahoddiad i chwarae gyda Carter a'i griw, a byddwn i'n cael cyfle i chwarae gydag un o'r gynnau, o'r diwedd.

'Be am ddydd Mawrth, am ddau o'r gloch?'

'Gwych. Mi fydda i yno.'

'Cŵl. Wela i di yn y parc am ddau felly. A phaid â dod â neb arall. Dim ond un gwn sbâr sydd gen i.' Roeddwn i'n deall yn iawn beth roedd o'n ei ddweud: paid â gadael i Ravi ddod. 'Un peth arall ... Dwi'n meddwl y dylet ti wybod mai Ravi wnaeth ddweud wrth bawb dy fod ti'n rhannu gwely efo dy nain.'

Teimlais fy stumog yn troi wyneb i waered.

'Doeddwn i ddim yn gwybod.' Sut allai fy ffrind gorau wneud hynny i mi?

'Ia, wel, falle nad ydy o cystal ffrind â hynny. Wela i di ddydd Mawrth.'

'Iawn, mi fydda i yno ... ar fy mhen fy hun. Diolch, Carter.' Wyddwn i ddim sut i deimlo. Roeddwn i'n falch o gael gwahoddiad i chwarae gyda Carter a'i ynnau, ond pam roedd Ravi wedi dweud wrth bawb am Nai Nai?

Pan ddes adref, roedd fy rhieni a Nai Nai yn eistedd wrth y bwrdd bwyd, yn tynnu'r plisgyn oddi ar bentwr o gorgimychiaid.

Cododd Nai Nai un ohonyn nhw, gyda'r pen yn dal arno, a gwnaeth iddo symud ar hyd y lle fel rhyw byped. 'Dan Dan, hel-ow.' Bu bron i mi wenu.

'Sut ddiwrnod gest ti? Wyt ti'n iawn?' holodd Ba.

'Dwi'n iawn, diolch. Balch fod yr ysgol wedi gorffen,' atebais.

'Danny, mi fydda i yn ôl yn y gegin heno,' dywedodd Ba. 'I ddiolch i ti am dy holl help, mae Ma a fi wedi penderfynu peidio â gofyn i ti wneud gwaith tŷ trwy'r wythnos nesa, ac ar ben hynny, rwyt ti am gael chydig o bres poced i'w wario ar fwyd ac ar weithgareddau – mi gei di wneud pethau hwyliog efo Nai Nai bob dydd. Mi gei di fynd â hi i'r parc, dod o hyd i weithgareddau iddi, falle y gwnaiff hi ddod o hyd i ffrind?'

'Ond –' dechreuais ddweud.

'Dim dadlau,' meddai Ma. 'Bydd Nai Nai yn sownd yn y fflat fel arall, a fi a Ba yn gweithio fel arfer. Mae hi'n edrych ymlaen at gael treulio amser efo ti, Danny.' Ma a Ba, roedd y tîm yn ôl gyda'i gilydd.

'Ac mi weithiodd hi'n galed hefyd,' ychwanegodd Ba. 'Felly rydyn ni eisiau iddi hi gael mwynhau hefyd ... efo ti. Mae hi'n edrych ymlaen!'

Suddodd fy nghalon fel plwm. Byddai'n rhaid i mi warchod Nai Nai bob dydd?

'Ond, dwi'n brysur. Mae gen i gynlluniau efo fy ffrindiau, a phrosiect mathemateg angen ei roi i mewn yn syth ar ôl y gwyliau. Pam na all un ohonoch chi fynd â hi allan?'

'Dim dadlau, Danny,' dywedodd Ma. 'Ti fydd yn gofalu am Nai Nai, ac yn dod o hyd i weithgareddau difyr iddi. Mae hi'n dweud ei bod hi'n fodlon rhoi cynnig ar unrhyw beth. Ac mae'r ddau ohonoch chi'n cyd-dynnu'n dda erbyn hyn, ar ôl gweithio efo'ch gilydd – mae'n gyfle i gryfhau eich perthynas chi. A fydd hyn ddim trwy'r gwyliau. Amser cinio ddydd Llun, mi fydda i, Nai Nai a ti yn mynd i gael *dim sum* efo Clarissa ac Amelia. Bydd hynny'n sbort,' ychwanegodd.

Cymerais anadl ddofn, edrychais ar Nai Nai – a oedd bellach yn cael sgwrs â chorgimwch bach noeth – ac ochneidiais. Pam fi?

11

Da i Ddim Sum!

O'r diwedd, ar ôl tri chwarter awr o fod yn sownd rhwng Nai Nai ac Amelia yng nghefn car Modryb Yee, cyrhaeddon ni fwyty Chung Ying. Byddwn yn aml yn meddwl mai'r unig reswm yr oedd Ma yn gwneud cymaint gyda Modryb Yee oedd i gael mynd am dripiau yn ei char o bryd i'w gilydd. Doedd Ma ddim yn gyrru a fyddai Ba ond yn defnyddio'r fan i fynd am dripiau i'r siop cyfanwerthwyr. Roedd Ba ac Ewythr Yee wedi gwrthod y gwahoddiad i ddod i'r parti *dim sum* y bydden ni'n ei gael yn ystod pob gwyliau ysgol. Roedd Ma wedi bod yn edrych ymlaen at gael mynd â Nai Nai allan am bryd o fwyd da. Cerddon ni o'r maes parcio i'r fynedfa. Wrth i'r drysau awtomatig agor, cefais lond fy nghlustiau o gerddoriaeth cantopop a llond fy ffroenau o aroglau bwydydd bendigedig.

Brysiodd Nai Nai at y tanc pysgod, gan amneidio arnaf i ac Amelia i ddod hefyd. Es i draw ati, ond dilyn ein mamau a wnaeth Amelia, ar ôl y gweinydd a thuag at un o'r byrddau mawr crwn. Tapiodd Nai Nai ei bys yn erbyn y gwydr, i geisio deffro'r pysgod a oedd yn edrych fel pe baen nhw'n cysgu. Roedd arwydd ar flaen y tanc a oedd yn dweud, 'GWYLIWCH EICH PLENTYN: PEIDIWCH Â CHURO'R GWYDR'. Daeth pysgodyn du â llygaid mawrion at ymyl y tanc. Gwasgodd Nai Nai ei hwyneb yn erbyn y gwydr a dechreuodd wneud ceg fel pysgodyn. Roedd hi'n ofnadwy o ddoniol.

'Danny! Draw fan hyn,' galwodd Ma. Edrychodd Modryb Yee ac Amelia wrth i mi a Nai Nai ddod at y bwrdd.

Roedd y lle'n llawn o bobl eraill Tsieineaidd, ac roedd Nai Nai'n falch o weld hynny; edrychai o'i chwmpas gan wenu. Byddai Ma yn dweud o hyd, 'Ti'n gwybod bod bwyty Tsieineaidd yn dda os ydy o'n llawn o bobl Tsieineaidd.' Tybed a allai Nai Nai wneud ffrindiau yma, meddyliais, ond doedd o ddim yn edrych fel y math o le y gallai rhywun gerdded draw at fwrdd arall a gofyn iddyn nhw fod yn ffrind.

Ar ganol y bwrdd roedd plât gwydr tua'r un maint â chaead draen. Dechreuais ei droelli.

'Ddim rŵan, Danny,' sibrydodd Ma, wedi iddi weld fod Modryb Yee yn rhythu arnaf i.

Pwyntiodd Nai Nai at y wal. Roedd arni ddarlun enfawr o ffenics ac o ddraig â chrafangau mawr. Roeddwn i wedi gadael fy mhethau tynnu lluniau adref, felly gwnes nodyn yn fy mhen i f'atgoffa i dynnu llun o ryw fath o ffenics ar gyfer fy nghomic nesaf. Pasiodd Nai Nai feiro draw i mi, a hances bapur. Gwenais arni, a dechreuais dynnu llun o ffenics a chanddo gynffon pysgodyn robotaidd, ac a oedd yn bwyta dysglaid o reis.

'A, dyma nhw'n dod i gymryd ein harcheb ni nawr,' dywedodd Modryb Yee. Siaradodd â'r gweinydd, a edrychai fel pe bai'n cael diwrnod hynod ddiflas, mewn Cantoneg, heb holi Ma a Nai Nai beth oedden nhw ei eisiau.

Daeth gweinydd arall draw i osod tebot enfawr du ar ganol y bwrdd, a phum cwpan bach o'i gwmpas. Arllwysodd de i bob cwpan heb ofyn a oedd pawb eisiau peth neu ddim. Cododd Nai Nai ei *chopsticks* a dechreuodd eu golchi yn ei chwpanaid o de.

'Pam mae dy nain di'n gwneud hynna?' gofynnodd Amelia.

'Dim clem,' atebais.

'Mewn rhai ardaloedd yn Tsieina, dydy'r dŵr ddim wastad yn lân, felly mae'r bobl yn golchi eu *chopsticks* mewn te poeth er mwyn lladd unrhyw germau. Byddan nhw'n gwneud hynny wrth fynd allan am fwyd hefyd weithiau,' atebodd Ma.

'Does ganddyn nhw ddim peiriannau golchi llestri?' holodd Amelia.

Modryb Yee atebodd y tro hwn. 'Mae'r ardal lle'r oedd nain Danny'n byw braidd yn ... gyntefig. Does ganddyn nhw ddim cyfleusterau modern fel peiriannau golchi llestri a dillad. Rydyn ni mor lwcus, yma yn y gorllewin. Mae hi'n fwy gwaraidd yma.'

'Hwyrach ei fod chydig yn wahanol, Clarissa, ond fyddwn i ddim yn ei alw'n gyntefig.' Roedd golwg flin braidd ar Ma. 'Newydd gyrraedd mae fy mam-yng-nghyfraith, dydy hi heb ddod i arfer â'r drefn yma eto.' Roedd ei hwyneb yn goch.

Roeddwn i'n teimlo'n gandryll hefyd. Roeddwn i wedi cael llond bol ar Modryb Yee yn bychanu ein teulu ni trwy'r adeg. Doedd hi ddim yn gwneud cymaint pan fyddai Ba o gwmpas. Sychodd Nai Nai ei *chopsticks* gyda'r lliain o'i blaen, cyn eu gosod yn daclus mewn dwy linell syth yn erbyn eu gobennydd bach porslen.

'Dim byd o'i le ar fod yn ofalus,' dywedais innau wedyn, gan godi fy *chopsticks* fy hun a'u rhoi yn fy nghwpan hefyd, yn union fel y gwnaeth Nai Nai. Gwenodd Ma arnaf i, a gwnaeth hithau yr un fath.

Gwenodd Nai Nai a nodiodd. '*Hao-a, hao-a*.'

'Amelia, eistedda'n syth,' dywedodd Modryb Yee. 'Pam na wnei di ddangos dy flog newydd ar dy dabled?'

Ochneidiodd Amelia, cyn estyn tabled a oedd â chas pinc blewog. Gwibiodd ei bysedd dros ei wyneb, a rholiodd ei llygaid wrth iddi ei godi i mi weld. Roedd hi'n amlwg y byddai'n well ganddi fod yn chwarae gemau ar ei chyfrifiadur yn dawel, a f'anwybyddu i.

'Mae Danny'n gwneud yn dda iawn,' meddai Ma. 'Mae Nai Nai wedi dod â llyfr ffidil iddo.'

'O? A minnau'n meddwl ei fod o wedi rhoi'r ffidil yn y to, fel petai – dyna wnest ti ei ddweud yn de?' dywedodd Modryb Yee gan godi ael. Doeddwn i ddim eisiau codi cywilydd ar Ma, felly penderfynais ddweud celwydd golau.

'Dim ond cael seibiant bach o chwarae'r ffidil ydw i, er mwyn ystyried fy newisiadau cerddorol. Mi ddo i yn ôl ato rhyw ddydd,' dywedais. Roeddwn i'n falch nad oedd Nai Nai wedi gofyn i mi chwarae ers iddi gyrraedd.

'Wel, mae hynny'n swnio fel syniad da. Mae Amelia wedi pasio ei harholiad gradd tri ar y piano bellach. Amelia, dangosa'r fideo ohonot ti'n chwarae i Danny.' Roedd hi wedi sôn am hynny fil o weithiau yn barod. Dechreuodd Modryb Yee glicio ei bysedd ar Amelia. Roeddwn i'n falch nad oedd Ma yn clicio ei bysedd fel yna arnaf i.

Taflodd Amelia ei phen yn ôl, a dechreuodd dapio a sweipio ar ei thabled eto. Trodd y sgrin i'w dangos i mi am eiliad, cyn grwgnach o dan ei gwynt: 'Unrhyw beth arall tra rydyn ni wrthi?'

Wel wir, doedd Amelia berffaith ddim yn rhy hoff o fod dan fawd ei mam wedi'r cyfan. Y tro diwethaf i mi ei gweld hi, wnaeth hi ddim hyd yn oed aros tan i fy ngwely newydd i gael ei osod – efallai nad fi oedd hi'n ei gasáu wedi'r cyfan. Efallai ei bod hi wedi gadael oherwydd bod Modryb Yee yn brolio ei bod hi am ennill y gystadleuaeth mathemateg. Roedd hynny'n dipyn o ddweud, o ystyried y byddai cannoedd o ddisgyblion eraill o'r ddinas yn cystadlu yn ei herbyn hefyd.

Ai'r rheswm ei bod ar goll yn ei sgrin fach trwy'r amser oedd ei bod hi wedi hen flino ar glywed ei mam yn parablu am ba mor dda oedd hi am wneud popeth, tybed? Dychmygwch geisio byw gyda disgwyliadau o'r fath! Byddwn i wedi ffrwydro erbyn hyn. Roeddwn i'n falch mai Ma a Ba oedd fy rhieni i, roeddwn i'n bendant am hynny. Roedd bys Amelia yn gwibio ar draws y sgrin eto. Sylwais ei bod hi'n defnyddio rhaglen tynnu lluniau. Trodd y sgrin i mi allu gweld.

Roedd o'n dweud:

O MAM BACH! MAE HYN MOOOR DDIFLAS!

Nodiais fy mhen i gytuno. Roedd yr holl sôn am waith ysgol yn ystod y gwyliau yn ddiflas, heb os nac oni bai. Ond roedd y bwyd yn flasus. Roeddwn i'n caru *dim sum* yn fwy nag unrhyw fath arall o bryd bwyd.

'Wyt ti wedi bod i Marchogion yr Oes a Fu o'r blaen?' holais Amelia, gan obeithio y byddai'n fwy parod i sgwrsio rŵan. Efallai y byddwn i'n cael ateb yn hytrach nag ochenaid.

'Naddo, erioed.'

'Byddai'n cŵl ennill y tocynnau, ond dwi heb ddechrau fy mhrosiect eto hyd yn oed,' dywedais, gan geisio cael ychydig o gydymdeimlad, ac ambell awgrym efallai.

Roedd Modryb Yee wedi fy nghlywed. 'O, Danny, wn i ddim a oes pwynt i ti gystadlu. Mae athro Amelia eisoes wedi dweud bod ganddi gyfle da i ennill. Gawn ni weld.'

Ochneidiodd Amelia eto, a rhoi ei phen i lawr ar y bwrdd. Roedd hi'n brysur yn edrych ar y tabled a oedd yn ei chôl.

'Sut mae dy nai nai di'n dygymod, Danny? Mae'n rhaid eich bod chi'n agos iawn erbyn hyn.' Roedd Modryb Yee yn tynnu fy nghoes – roedd hi'n gwybod yn iawn ein bod ni'n gorfod rhannu gwely bync.

'Mae hi'n dygymod yn dda,' dywedodd Ma. 'Mae Danny'n falch iawn o gael treulio cymaint o amser efo'i nain. Maen nhw'n gwneud yn iawn am yr holl flynyddoedd coll. Does dim modd eu gwahanu nhw – mae 'na gariad amlwg rhyngddyn nhw.' Nodiodd Ma ei phen arnaf i, fel pe bai'n erfyn arnaf i gytuno.

'Dim modd ein gwahanu,' dywedais.

'Wel, am wych – y to iau yn cymryd diddordeb yn y genhedlaeth hŷn,' dywedodd Modryb Yee.

Yn fuan wedyn, daeth gweinydd draw gyda phentwr o ddysglau stemio bambŵ, un ar ben y llall fel tŵr, a'u gosod yn ddel ar y plât gwydr yng nghanol y bwrdd. Agorodd Nai Nai un o'r caeadau, a chododd y stêm ohono fel mwg cyn diflannu. Sgleiniai'r twmplenni ar eu cylch o bapur gwyn.

'*Chi-a, chi-a*,' dywedodd Nai Nai, gan ollwng twmplen *ha geo* yn fy nysgl. Gwthiais fy *chopstick* i'w chrombil a'i stwffio yn fy ngheg. Roedd hi mor flasus. Aeth Nai Nai yn ei blaen i lenwi fy nysgl â phob math o ddanteithion, cyn dechrau llenwi ei dysgl ei hun. Dim ond pigo oedd Ma, a phrin y rhoddodd unrhyw beth yn ei dysgl.

'Mae Danny am dreulio'r gwyliau i gyd yng nghwmni ei nain, yn mynd â hi allan i ddod o hyd i weithgareddau difyr iddi. Yn dwyt, Danny?'

'Swnio fel llwyth o hwyl,' meddai Amelia'n goeglyd.

'O leia dydw i ddim yn treulio fy mhenwythnosau yn cael fy llusgo i gant a mil o wahanol weithgareddau allgyrsiol,' atebais yn dawel, heb i'n mamau ni glywed. Ond roedd Nai Nai yn fy ngwylio. Trodd i edrych ar Amelia wedyn, ond roedd golwg bwdlyd arni.

'Danny, beth wyt ti am ei wneud gyda Nai Nai yr wythnos hon?' holodd Modryb Yee.

'Wel ... roeddwn i'n ystyried mynd â hi i'r bingo. Mi wnaeth un o'r cwsmeriaid sôn am y peth,' atebais.

'O na, nid bingo, yn sicr,' dywedodd Modryb Yee. 'Hen gêm ddi-ddim sydd ond yn cael ei chwarae gan faw isa'r domen yw honno, Danny. Fe ddylet ti fynd â hi i chwarae bowls. Mae 'na dipyn o fenywod o'r gangen Merched y Wawr yn mynd – ychydig o ymarfer corff a chyfle i wneud cysylltiadau â'r math iawn o bobl.'

'Mae hynny'n syniad da, Clarissa, diolch am yr awgrym,' dywedodd Ma.

Trodd Modryb Yee ei sylw ataf i. 'Bydd yn gwneud

lles i chi'ch dau. Mae'r Pasg yn gyfnod perffaith i chi ddod i adnabod eich gilydd. Rhaid gofalu am ein teulu. Dyna'r Ffordd Tsieineaidd.'

Nid hi hefyd ... roeddwn i'n cael digon o hynny gan Ba. Edrychais i lawr at fy nysgl a dechreuais fwyta eto. Roedd Nai Nai wedi gwneud yn siŵr fy mod i'n cael digon o fwyd. Ar ôl i ni orffen, denodd Modryb Yee sylw'r gweinydd.

'*Mai dan*.' Amser talu'r bil.

'Clarissa, gad i mi dalu'r tro hwn,' dywedodd Ma wrth ddechrau codi ei bag oddi ar y llawr.

'Lol botes maip, fe wna i dalu, siŵr.' Roedd Modryb Yee wedi estyn ei phwrs enfawr o'i bag yn barod ac wedi ei osod ar y bwrdd. Pan ddaeth y gweinydd â'r bil, estynnodd dri phapur ugain, crimp, newydd sbon, a'u rhoi'n ofalus ar y plât bach crwn. Wnaeth hi ddim edrych i weld beth oedd y cyfanswm, dim ond rhoi'r pres a'r plât yn ôl i'r gweinydd. Sylwais fod Nai Nai yn edrych ar Ma, a Ma yn dweud dim byd. Helodd pawb eu pac a cherdded gyda'i gilydd tua'r drws.

Roedd Nai Nai'n sibrwd rhywbeth wrth Ma. Gwridodd Ma. Daethon ni i stop y tu ôl i Modryb Yee ac Amelia.

'Clarissa, rydyn ni am gael tacsi adre. Mae fy mam-yng-nghyfraith eisiau gweld chydig mwy o'r ddinas,' dywedodd Ma. Doedden ni erioed, byth, wedi cael tacsi adref o'r blaen.

'O ... os ydych chi'n mynnu,' meddai Modryb Yee. Roedd hi'n edrych braidd yn ddig am nad hi oedd yn gwneud yr holl benderfyniadau. 'Fe yrra i neges i ddweud pryd y dof i draw nesaf.' A chyda hynny, dringodd Modryb Yee ac Amelia i'w car coch crand. Roedd gwefus bwdlyd Modryb Yee yn amlwg. Wnaeth hi ddim edrych arnon ni wrth iddi yrru i ffwrdd.

Cododd Ma law arnyn nhw. Symudais i fy mraich yn llipa. Roedd Nai Nai yn grwgnach am rywbeth.

'Be mae hi'n ei ddweud?' holais Ma.

'Mae hi'n dweud bod Modryb Yee ac Amelia fel pâr o afalau surion – llyfn ac esmwyth ar y tu allan, ond yn chwerw a sur y tu mewn. Gobeithio na chlywodd Modryb Yee hi'n dweud hynny yn gynharach – chawn ni byth wahoddiad eto.'

Afalau surion. Am wych!

'Dewch, awn ni am adre,' dywedodd Ma gan wenu arnaf. 'Be am fynd i'r becws ar y ffordd?'

Roeddwn i eisiau rhoi'r bawen lawen fwyaf erioed i Nai Nai. Roedd hi wedi gweld, roedd hi'n gwybod. O'r diwedd, roedd rhywun arall wedi sylwi pa fath o berson oedd Modryb Yee yn y bôn!

Edrychodd Nai Nai arnaf i, a winciodd.

12

Does Dim Angen Pêl i Fowlio

Safai Nai Nai wrth y bwrdd bwyta yn llenwi ei bag gyda ffrwythau o bob math: ciwi, grawnffrwyth, grawnwin. A oedd hi'n meddwl ei bod yn mynd ar ryw hirdaith bell?

'Oes raid i mi edrych ar ei hôl hi trwy'r dydd?' holais wrth chwarae â thamaid o dost. Rhoddodd Ba ei ddwylo ar fy ysgwyddau. Roedd Nai Nai'n mwmian canu rhyw gân.

'Plis, Danny, i mi?' gofynnodd Ba. Roedd ei gefn bron yn well, ond roedd yn dal angen gorffwyso yn amlach yn ystod y dydd. 'Os bydd hi allan, wnaiff hi ddim poeni cymaint amdana i a fy nghefn. Mae hi wir eisiau treulio amser da efo ti, Danny.'

'Ond mae gen i lwyth o bethau i'w gwneud ... y prosiect mathemateg yn un, ac mae 'na bethau eraill.' Roedd Carter wedi gofyn i mi fynd i gwrdd ag o yn y parc am ddau o'r gloch. Doeddwn i ddim am golli'r cyfle i chwarae gyda'r gynnau am y tro cyntaf erioed.

'Danny, rydyn ni eisiau iddi fwynhau ei hamser yma efo ni. Mae bowls yn swnio fel syniad da,' dywedodd Ba. 'Mae ganddi bàs bws bellach, ac mi gaiff hi fynd a dod fel y mynno yn lleol.' Brathais fy ngwefus. Beth os byddai rhywun yn ein gweld ni? A fyddan nhw'n meddwl mai'r rheswm fy mod i'n treulio amser efo fy nain oedd nad oedd gen i ffrindiau fy hun?

Canodd y ffôn.

'Helô?' atebais.

'Hei, Danny, Ravi sydd yma. Wyt ti'n dal eisiau i mi dy helpu di gyda'r prosiect maths? Mi alla i gwrdd â ti yn y llyfrgell tua tri o'r gloch, ac mi allwn ni ddefnyddio'r cyfrifiaduron sydd yno.'

Edrychais draw at Ba a Nai Nai, a throais fy nghefn atyn nhw. Roedd fy mol i'n corddi, a fy llwnc yn sych. Roeddwn i'n gwybod fod Ravi wedi fy mradychu i, a doeddwn i ddim eisiau ei weld o. A ddylwn i ddweud wrtho, yn blwmp ac yn blaen, fy mod i'n gwybod beth wnaeth o, a dweud ei fod o wedi fy mrifo? Neu a ddylwn i feddwl am ryw esgus i beidio â'i weld? Es i am yr ail ddewis.

'Hei, ym ... na, alla i ddim heddiw. Rhaid i mi dreulio'r diwrnod cyfan efo Nai Nai. Mae Ma a Ba newydd ddweud wrtha i.'

Gwenodd Ba arnaf a chodi bawd. Tybed a oedd Ravi'n gwybod fy mod i'n dweud celwydd?

'O. Iawn. Siŵr y cawn ni gyfle i feddwl am rywbeth erbyn i ni fynd yn ôl i'r ysgol. Rhyw ddiwrnod arall falle ...'

Roedd ei lais yn swnio'n fach, fach. Edrychais ar Ba; roedd o'n edrych ar ei ffôn symudol. Roedd Nai Nai'n pentyrru orenau ar yr allor. Roeddwn i'n teimlo'n chwithig braidd.

'Ravi, mae Ba yn dweud bod yn rhaid i mi ddod oddi ar y ffôn ... gwell i mi fynd.'

A rhoddais y ffôn i lawr cyn iddo orffen dweud hwyl fawr. Doeddwn i ddim angen ffrind a oedd yn cario clecs amdanaf i, hyd yn oed os oedd y straeon yn wir! Roedd Ba yn edrych arnaf i gyda golwg od ar ei wyneb.

'Byddet ti wedi cael aros ar y ffôn yn hirach, Danny. Wnes i ddim dweud dim byd.'

'Mae'n iawn, dwi eisiau mynd allan cyn gynted ag y gallwn ni, rhag i'r tywydd droi. Dwi eisiau i Nai Nai gael diwrnod da.' Mwy o gelwydd.

'Gwych,' dywedodd Ba.

'*Gong gong qi che – hao*!' dywedodd Nai Nai, gan fwytho'r boced lle'r oedd hi newydd gadw ei phàs bws. Doedd gen i ddim syniad beth oedd hi'n ei ddweud.

'Mae hi'n edrych ymlaen at gael mynd ar y bws,' eglurodd Ba.

'Iawn, well i ni fynd felly,' dywedais wrth Nai Nai, braidd yn swta. Dyma'r tro cyntaf i mi beidio â gweld Ravi yn ystod y gwyliau, ond ei fai o oedd hynny.

'Gofala di amdani hi, Danny. Hi ydy'r unig fam sydd gen i,' dywedodd Ba gan wenu.

Es i a Nai Nai ar fws rhif chwe deg tri, profiad newydd i'r ddau ohonon ni. Roedd Nai Nai eisiau mynd i fyny'r grisiau i eistedd yn y seddau blaen, er mai dim ond am dri stop oedden ni'n mynd. Yn ein seddau ar y llawr uchaf, ceisiais ei pharatoi am yr hyn roedden ni am ei wneud.

'Dwi am fynd â chi i chwarae bowls heddiw, Nai Nai. Bydd y lle'n llawn hen bobl, fel chi, yn taflu peli – wel nid eu taflu nhw, ond eu rholio nhw, am wn i.' Gwnes siâp pêl gyda fy nwylo, ac esgus ei rholio er mwyn dangos. Doedd hi ddim i weld yn deall, felly estynnais y grawnffrwyth o'i bag er mwyn esgus ei rolio ar hyd y llawr, ond doedd dim llawer o le ar y bws i wneud yn iawn. Estynnais fy llyfr lluniau wedyn, a gwnes lun o'r hyn fyddai Nai Nai yn ei wneud â'r peli.

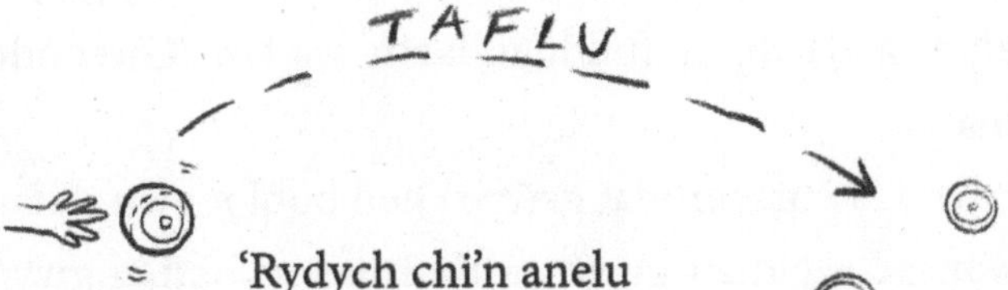

'Rydych chi'n anelu at y bêl fach hon ... a hon ydy'ch pêl chi, yr un fawr. Hon fyddwch chi'n ei thaflu ... iawn?'

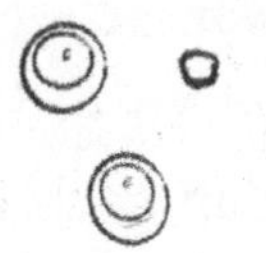

Nodiodd ei phen. Roedd hi'n deall. Roedd y Forgrugnain yn dysgu'n gyflym.

'Iawn,' meddai. Waw, roedd hi'n dysgu'n gyflym, gair arall i'w ychwanegu at 'helô'.

'Mi fyddwch chi'n iawn. Dyma ni wedi cyrraedd!'

Gwenodd Nai Nai. Gwasgais y botwm coch ac aeth y ddau ohonon ni i lawr y grisiau. Gwasgodd Nai Nai y botwm coch hefyd, sawl gwaith. *Ding! Ding! Ding!* Cododd y gyrrwr ei ael arnon ni wrth i ni adael.

Roedd yr haul yn tywynnu'n braf wrth i ni nesáu at y clwb bowls, a gwelais fod y lawnt yn edrych fel pin mewn papur – wedi'i dorri mewn stribedi perffaith syth, mewn dau fath gwahanol o wyrdd. Allai Nai Nai ddim gweld dros y gwrych fel y gallwn i. Byddai'n cael gweld y lawnt streipiog yn fuan.

Stopiodd y ddau ohonon ni wrth y fynedfa, a throais i'w hwynebu. Gwnes y symudiad rholio pêl eto, ond y tro yma gwnes sŵn pêl yn mynd fel y gwynt hefyd, a dawns o fuddugoliaeth wedyn. Gwenodd arnaf i.

Ar y lawnt, cerddai grŵp o hen bobl mewn dillad gwyn ac esgidiau gwyn (a rhai mewn hetiau gwyn hyd yn oed). Roedd Nai Nai yn gwisgo ei siaced sidan goch â llun o ddraig aur ar y cefn. Efallai y dylwn i fod wedi edrych i weld a oedd cod gwisgo cyn dod. Roedd Nai Nai yn edrych fel tamaid o borc *char siu* mewn môr o datws newydd. Roedd un dyn yn brasgamu yn ôl ac ymlaen, yn gwyro o bryd i'w gilydd i graffu ar y lawnt. Ai edrych ar gyflwr y glaswellt oedd o, neu wneud rhyw ddefod bowlio od, tybed? Eisteddai criw o hen ferched ar fainc yn sgwrsio.

Wrth i ni ddod heibio'r gornel, agorais y giât werdd a oedd yn arwain at y llwybr tua'r clwb ei hun. Stopiodd Nai Nai. Syllodd ar yr holl bobl. Roedden nhw'n syllu arnon ni hefyd.

Daeth dynes aton ni ar draws y lawnt. 'Helô,' dywedodd, 'ydych chi ar goll?'

'Helô. Nac ydyn, ddim ar goll. Danny ydw i, a dyma fy nain. Mae hi eisiau ymuno â'r clwb,' dywedais. Camodd un o'r dynion ar y lawnt i rolio pêl. Roedd hi'n sgleinio, ac yn llai o lawer na'r rhai â streipiau coch a oedd ym mreichiau'r ddynes.

'O, dwi'n gweld.'

'Dewch, Marjorie!' galwodd un o'r hen ferched eraill. 'Ry'n ni'n aros.' Roedden nhw o ddifrif am y gêm hon.

'Mae'n ddrwg gen i. Bydd yn rhaid i chi fynd i weld George yn y clwb, mi wnaiff o ddweud popeth ynghylch cofrestru chwaraewyr newydd. Rydyn ni'n chwarae mewn pencampwriaeth fach heddiw, mae arna i ofn, a bydd yn rhaid i mi fynd, ond ewch i weld George.'

'Gwych. Mae hi wedi hen ddiflasu ar aros yn y tŷ, ac mae hon yn edrych fel gêm dda i hen–' Roedd y ddynes wedi mynd cyn i mi orffen fy mrawddeg, '–bobl'.

'Does dim rhaid bod yn hen i chwarae bowls. A dweud y gwir, gallwch ddechrau unrhyw bryd. Mi allet ti ymuno â'n tîm iau, hyd yn oed.' Roedd y dyn wedi ymddangos y tu ôl i mi o nunlle. Roedd ganddo wyneb coch a gwallt gwyn fel clwstwr o gymylau o amgylch ei ben.

'George ydw i. Dewch i'r clwb ac mi gewch chi ffurflenni i'w llenwi a'r dyddiad pan fyddwn ni'n croesawu chwaraewyr newydd nesa, ymhen rhyw bythefnos.'

Cefais siom braidd o feddwl y byddai'n rhaid i Nai Nai ddisgwyl, a ninnau wedi teithio'r holl ffordd yma. Byddwn i yn ôl yn yr ysgol ymhen pythefnos. Aeth George â ni ar hyd y llwybr tuag at yr adeilad gwyn a safai ger y lawnt.

Edrychais ar Nai Nai, roedd hi fel pe bai wedi'i chyfareddu gan y gêm a oedd yn digwydd ar y glaswellt. Mae ganddi ddiddordeb, o leiaf, meddyliais. Roedd hi'n gwenu.

'Dewch, Nai Nai.' Gwnes arwydd arni i fy nilyn, ond yn hytrach na gwneud hynny, aeth tuag at y lawnt. Dechreuodd gyflymu, rhyw loncian i ddechrau, cyn dechrau rhedeg go iawn. Aeth ei llaw i'w bag a thynnodd rawnffrwyth melyn allan. I ddechrau, roeddwn i'n meddwl ei bod am gynnig darn i'r hen ferched, fel rhyw arwydd o gyfeillgarwch. Roedden ni'n rhoi orenau'n anrhegion pan fydden ni'n ymweld â ffrind, yn lle siocled, am fod Ma yn dweud mai dyna beth mae pobl o Tsieina'n ei roi'n anrheg. Roedd o'n edrych fel ei bod am wneud hynny, ond ... edrychais ar ei llygaid. Roedden nhw'n syllu ar y jac, y bêl fach wen a oedd yn darged i'r holl beli duon. Allwn i ddim edrych, ond allwn i ddim peidio ag edrych chwaith.

'Nai Nai!!!!' gwaeddais, ond roedd hi'n rhy hwyr. Gwelais y ffrwyth yn hedfan fel yr haul trwy'r awyr las, ac yn troelli tuag at y lawnt. Safai'r hen ferched yn gegrwth. Dechreuodd y dyn, a oedd wrthi'n chwarae, redeg i'w ddal cyn iddo lanio. Allwn i wneud dim heblaw am edrych, fy mreichiau yn estyn allan yn ofer.

'Na! Ddim ar y lawnt!' gwaeddodd George o'r tu ôl i mi. Dechreuodd redeg hefyd. Dechreuais i redeg. Roedd pawb yn rhedeg!

'Pwy ar wyneb y ddaear yw hi?' holodd rhywun.

Roedd pawb yn brysio tuag at fy nain bedair troedfedd o daldra a'i ffrwyth ehedog. **Y FORGRUGNAIN A'I PHÊL ANHREFN** fyddai enw'r olygfa benodol hon yn y comic.

Clywais leisiau mewn sioc, a gwelais y ffrwyth ... yn troelli a throelli ... roedd ar fin disgyn. Tarodd y lawnt, gan wyro i'r chwith wrth rolio. Roedd yn arafu, yn nesáu, a daeth i stop o fewn trwch blewyn i'r belen wen. Nai Nai, rywsut neu'i gilydd, oedd yr ENILLYDD. Allwn i ddim peidio â gwenu, er y byddai'n rhaid i ni ddianc ar fyrder.

'Mae hi wedi ennill ... gyda ... grawnffrwyth?' dywedodd un o'r hen ferched mewn syndod, wrth frysio draw i rythu ar y ffrwyth melyn ar y lawnt.

Cododd y ffrwyth i'w ddangos i weddill y grŵp, a oedd yn syllu mewn anghrediniaeth.

'Wel wir, grawnffrwyth o bob dim. Fyddwn i heb wario cymaint ar fy mheli newydd pe bawn i'n gwybod y gallwn ddefnyddio ffrwythau!' chwarddodd un dyn oedd â gwallt gwyn wedi'i gribo dros ei gorun moel. Roeddwn i'n falch o weld bod o leiaf un ohonyn nhw'n gweld y peth yn ddoniol. Daeth mwy o bobl allan o'r clwb i weld beth oedd yn digwydd. Roedd y rhai agosaf i'r lawnt yn pwyntio, a rhai yn gwgu arnon ni. Roedden ni'n tarfu ar hedd y lle, mae'n debyg. Hen bryd i ni adael, cyn gynted ag y gallen ni.

Brysiais yn ôl at Nai Nai, a dechreuais ei hebrwng yn ofalus oddi ar y lawnt, i lawr y llwybr, ac allan trwy'r giât. Trodd Nai Nai i roi dawns o fuddugoliaeth, yn union fel roeddwn i wedi'i ddangos iddi'n gynharach. Roedd rhywun wedi cicio'r grawnffrwyth yn ôl i'n cyfeiriad ni, ac roedd yn rholio'n ddigalon aton ni. Codais y ffrwyth – ac er ei fod wedi gweld dyddiau gwell, roedd o'n dal yn edrych yn fwytadwy, felly rhoddais i o'n ôl ym mag Nai Nai. Roedd hi'n edrych o'i chwmpas, heb ddeall pam roedd angen i ni adael ar gymaint o frys. Daliais ati i nodio a gwenu trwy fy nannedd nes roedden ni'n ôl ar y bws ac yn mynd tuag adref. Wel, roedd y cynllun bowls wedi methu cyn iddo ddechrau.

Allwn i ddim edrych ar Nai Nai yr holl ffordd adref. Sut fyddwn i'n egluro'r llanast yma i Ba a Ma? Fi oedd yr un a ddangosodd iddi sut i daflu grawnffrwyth.

Yn ffodus, doedd Ma na Ba ddim gartref pan gyrhaeddon ni. Doeddwn i ddim eisiau gorfod egluro pam ein bod ni yn ôl mor fuan; doedd hi ddim yn hanner dydd eto. Aeth Nai Nai i'r gegin i wneud llond tebot o de, a daeth yn ôl ymhen rhyw ddeng munud gyda llond plât o *guotie*, neu *potstickers* fel mae rhai yn eu galw. Roeddwn i'n eu caru nhw, ond doedd gan Ba byth amser i'w gwneud nhw i mi. Roedd o wastad yn rhy brysur.

Cydiais mewn pâr o *chopsticks*, a dechrau eu dowcio mewn sos soy gydag ychydig o sinsir ynddo cyn eu bwyta. Roedd *guotie* Nai Nai MOR dda, yn union fel roedd Ba wedi'i ddweud.

Doeddwn i heb gael llawer o lwyddiant wrth geisio cadw Nai Nai'n ddiddig. Pa weithgareddau eraill allai hi eu gwneud a fyddai'n rhoi ychydig o ryddid i mi yn ystod y gwyliau? Roeddwn i'n dechrau amau a fyddwn i'n gallu mynd i weld Carter yn y prynhawn.

Efallai mai gwyrth oedd hyn – pwy a ŵyr? – ond gwelais yr ateb i'r broblem yn cerdded heibio i'r ffenestr. Mrs Cruikshanks. Roedd ei chôt fawr wedi'i chlymu'n dynn am ei chanol, pâr o glustffonau mawr am ei chlustiau, ac roedd hi'n dawnsio wrth fynd. Brysiais at y drws i'w agor.

'Helô, Mrs Cruikshanks!' gwaeddais, gan chwifio fy mreichiau'n wyllt.

'O, helô. Rwy'n gwrando ar y Carpenters – cyn dy oes di, mae'n debyg,' dywedodd wrth droi a cherdded yn ôl ataf.

'Wnaethoch chi sôn eich bod chi'n mynd i'r bingo bob prynhawn?' Roeddwn i'n symud y drws yn ôl ac ymlaen yn fy nghyffro, efallai mai dyma'r ateb.

Gwyrodd Mrs Cruikshanks yn agos, fel pe bai am ddweud rhyw gyfrinach fawr, a sibrydodd, 'Ydw, dim gair o gelwydd, Danny.'

'GWYCH! Faint o'r gloch mae o'n dechrau?' gofynnais. Os oeddwn i'n iawn, gallwn hebrwng Nai Nai yno, brysio draw i'r parc i weld Carter, a dychwelyd i'w nôl hi cyn swper. Fyddai neb ddim callach.

'Rwy ar y ffordd i weld y nyrs yn y feddygfa – mae gen i gyrn ar fy nhraed.' Doeddwn i ddim yn gwybod beth oedd hynny, a doeddwn i ddim eisiau gwybod chwaith. 'Bydd y bingo'n dechrau am ddau o'r gloch, a bydda i yno. Bydde'n cymryd lorri i fy atal i rhag mynd! Pam?'

'Ydych chi'n meddwl y gallai Nai Nai ddod i chwarae?'

'Wrth gwrs! Mae hi'n ddigon siarp. Ewch chi draw, ac fe wela i chi yno. Gwell i mi fynd.' Ac ar hynny, aeth Mrs Cruikshanks yn ei blaen i lawr y ffordd, ei phen yn symud i fyny ac i lawr i gyfeiliant y Carpenters.

Roedd gen i gynllun yn dechrau dod at ei gilydd yn fy mhen. Yn y bingo gyda Mrs Cruikshanks oedd y lle amlwg i Nai Nai. Gallai aros yno am ychydig oriau, ac ar ben hynny, roedd o'n agos i'r parc. Dyma'r feithrinfa berffaith i'r henoed. Byddwn i'n cael cyfle i chwarae efo gynnau Carter wedi'r cyfan!

13

Litshis a Pheli Bingo

Des i a Nai Nai i'r Ganolfan Gymunedol, a dilynon ni'r arwyddion a oedd yn dweud 'BINGO' mewn llythrennau mawr, bras. Arweiniodd y saethau ni at neuadd fawr dywyll a oedd yn llawn byrddau wedi'u gosod mewn rhesi. Roedd sgrin fawr ar y llwyfan a oedd yn dangos peli bingo yn bownsio i fyny ac i lawr mewn bocs gwydr. Peli pinc, gwyrdd, glas, melyn a gwyn yn blith draphlith.

Roedd gen i ddigon o arian i brynu deuddeg cerdyn bingo a phecyn mawr o binnau ffelt coch i Nai Nai – roeddwn i, hyd yn oed, yn gwybod bod coch yn

lliw lwcus yn Tsieina – a thocynnau i gael paned o de neu goffi a chacen yn ystod yr egwyl. Roedd yr hen bobl yma yn ei chael hi'n braf. Roedd hi'n gynnes, roedd digon i'w fwyta, a byddai modd iddyn nhw aros yma drwy'r prynhawn yn chwarae gemau. Gwyn eu byd, meddyliais.

Pan ddes yn ôl at y bwrdd lle gadewais Nai Nai, gwelais fod criw o hen bobl wedi dechrau hel o'i chwmpas. Roedd yn edrych fel pe bai rhyw helynt wedi bod, gallwn glywed pobl yn dweud pethau fel 'am gywilydd' a 'dim ffiars o beryg'. Brysiais draw yno gyda'r cardiau a'r pinnau ffelt yn fy mreichiau.

'Helô. Helô? Esgusodwch fi? Be sy'n digwydd? Ble mae fy nain?' Gwthiais drwy'r môr o bennau gwynion a bagiau wedi'u gwau.

'Wyt ti yn ei hadnabod hi, felly?' clywais lais main yn holi. Roedd yn perthyn i ddynes â rhychau dwfn hyd ei hwyneb, a gwallt fel pentwr o gandi fflos glas. Roedd hi'n dal iawn, ac yn rhythu arnaf i fel petawn i'n rhyw fath o bry annifyr.

'Ydw. Nai Nai, ydych chi'n iawn?' gofynnais wrth nesáu. Er mai bach oedd hi, roedd hi'n hawdd iawn i'w gweld gan ei bod hi'n edrych mor wahanol. Roeddwn i'n gwybod yn iawn pa fath o deimlad oedd hwnnw.

'Bydd yn rhaid iddi symud,' dywedodd llais arall. Dyn oedd yno y tro hwn. Roedd o'n gwisgo'r un siwmper yn union â'r ddynes â gwallt glas. 'Ni sydd yn eistedd yn y seddau yma bob tro – bob tro!' mynnodd, a'i goes yn dechrau crynu wrth iddo siarad. Edrychais heibio i'r haid o bobl oedd wedi ymgasglu, a gwelais res ar ôl rhes o seddau gwag.

'Ond mae digon o seddau eraill yma,' dywedais. 'Be am i chi eistedd yn rhywle arall?'

'Wel, am bowld!' dywedodd Mrs Gwallt Glas. Roeddwn i eisiau eu hel nhw i gyd oddi yno, oddi wrth Nai Nai. Doedd hi ddim yn edrych mor gadarn gyda môr o bobl yn clebran o'i chwmpas. A dweud y gwir, edrychai'n fychan, ac ar goll. Roedd hi'n edrych ar yr holl wynebau'n gwgu arni, heb ddeall beth roedd hi wedi'i wneud i'w pechu. Rhoddodd ganol ei hafal ar y bwrdd cyn mynd i dyrchu yn ei bag unwaith eto. Estynnodd ffrwyth ciwi, a'i gynnig i'r ddynes oedd wrth ei hymyl.

'Gwrandewch, dyma'n tro cynta ni yma,' dywedais. Pan wrthododd y ddynes y ciwi, estynnodd Nai Nai lwy de o'i phoced, torrodd y ffrwyth yn ei hanner, a dechreuodd fwyta'r tu mewn â'r llwy.

Clywais rywun yn ebychu, a sŵn rhywun yn twt-twtian.

'Cer i nôl y rheolwr, Enid!' dywedodd y dyn mewn siwmper.

Brysiodd Mrs Gwallt Glas ar draws yr ystafell, gan

chwifio ei braich yn wyllt i geisio denu sylw'r ddynes a safai wrth yr allanfa yr ochr draw. 'Linda! Linda! Linda ... tyrd ar frys!'

'*Typical*, pobl o ffwrdd yn dod yma ac yn dwyn ein seddau bingo ni ...' dywedodd un ddynes heb ddant yn ei phen.

'Esgusodwch fi,' dywedais. 'Dwi ddim yn trio bod yn anghwrtais, a dydyn ni ddim eisiau ypsetio neb, ond ydy'r seddau yma wedi cael eu cadw?'

'Ydyn, dyna ble rydyn ni'n eistedd bob tro. Mae pawb yn gwybod hynny,' dywedodd y dyn mewn siwmper. Roedd ei wyneb yn dechrau troi'n goch.

Roedd Linda ar ei ffordd erbyn hyn, gyda Mrs Gwallt Glas ar ei hôl yn pwyntio ac yn chwifio ei dwylo'n wyllt. Roedd y bobl yma o ddifrif am eu bingo, dros ben llestri braidd.

'Helô, sut hwyl? Linda ydw i, a fi ydy'r rheolwr yma. Mae Enid yn dweud bod dy nain di'n eistedd yn ei sedd hi. Yn dechnegol, does dim modd cadw seddau yma, ond mae pobl yn tueddu i eistedd yn yr un seddau ag arfer. O ran cwrteisi, felly.' Roedd hi'n amlwg bod y rheolwr yn ceisio bod yn ddiplomataidd, heb bechu ei chwsmeriaid arferol, a heb ein pechu ni chwaith.

'Ond mae'r cadeiriau i gyd yr un fath,' dywedais. Roeddwn i'n ddig erbyn hyn. Dylai Nai Nai gael eistedd ble bynnag roedd hi eisiau. Er ei bod hi wedi bod yn fy ngyrru i'n benwan ers dyddiau bellach, roeddwn i'n teimlo rhyw ysfa annisgwyl i'w hamddiffyn hi yma. Rhoddais y cardiau bingo ar y bwrdd, a'r pinnau ffelt ar eu pennau yn ofalus, rhag iddyn nhw rolio i ffwrdd. 'Mi wna i ofyn iddi – dydy fy nain ddim yn deall popeth dwi'n ei ddweud, ond mi ro i gynnig arni.'

'Dydyn nhw ddim yn siarad yr un iaith, hyd yn oed,' dywedodd rhywun o dan ei wynt.

'Nai Nai ... *lai le*? Dwi'n meddwl y byddai'n well i ni eistedd wrth y ffenestr. Mae hi'n brafiach yno, *hao*?' Defnyddiais fy mysedd a'm dwylo i geisio egluro hefyd.

Nodiodd Nai Nai. '*Hao hao*.' Cododd wedyn. Symudodd pawb yn ôl i ddisgwyl iddi hel ei ffrwythau at ei gilydd. Codais i'r cardiau a'r pinnau ffelt a dechreuodd y ddau ohonon ni gerdded oddi wrth y dorf fechan. Roeddwn i'n falch o weld ei bod hi'n iawn, a ddim wedi dychryn o weld pawb yn ffraeo gyda hi. Roedd hi'n ddigon gwydn, fy nai nai i. Wrth chwilio am rywle gwell i eistedd, gwelais rywun yn chwifio'i breichiau'n wyllt yr ochr draw i'r ystafell, wrth ymyl y gwresogydd.

Clywais lais yn galw, 'Helô! Draw fan hyn!', a sylwais mai Mrs Cruikshanks oedd yno, wedi dod i'n hachub ni.

Fyddwn i byth wedi credu y gallwn i fod mor falch o'i gweld hi. Roedd Nai Nai wedi'i hadnabod hefyd, ac wedi dechrau cerdded draw ati dan wenu; dilynais i.

'Dewch i eistedd 'da fi. Dim diben i chi eistedd gyda'r hen bobl annifyr yna. Y Criw Crintachlyd fydda i'n eu galw nhw, am eu bod nhw mor gas. Maen nhw'n meddwl mai nhw sydd piau'r holl neuadd. Maen nhw'n ddigon drwg yn y bingo, ond dylech chi eu gweld nhw pan fo dawnsio llinell yma, maen nhw fel clawdd offa. Dim modd eu croesi.'

Dechreuodd Mrs Cruikshanks estyn pethau o'r bag gwyrddlas oedd ganddi wrth ei hochr. Tynnodd fflasg fetel dal ohono, a phlât plastig fel un plentyn bach. Wrth ymyl y rhain, gosododd gwpan a soser blastig. Roedd mwy eto i ddod. Tyrchodd trwy ei bag diwaelod, ac estynnodd becyn o binnau ffelt bingo ohono, yn ogystal â chlustog gyda lluniau o gathod drosti. Plwmpiodd y plu yn y glustog cyn ei gosod ar ei chadair. Yna, estynnodd becyn o facarŵns siocled, a llun o'r Iesu wedi'i fframio; gosododd hwnnw i un ochr. Pan oedd hi'n barod, o'r diwedd, eisteddodd.

'Fyddwch chi wastad yn dod â chymaint o ... o ... bethau?' holais.

'Pan fyddi di yr un oed â mi, Danny, ti angen sicrhau dy fod yn gyfforddus ble bynnag rwyt ti'n mynd. Ar fy ngwir, byddi dithe'n gwneud yr un fath pan fyddi di ar dy bensiwn.' Roeddwn i'n amau a fyddwn i'n cario bag mawr gwyrddlas a chlustog i bob man, rywsut.

Doedd Nai Nai ddim am fod yn ail i neb, a gwthiodd heibio i mi er mwyn eistedd yr ochr draw i Mrs Cruikshanks a'i holl drugareddau, a dechreuodd wagio ei bag hi hefyd. Dau gilogram o litshis, un oren, ffrwyth ciwi arall, a fflasg fechan yn llawn dŵr poeth – mae hynny'n rhywbeth Tsieineaidd. Dydy fy rhieni, hyd yn oed, ddim yn yfed dŵr oer. Maen nhw'n dweud bod dŵr oer yn ddrwg i chi. Byddai'r ddau yn eithaf dig yn clywed fy mod i wrth fy modd yn llenwi fy mhotel o'r tanc dŵr oer yn yr ysgol. Eisteddodd Nai Nai y drws nesaf i Mrs Cruikshanks, gan fwytho braich ei ffrind wrth wneud.

Es ati i osod y cardiau bingo a'r pinnau ffelt ar y bwrdd. Edrychais o gwmpas i weld a oedd yna rywun arall wedi dod â chymaint o bethau â Mrs Cruikshanks, a rhyfeddais o weld fod y rhan fwyaf wedi dod â chasgliad o drugareddau gyda nhw. Roedd un hen ddyn, a oedd yn gwisgo cap stabl, eisoes yn sugno ar losin o'r bag ar y bwrdd o'i flaen. Roedd rhywun arall, hen ddynes a chanddi ddwy ffon gerdded, wedi dod â brechdan a phecyn o greision gyda hi.

Stwffiais fy nwylo i mewn i fy mhocedi ac edrychais at Nai Nai eto. Roedd hi'n efelychu popeth roedd Mrs Cruikshanks yn ei wneud. Sythodd Mrs Cruikshanks ei chardiau bingo, a gosododd ei phinnau ffelt yn daclus wrth eu hymyl. Gwnaeth Nai Nai yn union yr un fath. Cododd Mrs Cruikshanks ddau fawd ar Nai Nai. Gwnaeth Nai Nai yn union yr un fath yn ôl.

Edrychais ar y cloc mawr ar y wal. Roedd hi bron yn ddau o'r gloch. Roedd Carter wedi dweud y byddai'n disgwyl amdanaf yn y parc. Roedd yn rhaid i mi fynd – ar unwaith!

'Ym, Mrs Cruikshanks, mae'n rhaid i mi fynd rŵan, ond bydda i'n dod yn ôl i hebrwng Nai Nai adre pan fydd y bingo wedi gorffen. Pryd ddylwn i ddod yn ôl?'

'Mewn rhyw awr, mae'n debyg. Fe fydd hi fel Tsieina *in a bull shop*!' chwarddodd. Doeddwn i ddim yn deall. 'Cer di nawr, mae Tommy'n barod. Llygaid ar y cardiau.'

'Peidiwch â dweud dim am hyn wrth fy rhieni, os gwelwch yn dda, Mrs Cruikshanks. Dydy Nai Nai ddim i fod yma, a dwi i fod efo hi trwy'r adeg.'

'Dim problem, Danny. Dim smic gen i.'

14

Brwydr yn y Parc

Roedd hi'n brysur yn y parc. Gan fod yr ysgol wedi cau, roedd llwyth o rieni wedi dod yno gyda'u plant bach. Doedd dim golwg o Carter. Es i rownd y gornel, ger y gwrychoedd sy'n edrych fel rhes o hufen iâ siocled ar ffon. Yn sydyn, *pfft*, teimlais rywbeth yn taro fy nghefn. Mitchell oedd yno, gyda dau wn oren. Gwisgai wregys am ei ganol a oedd yn llawn bwledi sbwng.

'Ti'n hwyr,' dywedodd, gan grechwenu. 'Rhaid i ti dalu dirwy am hynny. Rhaid i ti sefyll yn llonydd am un munud a gadael i mi dy saethu di gymaint o weithiau ag y galla i.'

'Dydy hynny ddim yn deg, nac ydy? Ble mae Carter?' Roedd gen i gof bod Carter wedi dweud y byddai'r gweddill yn fwy caredig. Doedd cael fy saethu yn fy nghefn wrth gyrraedd ddim yn argoeli'n dda.

'Dydy bywyd ddim yn deg. Dyna be mae Mam a Dad yn ei ddweud,' dywedodd Mitchell, a chefais fy saethu bum gwaith yn fy mol.

Rhoddodd wn i mi wedyn, un tua hanner maint ei wn o, a dyrnaid o fwledi a oedd bron â disgyn dros y llawr. Stwffiais y bwledi ym mhoced fy hwdi.

'Ai hwn ydy'r unig un sydd gen ti i mi? Mae o braidd yn ... fach. Oes gen ti un mwy?'

'Na ... mae Mitchell wedi galw *dibs* ar yr un arall da,' dywedodd Carter wrth iddo loncian draw. 'Mae Mam wedi dweud y cawn ni i gyd fynd i'n tŷ ni wedyn. Wyt ti eisiau dod?'

'Na, rhaid i mi nôl fy ... rhaid i mi fynd i nôl rhywbeth yn nes ymlaen.'

Anelais y gwn at ganol y sleid er mwyn ymarfer ychydig. Rhedodd Jay Jay draw, roedd o'n gwisgo crys T gwyrdd, yn union fel Mitchell. Roedden nhw fel dau was bach. Ych.

'Wyt ti'n barod am gêm? Ti ar fy nhîm i, Danny,' dywedodd Carter gan wenu. 'Ti heb saethu Danny'n barod naddo, Mitchell?'

'Naddo, dim ond cael chydig o hwyl, dyna'r cwbl.' Trodd Mitchell ar ei sawdl a rhedodd i ffwrdd, ei esgidiau gwyrdd llachar yn sboncio dros y glaswellt. 'Ond rydyn ni o ddifri rŵan!'

Am y tro cyntaf ers hydoedd, roeddwn i'n teimlo'n rhydd ac yn cael modd i fyw yn rhedeg a chuddio. Roedd Carter yn eithaf da am saethu. Ond doedd dim syndod am hynny am wn i, gan mai'r unig beth a wnâi ar benwythnosau oedd chwarae gemau fideo a chwarae â gynnau. Roedd hi'n braf peidio â gorfod poeni am Nai Nai yn fy nilyn i, am fod ar fy mhen fy hun, neu am fod yn sownd yn y fflat yn meddwl am ba mor wael oeddwn i am wneud maths. Llwyddais i daro Jay Jay ar ei ben ôl; roedd hynny'n bum pwynt. Dwi'n meddwl bod hynny wedi gwneud argraff ar Carter, ac roeddwn i'n falch. A dweud y gwir, doeddwn i erioed wedi chwarae o'r blaen, ac roeddwn i'n poeni na fyddwn i'n dda iawn, ond roedd ein tîm ni ar y blaen. Yn yr ail rownd, penderfynon ni roi deg eiliad ychwanegol i Mitchell a Jay Jay i redeg a chuddio.

'Barod neu beidio, dyma ni'n dod!' gwaeddodd Carter.

A dyna pryd y gwelais i o.

Syr Ravi o'r Deheubarth.

O na! A finnau wedi dweud wrtho fy mod i gyda Nai Nai trwy'r dydd. Roedd o yno gyda'i fam a'i frawd bach. Roedd Vishal yn dod tuag at y siglen wrth ymyl lle'r oedden ni'n chwarae. Roedd Ravi a'i fam yn sgwrsio. Neidiais i fewn i wrych ac es i ar fy nghwrcwd. Gallwn glywed fy anadl yn drwm a chyflym.

Ar ôl ychydig, dechreuodd fy nhraed frifo gan fy mod i'n sefyll ar fy modiau. Chwifiodd Carter ei law arnaf i. Pwyntiodd at y parc chwarae lle roedd Mitchell a Jay Jay'n cuddio ar ben y ffrâm ddringo. Gwyddwn yn iawn y byddai Ravi'n fy ngweld i pe bawn i'n dod allan o'r gwrych. Gwyddwn na fyddai Carter yn fy ngwahodd i chwarae eto pe na bawn i'n dod allan. Roeddwn wedi rhewi yn fy unfan, ac ysgydwais fy mhen. Ond Ravi ddylai fod yn ymddiheuro i mi. Am lanast.

'Be sy'n bod? Does 'na unlle iddyn nhw ddianc,' mynnodd Carter.

Ceisiais feddwl am esgus. 'Cer di gynta. Mi wna i aros rhag ofn i un ohonyn nhw ddianc.'

Edrychodd Carter eto a sylwodd ar Ravi a'i deulu, a oedd wrth y parc chwarae erbyn hyn.

'Dwyt ti ddim am fynd i ddweud helô wrth dy "ffrind gorau"?' gofynnodd Carter.

'Be wyt ti'n ei feddwl?' atebais, heb allu codi fy llygaid i gwrdd â'i rai o. Roeddwn i'n gweddïo y byddai'n gadael llonydd i mi.

'Mae Danny yma!' gwaeddodd Carter. Safodd

yn dalsyth, ei wn wedi'i anelu'n syth tuag ataf. Roedd Mitchell a Jay Jay bellach yn gweld fy nghuddfan hefyd. Dechreuodd y ddau redeg tuag aton ni.

'Shhhhh,' chwythais arno, gan fynd i fy nghwman. Gwelais fod Ravi'n edrych i'n cyfeiriad ni hefyd, yn gwthio ei sbectol i fyny ei drwyn i geisio gweld yn well. Penderfynais sefyll. Edrychodd arnaf i'n syn am eiliad, ond pan welodd fy mod i'n dal un o ynnau Carter, newidiodd ei wyneb. Cododd ei hwd dros ei ben, gwthiodd ei ddwylo'n ddwfn i'w boced a throdd ar ei sawdl.

Dywedodd ei fam rywbeth wrtho, ond ysgydwodd ei ben. Roedd hi'n amlwg ei fod eisiau gadael.

'Aaa, mae o wedi pwdu efo rhywun,' dywedodd Carter, a chwarddodd.

'Fo wnaeth ddechrau,' dywedais i. 'Tyrd, be am ddal ati i chwarae.' Edrychais draw at Ravi. Edrychai fel na wyddai beth i'w wneud. Edrychodd arnaf i'n sydyn, ac yna ar Carter a Mitchell.

'Dwi'n mynd i dy gael di!' gwaeddodd Jay Jay gan redeg tuag ataf. Doedd gen i ddim dewis, roedd yn rhaid i mi redeg neu gael fy saethu. Gallwn weld Mitchell. Rhedais, a neidiais tuag at y pwll tywod, gan saethu wrth ddisgyn. Mi wnes i ei daro yng ngwaelod ei gefn. Trodd i wgu arnaf. Roedd rhywun yn tynnu ar fy llawes, a phan edrychais gwelais mai Vishal oedd yno.

'Helô, Vishal.'

'Be wyt ti'n ei wneud? Ga i chwarae?'

'Na, sori. Nid fy ngwn i ydy o.'

'Ga i chwarae os ydy Ravi'n chwarae?'

Roedd yn teimlo fel pe bai rhywun wedi cymryd fy nghalon a'i chladdu mewn eira. Fyddai Ravi ddim eisiau chwarae efo fi byth eto mae'n siŵr.

Roedd Ravi'n dod tuag aton ni.

'Vishal. Tyrd oddi yna. Tyrd, rŵan!' Doedd ei lais ddim yn swnio yr un fath ag arfer. Wnâi o ddim edrych arnaf i.

'Ond mae Danny yma. Gawn ni chwarae hefyd?' Ceisiodd Vishal gydio yn y gwn a oedd yn fy llaw.

'Na! Tyrd. Dydyn ni ddim eisiau chwarae efo rhywun sy'n dweud celwyddau. Tyrd.'

Roedd Mitchell yn rhedeg i mewn i'r gwrych erbyn hyn, a Carter yn hela Jay Jay ger y meinciau coffa oedd â blodau marw ar eu hyd.

'Dwi ddim ... Ravi, yr unig beth oeddwn i ei eisiau oedd ...' Sut allwn i egluro wrtho ei bod hi'n hwyl chwarae efo Carter, ar ôl i mi ddweud celwydd? Roedd o'n wahanol i chwarae gyda Ravi.

'Prysur efo dy nain, wyt?'

'Mi oeddwn i'n brysur ... yn gynharach.'

Rhedodd Vishal tuag at y siglen.

'Ond dyma ti rŵan ... efo nhw.' Defnyddiodd ei ên i gyfeirio at y bechgyn wrth iddyn nhw lwybreiddio trwy'r gwrychoedd a'r coed.

Brathodd Ravi ei wefus, a gwthiodd ei sbectol yn uwch ar ei drwyn. Byddai wastad yn gwneud hynny pan oedd o'n nerfus.

'Ravi! A wnei di wthio Vishal ar y siglen? Dwi ar y ffôn!' Cododd mam Ravi ei ffôn at ei chlust.

'Hwyl, bradwr,' dywedodd Ravi, gan droi a cherdded i ffwrdd.

'Nid fi ydy'r bradwr! Ti oedd yr un wnaeth ddweud wrth bawb yn yr ysgol. Ti ydy'r bradwr! Ti wnaeth ddweud wrth bawb fy mod i'n rhannu gwely bync efo Nai Nai.'

Edrychodd Ravi arnaf i. 'Damwain oedd hynny. Mi wnes i ddweud wrth Tia ar ddamwain. Ond mi wnest ti ddweud celwydd, a dweud dy fod ti efo dy nain trwy'r dydd.'

Allwn i ddim meddwl am ddim i'w ddweud. Roedd fy nhafod yn teimlo fel darn o blwm. Trodd Ravi a cherdded i ffwrdd. Aeth at y siglen a chodi Vishal i mewn iddi, a dechreuodd ei wthio'n araf.

'Uwch!'

Gwthiodd Ravi eto, a dechreuodd Vishal godi'n uwch ac yn uwch. Rhoddodd ei fam ei ffôn yn ôl yn ei bag a mynd atyn nhw. Daeth Carter ataf i, a rhoi ei law ar fy ysgwydd.

'Tyrd, Danny! Maen nhw'n mynd tuag at y bandstand!' dywedodd Carter. Codais fy ngwn, a gadewais y maes chwarae a fy nghyn-ffrind-gorau.

'Faint o'r gloch ydy hi?' holais.

'Dim clem,' meddai Carter, a gwaeddodd dros y parc: 'Jay Jay, faint o'r gloch ydy hi ar dy ffôn di?'

'Bron yn hanner awr wedi tri!'

'O, rhaid i mi fynd i nôl fy ... fynd i'r siop.'

'Ocê. Tyrd i chwarae eto fory, os wyt ti ffansi.'

'Diolch, mi wna i drio,' dywedais, gan roi'r gwn yn ôl iddo.

'Wyt ti wedi gwneud dy gyflwyniad maths eto?' holodd Carter.

'Ddim eto, heb gael amser. Be amdanat ti?'

'Do, dwi am wneud prosiect ar *Fortnite* ... ond dwi heb orffen eto.' *Fortnite*? Dylwn i fod wedi dyfalu. Pan nad oedd Carter yn chwarae gyda'i ynnau, roedd o gartref yn chwarae *Fortnite*.

'Swnio'n ... ddifyr,' dywedais. Roedd gan Carter syniad hyd yn oed. Fi oedd yr unig un yn yr holl ddosbarth oedd yn dal heb syniad beth i'w wneud.

'Mi wna i siarad am y peth efo ti fory. Hwyl,' dywedodd Carter. Aeth dan chwerthin gyda Mitchell a Jay Jay draw i ochr arall y parc, lle roedden nhw i gyd yn byw.

Cefais beth roeddwn i ei eisiau – chwarae gyda Carter. Pam felly fy mod i'n teimlo mor wael?

15

Hao-si!

Roeddwn i'n fyr iawn fy ngwynt wrth redeg nerth fy nhraed yn ôl i'r neuadd bingo i nôl Nai Nai. Erbyn i mi gyrraedd, roedd fy ysgyfaint yn llosgi â phob anadl. Roedd y drysau'n llydan agored, a gallwn weld Nai Nai yn eistedd ar fainc yn y cyntedd. Cododd wrth fy ngweld i.

'Dan Dan-a!' galwodd. Yn ei breichiau daliai botel o bersawr, tegan meddal, llond bag o deits ac amlen wen.

'Ble buest ti?' gofynnodd Mrs Cruikshanks. 'Fe fethest ti'r sioe!'

'Be?'

'Dy fam-gu di – mae hi'n dipyn o fenyw! Rwy'n dod yma ers blynyddoedd, a weles i erioed fysedd mor chwim. Weles i erioed shwt beth. Roedd hi'n taro'r rhifau 'na, un ar ôl y llall, fel pe bai'n lladd pryfed. *Bam, bam, bam.*'

'Be? Hi enillodd y pethau hyn i gyd?'

'Ennill? Fe gafodd bingo bedair gwaith, a *house* unwaith – ar yr adeg iawn hefyd, cofia. Fe enillodd ambell beth bach a gwerth dau gan punt o dalebau archfarchnad. Dychmyga faint o *prawn cocktail* allet ti ei gael am ddau gan punt!'

'*Hao-si!*' gwaeddodd Nai Nai.

'How-se?' dywedais innau yn ôl.

'*House* ... pan fyddwch chi'n cael yr holl rifau ar y bwrdd. Fe gafodd hi bob un. Doedd y Criw Crintachlyd ddim yn hapus iawn, coelia di fi. Roedd Enid wedi pwdu'n llwyr, nid dim ond ei gwallt hi oedd yn las!'

'Mi ddylai ei liwio'n wyrdd – gan genfigen,' dywedais. Roeddwn i mor falch o Nai Nai. Ei thro cyntaf yn y bingo ac roedd hi wedi rhagori. Roeddwn i'n poeni fy mod i am wneud camgymeriad o hyd – dyna un o'r rhesymau nad oeddwn i'n hoffi mathemateg, am fy mod i'n ofn cael yr ateb anghywir. Weithiau, fyddwn i ddim hyd yn oed yn rhoi cynnig ar bethau, rhag ofn i mi fethu. Ond roedd Nai Nai wedi rhoi cynnig arni. Roedd hi wedi rhoi cynnig ar y bowls, ac ar y bingo. Ac edrychwch arni! Roedd hi mor hapus.

Roedd ei llygaid yn disgleirio. Stwffiodd y tegan meddal i ddwylo Mrs Cruikshanks – a derbyniodd hi'r anrheg blewog â chroeso. Yna, dechreuodd chwistrellu'r persawr dros ei hun, o'i phen hyd at ei sodlau – Poison oedd enw'r persawr. Am enw gwirion i'w roi ar bersawr! Dechreuodd Mrs Cruikshanks besychu, cymerodd gam yn ôl a gorchuddiodd ei cheg â'i llaw. Dechreuais i besychu hefyd.

'Brenin mawr, does dim angen defnyddio cymaint!'

'Pryd fyddwch chi'n mynd i'r bingo nesa, Mrs Cruikshanks?' holais.

'Pryd fydda i DDIM yno ydy'r cwestiwn. Rwy'n mynd bob prynhawn pan fydda i'n gallu. Ambell fore, bydda i'n hoffi mynd i roi help llaw yn y siop elusen – Cŵn ar gyfer y Deillion. A bob bore Iau, bydda i'n mynd i gael te. Ond mae'r prynhawniau ar gyfer y bingo. Wna i byth ddiflasu arno.'

'Rydych chi'n brysur.'

'Mae'n rhaid cadw'n brysur yn fy oed i. Www, bydd rhywun yn dod draw i dorri fy ewinedd ddydd Mawrth hefyd. Ta waeth, mae hi'n seren, dy fam-gu. Dyle dy fam a dy dad fod yn falch ohoni – mae hi'n un siarp.' Tapiodd Mrs Cruikshanks ochr ei phen â'i bys.

'Mae'r ddau ohonyn nhw'n falch iawn.' Meddyliais

beth fydden nhw'n ei ddweud pe baen nhw'n gwybod fy mod i wedi gadael Nai Nai yma i chwarae bingo gyda Mrs Cruikshanks. 'Mae'r ddau mor falch fod ganddi ffrind fel chi. Mor ddiwylliedig a ffyddlon.' Paid â'i gor-wneud hi, Danny! Roeddwn i'n swnio fel Ma yn siarad gyda Modryb Yee.

'O, bron i mi anghofio! Wyt ti'n gwybod beth oedd hi'n ei wneud? Dwi'n meddwl ei fod o'n dod â lwc dda iddi. Roedd hi'n bwyta'r pethau bach crwn, llysnafeddog yna.'

'Litshis.'

'Ie, litshis. Roedd hi'n poeri'r peli duon o'i cheg, yn bentwr ar y bwrdd o'i blaen. Fe gynigiodd un i mi, ond fe ddwedes i na, roedden nhw'n codi pwys arna i.'

Roedd Nai Nai yn arogli ei thalebau archfarchnad.

'Na, Nai Nai ...' dywedais, gan eu cymryd o'i dwylo. 'Fyddwch chi ddim yn gallu gwario'r rhain os byddan nhw'n flêr.'

'Gwell i ti fynd â hi i'r archfarchnad a dangos iddi beth i'w wneud ... EWCH I GAEL PLATIAID O FWYD MÔR, CARIAD!' Rhoddodd Mrs Cruikshanks gwtsh bach i Nai Nai. Trodd Nai Nai tuag ati, a rhoi cwtsh mawr yn ôl iddi.

*

Roedd mynd â Nai Nai i'r archfarchnad yn agoriad llygad. Agorodd bob un o'r rhewgelloedd mawr er mwyn gwthio ei phen i'w crombil i weld beth oedd yno. Roedd ei bol yn gwasgu yn erbyn yr ochrau, a'i thraed yn codi oddi ar y llawr. Dychmygais ei gweld hi'n disgyn i mewn, yn gaeth yn y rhewgell am byth. Y Forgrugnain, mewn carchar o rew am byth bythoedd! Byddai hynny'n datrys sawl un o fy mhroblemau i, a byddwn i'n cael fy ystafell yn ôl, ond roeddwn i'n dechrau teimlo'n wahanol amdani. Doedd hi ddim mor ddrwg â hynny. Ac roedd hi'n gwneud ffrindiau erbyn hyn, ac yn gadael y fflat. Byddai pethau'n dechrau newid. Efallai na fyddai'n rhaid i mi ei hebrwng i bob man. Efallai y byddai Mrs Cruikshanks yn cynnig mynd â hi i lefydd. Efallai y byddai Nai Nai'n hoffi gwneud rhai o'r pethau eraill roedd Mrs Cruikshanks yn eu gwneud hefyd, fel mynd i gael te. Roedd yn swnio fel yr union beth iddi.

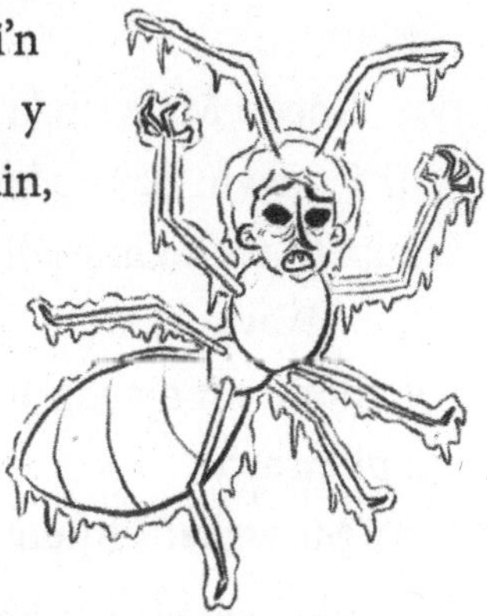

Daethon ni adref ychydig wedi chwech o'r gloch, gyda phum bag siopa'n llawn o fwyd wedi'i rewi, fel hufen iâ siocled (dyna beth ddewisais i), ac roedd Nai Nai wedi dod o hyd i eog cyfan a oedd yn dal â llygaid arno. Pwyntiodd at y pysgodyn a dywedodd '*Hao chi*' – am flasus. Llygaid. Llygaid pysgodyn. Blasus? Afiach. Allwn i ddim credu ein bod ni'n perthyn weithiau.

Roedd Ma wrthi'n golchi'r cownter pan ddaethon ni i mewn. Brysiodd Nai Nai ati er mwyn dangos popeth roedd hi wedi'i gael yn y bingo.

'Waw, ble gawsoch chi'r holl bethau yma?' Cododd un o'r bagiau ac edrychodd ynddo. 'Pysgod a phersawr?'

'Mi wnaeth hi eu hennill nhw.' Aeth Nai Nai â'r bwyd i'r gegin, lle roedd dwy rewgell fawr.

'Yn y clwb bowls? Ydyn nhw'n rhoi gwobrau yno?'

'Ym ... ydyn ...' Pam na allwn i ddweud y gwir wrth Ma? 'Roedden nhw'n cynnal raffl, ac mi enillodd hi. Ei thocyn hi gafodd ei dynnu o'r tun.'

'Hyn i gyd, efo un tocyn raffl?'

'Ym ... ie.'

'Felly, a gawsoch chi'ch dau ddiwrnod da? Mi fuoch chi allan am amser hir. Siŵr ei bod hi'n dda am chwarae bowls, oedd?'

'Oedd. Gwych a dweud y gwir.' Nid celwydd mo hynny.

'A'r bobl yno? Oedden nhw'n garedig?'

'Oedden, ar y cyfan ...' Doeddwn i ddim eisiau sôn wrth Ma am orfod dianc o'r clwb bowls, ac am y criw cas yn y clwb bingo a orfododd Nai Nai i symud.

Daeth Ba i mewn trwy'r drws ffrynt yn cario bocs o egin ffa. Gosododd nhw ar y cownter, gan ennyn edrychiad blin gan Ma, a rhoddodd gwtsh bach i mi a mwytho fy ngwallt. 'Helô. Sut ddiwrnod gawsoch chi?'

'Mae o wedi bod efo Nai Nai trwy'r dydd – newydd gyrraedd yn ôl maen nhw. Maen nhw'n cyd-dynnu mor dda,' atebodd Ma.

'Mi ddwedais i yn do, Danny? Mae ei chael hi yma'n gwneud lles i ti. Mi wnaiff hi ddysgu llawer i ti am ein hanes a'n diwylliant. Fydd hi ddim o gwmpas am byth. Ti'n gwneud dy dad yn hapus iawn. Da iawn, Danny. Dwi'n falch iawn ohonot ti,' dywedodd Ba, gan ddiflannu i'r gegin gyda'i focs.

'Croeso.' Wna'r celwydd golau ddim drwg gobeithio. Roedd Nai Nai wedi mwynhau ei phrofiad cyntaf yn y bingo gyda Mrs Cruikshanks, a chefais i chwarae gyda fy ffrindiau newydd cŵl. Ond roedd gen i hiraeth am Ravi. Roeddwn i eisiau i ni roi'r gorau i ffraeo gyda'n gilydd. Roeddwn i'n teimlo'n wael am ddweud celwydd wrtho – er mai fo wnaeth ddweud wrth bawb amdanaf i a Nai Nai'n rhannu gwely bync.

16

Y Gwir yn y Parc Sglefrio

Roedd hi'n ail wythnos y gwyliau Pasg yn barod. Eisteddais gan syllu ar fy llyfr mathemateg, yn erfyn arno i yrru rhyw arwydd i mi am beth ddylwn i ei wneud fel cyflwyniad. Roedd Ravi'n gwneud ei beth ffracsiynau hip hop, a Carter yn gwneud rhywbeth am *Fortnite*. Roedd Tia wedi gwrthod dweud beth oedd ei syniad hi. A fyddai Amelia byth yn dangos ei phrosiect i mi. Gallwn deimlo amser yn dianc fel tywod rhwng fy mysedd, ond roedd fy meddwl yn dal yn gwbl wag.

Roedd cefn Ba yn well o lawer erbyn hyn, ond roedd Ma yn dal i'w helpu i baratoi'r bwyd ac i fynd at y cyfanwerthwyr i brynu'r holl nwyddau. Ar ôl cinio, rhoddodd Ma wy siocled mawr yr un i mi a Nai Nai. Roedden nhw wedi'u lapio mewn ffoil porffor tywyll ac roedd posau ar gefn y bocsys. Dywedodd y gallen ni eu bwyta'n syth bin, am nad oedden ni'n dathlu'r Pasg. Eisteddais wrth y bwrdd bwyta i agor f'un i. Gwthiodd Nai Nai yr wy gafodd hi tuag ataf, gan ddweud rhywbeth wrth Ma.

'Mae hi'n dweud ei fod o'n rhy felys, felly mi gei di'r ddau wy! Mae hi'n ddigon bodlon efo'i ffrwythau.'

Edrychais ar Nai Nai a dweud, 'Diolch!' Aeth hi i fyny'r grisiau wedyn.

'Wyt ti am fynd â hi i'r clwb bowls eto heddiw?'

'Ydw. Mi awn ni yno rŵan.'

Ychydig yn gynharach, pan oeddwn i wrthi'n tacluso fy ystafell, roedd Nai Nai wedi rhoi hergwd ysgafn i mi gan ddweud '*Hao-si*?'. Deallais mai eisiau mynd i'r bingo oedd hi eto, i'r lle mae hi'n gweiddi '*house*'. Roeddwn i wedi nodio, ond gan godi fy mys at fy ngwefusau, mewn gobaith na fyddai'n sôn dim wrth fy rhieni.

'Rwyt ti mor garedig, Danny, yn treulio dy wyliau efo Nai Nai. Mae'r ddau ohonon ni mor falch.'

Allwn i ddim edrych arni. Wrth gwrs, y gwir oedd fy mod i am ei gadael hi yn y neuadd bingo eto a mynd i gwrdd â Carter. Codais pan ddaeth Nai Nai i'r golwg eto, yn gwisgo ei chôt a'r het wlân roeddwn i'n ei chasáu.

'Mae gen i un i Ravi hefyd,' dywedodd Ma, gan estyn wy Pasg arall. 'Pryd fyddi di'n ei weld o?' Edrychais yr ochr draw i'r bwrdd a gwelais ei bod wedi prynu llond bocs mawr o'r wyau.

'Wn i ddim. Mae o'n brysur iawn efo'i deulu ar hyn o bryd, dwi'n meddwl. Ond mi wna i roi un iddo pan wela i o,' dywedais, er nad oeddwn i'n gwybod pryd fyddwn i'n gweld fy nghyn-ffrind-gorau eto.

Daeth Nai Nai i lawr i lenwi ei bag â ffrwythau, ac aeth y ddau ohonon ni i'r bingo.

Roedd Mrs Cruikshanks yno i'n cyfarch ni, ac aeth hi â Nai Nai i mewn i'r neuadd. Sylwais ar gar Mercedes coch yn gyrru heibio'n araf pan adawais y ganolfan gymunedol a chefais fy atgoffa o rywbeth, ond doeddwn i ddim wir yn cofio beth. Roeddwn i'n gobeithio na fyddai Ravi yn y parc eto, roedd ddoe wedi bod mor annifyr i bawb. Doedd dim rhaid i mi ddweud celwydd eto, o leiaf, ac esgus nad oeddwn i eisiau chwarae gyda Carter.

Wrth nesáu at y rampiau concrid, gwelais fod Carter wedi dod â'i sgwter du gyda fo, ac roedd un arall yn pwyso yn erbyn y ffens gerllaw, un glas oedd ychydig yn llai. Roedd ei dad yn gyrru i ffwrdd.

'Helô, Carter,' dywedais, gan godi llaw. Gwelais nad oedd o'n gwisgo helmed nac unrhyw badiau eraill.

'Mae fy mrawd wedi dweud y cei di fenthyg ei sgwter o. Doeddwn i ddim yn siŵr a oedd gen ti un neu ddim.'

'Diolch. Mae gen i un, ond mae o'n rhy fach i mi bellach.' Doeddwn i a Ravi byth yn gwneud y math yma o beth. Roeddwn i wedi cael tro ar sglefrfwrdd chwaer Ravi unwaith, ond doeddwn i na fy mhen ôl ddim wedi hoffi pan ddisgynnais oddi arno. Ond os oeddwn i eisiau parhau i chwarae gyda Carter, byddai'n rhaid i mi wneud ymdrech i fwynhau'r math yma o beth. Roedd mynd ar sgwter yn haws o lawer na mynd ar sglefrfwrdd, felly roeddwn i'n gobeithio y byddwn i'n iawn.

Dangosodd Carter rai o'i driciau i mi. Roedd o'n dda iawn am wneud i'r sgwter droelli yn yr awyr wrth iddo neidio. Oedais am ychydig pan ddaeth fy nhro i fynd i lawr y ramp. Edrychais yr holl ffordd i lawr ... roedd o'n bell i ddisgyn.

'Ym ... cer di eto, Carter,' dywedais. 'Mi wna i fynd ar y sgwter yn y fan acw.' Pwyntiais at y darn gwastad gerllaw.

'Tyrd 'laen, Danny, paid â meddwl am y peth, jyst cer.' Rhoddodd Carter wthiad bach i mi, ac es ar wib i lawr y ramp ac yn ôl i fyny'r ochr draw. Roedd fy nghalon yn curo fel gordd. Roeddwn i wedi llwyddo i fynd heb ddisgyn! Ac roedd o'n hwyl! Troais at Carter a gwenais. Cododd fawd yn ôl.

Dalion ni ati gyda'r sgwteri am ychydig, cyn mynd i eistedd ar y meinciau picnic am seibiant bach. Roeddwn i wedi dod ag ychydig o fisgedi yn fy mag. Cynigiais un i Carter, a bwytodd hi mewn dau neu dri brathiad. Wedyn, estynnais fy llyfr lluniau. Edrychais draw at Carter i weld a oedd am fy holi amdano, ond roedd o'n rhy brysur yn chwilota am friwsion a oedd wedi disgyn i'w gôl. Stwffiais fy misged i mewn i fy ngheg hefyd, a chydio yn fy mhinnau ffelt. Roeddwn i eisiau gwneud llun o falwen ar sglefrfwrdd yn mynd i lawr ramp cyn i mi anghofio. Dechreuais dynnu'r llun.

'Wyt ti eisiau gwneud y geiriau ar gyfer y comic newydd yma dwi'n ei wneud? **Sglefr-falwen** ydy ei enw o,' holais Carter. Roeddwn i'n meddwl y byddai ganddo ddiddordeb yn hwn, gan ei fod yn hoffi sgwteri a gwneud triciau.

'Dim diolch,' atebodd. 'Ddim fy math i o beth.'

'O, iawn. Dim problem,' atebais. Edrychais ar y llyfr lluniau. Roedd o'n gymeriad da, ond doedd yna neb yma i'w werthfawrogi heblaw amdanaf i fy hun. Dechreuais liwio'r helmed yr oedd y falwen yn ei gwisgo. Roedd seren arni.

'Pam mae ganddi dân yn dod o'i phen ôl?' holodd Carter.

'Mae hi'n hanner malwen, hanner roced, ac mae hi ar sglefrfwrdd; mae'r tân fel tanwydd roced.'

'Ti'm yn meddwl ei fod o braidd yn ... ti'n gwybod ...?'

'Braidd yn be?' gofynnais. Gwych? Anhygoel? Ansbaradigaethus?

'Braidd yn ... wel ... fabïaidd? Mi fyddwn ni'n mynd i'r ysgol uwchradd yn fuan.'

'Ond dwi'n hoffi tynnu lluniau,' dywedais yn ddigalon.

'Rho fo i gadw, mae'r bechgyn wedi cyrraedd,' dywedodd Carter. Roedd Mitchell a Jay Jay'n brasgamu tuag aton ni dros y glaswellt.

Caeais y llyfr a'i roi yn ôl yn fy mag.

'Wyt ti wedi gofyn iddo fo?' dywedodd Mitchell, gan godi ael a nodio ei ben i fy nghyfeiriad i.

'Ddim eto ...' atebodd Carter.

'Be sydd?' holais, gan ddechrau teimlo fel y dylwn

i adael y parc ar unwaith a mynd yn syth i nôl Nai Nai o'r bingo.

'Wel, o ystyried bod y tri ohonon ni wedi bod mor garedig, ac wedi gadael i ti chwarae efo ni – ' dechreuodd Carter.

'Roedden ni'n meddwl tybed allet ti ein helpu ni efo'n prosiectau mathemateg?' gorffennodd Jay Jay, gan sychu ei drwyn ar gefn ei law.

'Mae Mam yn dweud bod pobl Tsieineaidd yn dda yn gwneud mathemateg, ac y dylen ni ddechrau treulio amser efo'r bachgen Tsieineaidd yn ein dosbarth ni,' dywedodd Mitchell. 'Mae arnat ti hynny i ni, Chung.'

Sôn am stereoteip! Roeddwn i eisiau chwerthin. A'r eiliad nesaf, roeddwn i'n barod i grio.

'Wel ... mae'n ddrwg gen i dynnu'r gwynt o'ch hwyliau chi, ond dwi ddim yn dda yn gwneud maths.' Gallwn deimlo bod pethau'n dechrau suro. Suro go iawn.

'Wyt ti'n dweud bod Mam yn dweud celwydd?' holodd Carter. 'Wnes i adael i ti chwarae efo fy mhethau i.'

'Carter, wir i ti, dwi'n dda i ddim mewn mathemateg. Alla i ddim dy helpu di.' Dechreuodd fy mysedd grynu wrth i mi geisio gwisgo fy mag yn frysiog. Roedd hi'n hen bryd i mi adael.

'Ddim yn gallu helpu, neu ddim eisiau helpu?' holodd Carter.

'Roedd hyn yn hwyl ... rhaid i mi fynd.'

'Gwylia di, Chung, os byddi di'n ein croesi ni, bydd gen ti elynion am byth,' dywedodd Carter.

Pwyntiodd ddau fys ataf i, yna at ei lygaid ei hun, ac yn ôl ataf i drachefn. Es oddi yno ar frys, a rhedais tuag at y ganolfan gymunedol.

17

Wedi Cael Fy Nal

Pan ddes i â Nai Nai yn ôl o'r bingo, roedd Ma wrthi'n plygu llieiniau ar y bwrdd bwyta y tu ôl i'r cownter. Tynnodd Nai Nai ei hesgidiau ac aeth i fyny'r grisiau.

Edrychodd Ma arnaf i'n flin. 'Dwi'n gwybod ble rwyt ti wedi bod, Danny.'

O diar, meddyliais.

'Mi wnes i ddweud, yn benodol, wrthyt ti am fynd â hi i'r clwb bowls. Mae honno'n gêm dawel, a gallai gael chydig o ymarfer corff. Wnes i ddim dweud wrthyt ti am fynd â hi i'r bingo.' Gallwn glywed geiriau Modryb Yee yn ei llais.

'Ond – '

'Gad i mi orffen. Mi ffoniodd Clarissa. Mi wnaeth hi ac Amelia dy weld yn gadael Nai Nai y tu allan i'r neuadd. Roedd hi ar ei phen ei hun.' Dyna lle roeddwn i wedi gweld y car coch o'r blaen!

'Ond roedd hi mewn canolfan gymunedol, a doedd hi ddim ar ei phen ei hun. Mae ... mae yna ... mae 'na gymuned yno. Wnaeth dim byd drwg ddigwydd iddi.'

'Mi ddywedodd Clarissa nad oeddet ti yno i edrych ar ei hôl hi; roedd hi wedi dy weld di yn y parc efo haid o fechgyn.' *Haid o fechgyn?* Roedd hi wedi bod yn ysbïo arnaf i.

'A oes raid i chi wrando ar bob dim mae Modryb Yee yn ei ddweud?'

'Roeddet ti i fod i edrych ar ei hôl hi, ddim ei gadael efo pobl ddiarth.'

'Dydy Mrs Cruikshanks ddim yn ddiarth,' roeddwn i'n ymbil erbyn hyn.

'Does gen i ddim mwy i'w ddweud. Cer i dy stafell. Rwyt ti'n gaeth i'r tŷ nes byddi di'n dychwelyd i'r ysgol.'

Roeddwn i eisiau sgrechian, *OND DOES GEN I DDIM STAFELL ERBYN HYN!* Ond wnes i ddim.

Es fel storm i fyny'r grisiau i fy ystafell – na, ein hystafell. Ceisiais gau'r drws yn glep, ond roedd gŵn nos Nai Nai yn hongian dros yr ymyl, felly doedd dim sŵn. Allwn i ddim hyd yn oed cau'r drws yn glep yn iawn. Disgynnais yn un swp ar y gwely, gan gladdu fy mhen yn y gobennydd.

Allai pethau ddim mynd yn waeth, na allen? Fel arfer, byddwn i'n ffonio Ravi ar unwaith, a bydden ni'n sgwennu comic am y peth ac yn chwerthin. Ond roedd pethau'n llanast llwyr rhyngon ni ar hyn o bryd.

Ymddangosodd wyneb Nai Nai o'r gwely uwch fy mhen.

'Dan Dan iawn?' gofynnodd.

'Nac ydw, dwi ddim yn iawn.'

Brysiodd i lawr yr ysgol a daeth i eistedd wrth f'ymyl ar y gwely. Rhoddodd ei braich amdanaf a'm gwasgu. Doeddwn i ddim yn malio y tro yma.

'Mae hi'n gymhleth, Nai Nai. Mae Ma wedi rhoi stop ar y bingo. Dim mwy o *hao-si*. Mae Dan Dan – fi hynny yw – dwi ... mewn ... mewn trwbl. Sut alla i egluro hyn i chi? Sut alla i egluro popeth i chi?'

Yr eiliad honno, roeddwn i'n difaru nad oeddwn i wedi dysgu mwy o iaith fy mam a fy nhad. Ar adegau fel hyn byddai wedi bod yn braf cael dweud yn union sut roeddwn i'n teimlo. Yr eiliad honno, roeddwn i'n teimlo fel bod yr adeilad cyfan yn pwyso i lawr ar fy ysgwyddau. Roeddwn i wedi gweld Nai Nai gyda Mrs Cruikshanks – doedd ganddi hi ddim clem beth oedd ei ffrind hi'n ei ddweud, ond roedd hi'n dal i wrando. Roedd hynny fel Ravi – mae o'n un da am wrando. Ddim fel Carter.

Estynnais fy llyfr lluniau o fy mag a dechreuais chwilio drwy'r tudalennau. Gwelais y dudalen **Morgrugnain**, **Archelyn**, ac es yn fy mlaen ar frys, gan obeithio nad oedd Nai Nai wedi gweld. Des at y dudalen olaf – roedd ei gwacter gwyn yn syllu'n ôl arnaf i. Aeth Nai Nai i nôl fy nghas pensiliau a dechreuodd dyrchu trwyddo. Estynnodd bensel, a chymerodd y llyfr oddi arnaf i. Bu bron i mi â cheisio ei gipio yn ôl, rhag iddi weld rhai o'r lluniau roeddwn i wedi'u gwneud ohoni hi, ond gadewais iddi. Tynnodd lun o galon, gydag wyneb yn gwenu arni. Roedd hi'n dangos i mi ei bod hi'n fy ngharu i.

Tynnais lun o Ma yn flin, ei cheg yn agored, ei dannedd yn y golwg ac yn gweiddi. Yna tynnais lun o beli bingo a rhoi croes fawr trwyddyn nhw. Ychwanegais saeth fawr i ddangos beth oedd y canlyniadau i mi – llun o wely, bariau dur fel cell, fy wyneb trist. Gallai weld o'r lluniau fy mod i'n gaeth i fy ystafell. Ysgrifennais 'Help!' wrth ymyl fy wyneb.

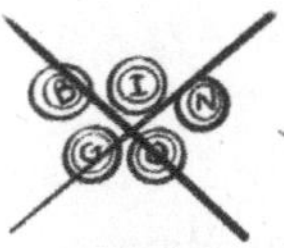

'Ac ar ben hyn, mae'r prosiect mathemateg ... *shuxue*, dyna rydych chi'n ei alw, yn de? Dwi ddim yn dda.'

Pwyntiais fy mys at fy mron. 'Dwi'n ofnadwy o wael am wneud mathemateg, Nai Nai, wn i ddim be i'w wneud. Mi fydd Ma a Ba yn cael eu siomi'n arw os bydda i'n aros ar waelod y dosbarth fel hyn.' Tynnais lun o symbolau mathemateg, cyn eu chwalu i gyd. 'Siŵr na chawsoch chi ddim trafferth fel hyn yn Tsieina, naddo?'

Yn olaf, tynnais lun o Ravi. Roedd Ravi mewn un gornel, a finnau yn y llall. Byddai wedi bod braidd yn gawslyd i dynnu llun o galon wedi'i thorri, ond dyna sut roeddwn i'n teimlo go iawn. Dim ond ychydig ddyddiau oedd wedi bod, ond roeddwn i eisiau Ravi'n ôl. Roeddwn i eisiau iddo wneud y lleisiau yn fy nghomics, roeddwn i eisiau chwarae jowstio eto, a chael mwy o syniadau gwych am ddreigiau a marchogion ac ati. Doedd bod yn aelod o'r criw cŵl ddim yn hwyl beth bynnag. Ond fyddwn i ddim yn gwybod hynny heb fod wedi rhoi tro arni, am wn i.

'Does dim llawer allwch chi ei wneud am Ravi. Mae angen i mi ymddiheuro iddo. Gwneud pethau'n iawn. Mae'n braf cael ffrind sy'n eich deall chi.'

Rhoddodd Nai Nai ei braich amdanaf eto a'm gwasgu. Gadewais i fy mhen orffwys ar ei hysgwydd.

'Ac rydyn ni'n ffrindiau, Nai Nai. Dwi'n ymddiheuro i chi hefyd. 'Dach chi ddim yn gwybod be dwi wedi'i wneud.' Meddyliais am y lluniau roeddwn i wedi'u tynnu o'r Forgrugnain yn cael ei lansio gan gatapwlt i mewn i geg draig. Dylwn i gael gwared arnyn nhw.

Mwythodd fy mraich a daliodd fy mhen yn ei dwylo. Pan fyddai'n gwenu, byddai ei holl wyneb, pob rhych hefyd, yn codi yn un wên. Cododd, gan ymestyn ei breichiau uwch ei phen, fel pe bai ar fin hedfan i ffwrdd fel **Y FORGRUGNAIN, ARCHARWR**. Roeddwn i'n teimlo'n well ar ôl sôn am yr holl bethau a oedd yn fy mhoeni i. Roeddwn i wedi bod yn ŵyr gwael, wir, ond roeddwn i wedi bod yn hunanol iawn hefyd. Roedd Ma a Ba yn iawn; doedden ni ddim yn gwybod am ba hyd y byddai Nai Nai yma i mi, achos, wel, roedd hi mewn tipyn o oed. Roedd yn rhaid i mi wneud y gorau o'r peth.

Gadawodd yr ystafell heb ddweud gair, â'i dwylo ar ei chluniau. Dilynais hi i lawr y grisiau yn dawel ac arhosais ar y ris olaf yn y cysgodion. Beth oedd hi'n ei wneud? Gallwn glywed lleisiau yn y gegin. Roedd Nai Nai yn gweiddi fwy neu lai. Roedd Ma yn dweud rhywbeth a Ba yn ceisio'i orau i gadw'r ddysgl yn wastad. Clywais fy enw, ond y tu hwnt i hynny doedd gen i ddim clem beth oedd yn digwydd. Yr eiliad honno, agorodd drws y gegin a daeth Ma allan.

'Danny! Tyrd i lawr!'

Es, mor dawel ag y gallwn, yn ôl hanner ffordd i fyny'r grisiau cyn dychwelyd yn ôl i lawr, gan wneud sŵn traed mawr.

'Wnaethoch chi alw?' gofynnais, gan esgus nad oeddwn i wedi bod yn gwrando ar bopeth.

'Do, mae Nai Nai wedi bod yn siarad efo ni, ac mae hi eisiau i ni ailystyried dy gaethiwo di i'r tŷ am weddill y gwyliau. Mae hi'n dweud mai ei syniad hi oedd mynd i'r bingo. Ydy hyn yn wir?' Oedd hi wedi dweud celwydd i fy achub i?

'Wel ...' gwelais Nai Nai yn sleifio o'r gegin. Roedd ganddi wên obeithiol yn goleuo ei hwyneb, ac roedd yn codi ael fel pe bai am ddweud, *Dweda mai fy syniad i oedd o!* Nodiodd ei phen i f'annog.

'Wel ... mewn ffordd ... ia, am wn i. Achos yn y clwb bowls ... roedd ganddi rawnffrwyth ...'

'Does dim angen dweud dim mwy. Dwyt ti ddim yn gaeth i'r tŷ. OND ... chei di ddim mynd â hi yno eto, deall? Dwi'n meddwl bod Clarissa'n iawn, dydy'r bingo ddim yn lle da iddi hi.'

'Deall. Dim mwy o bingo.'

Roeddwn i'n rhydd eto – diolch, Nai Nai. Edrychais tuag ati, a phan drodd fy mam ei phen, codais fawd. Allwn i ddim credu ei bod hi wedi mynd atyn nhw i ddweud y drefn wrthyn nhw. Dyna'r Ffordd Tsieineaidd, siŵr iawn, yr hen a ŵyr.

18

Ffarwél i bob Yee!

Troais yr arwydd ar y drws ffrynt i ddangos ein bod ni ar agor, cyn dychwelyd y tu ôl i'r cownter. Roedd hi wedi bod braidd yn araf yn y siop yr wythnos honno, am ei bod wedi bod yn bwrw cymaint, siŵr o fod. Roedd pobl yn tueddu i aros gartref os oedd hi'n glawio. Clywais sodlau Modryb Yee yn nesáu cyn iddi ddod i'r golwg. Pam ei bod hi yma?

'Su Lin, dwi yma!' galwodd wrth ddal y drws yn agored i Amelia, a ddaeth i'w chanlyn fel cwmwl bach gwlyb, gan rolio ei llygaid. Roedd hi a'i mam yn gwisgo pinc heddiw.

'Mi wnaeth hi wahodd ei hun draw,' sibrydodd Ba pan ddaeth o'r ystafell ochr gyda llond plât mawr o gorgimychiaid amrwd drud, yna aeth i'r gegin heb yngan gair. Mae'n siŵr ei fod o'n ddig braidd am orfod coginio mwy fyth o fwyd iddyn nhw, a hwythau erioed wedi'n gwahodd ni am swper. Eisteddodd Modryb Yee a thynnodd ei chôt. Gallwn glywed Ba'n taro'r wok yn galetach nag arfer.

Cafodd Amelia ei gyrru ataf i, fel arfer, a daeth i fyny'r grisiau yn anniddig i fy ystafell wely. Roeddwn i'n dal yn flin gyda hi a'i mam am achwyn amdanaf i a Nai Nai yn mynd i'r bingo. Ewythr Yee oedd yr unig un cŵl yn y teulu. Roedd y ddwy arall ymysg y bobl fwyaf busneslyd ar y ddaear. Aeth y ddau ohonon ni heibio i ddrws agored yr ystafell fyw. Eisteddai Nai Nai yno'n gwylio rhaglen deledu am bobi cacennau.

'Wyt ti'n hoffi rhannu ystafell gyda dy nai nai?' gofynnodd Amelia wrth symud pentwr o fy nillad oddi ar gadair ac ar y llawr. Eisteddodd wedyn, gyda'i thabled yn ei llaw a'i bysedd yn gwibio yma ac acw ar hyd y sgrin.

'Ti a dy fam yn ofnadwy efo'ch llwyau pren. Roedd Nai Nai'n mwynhau yn y bingo, ond rydych chi wedi drysu popeth.'

'Roedd yn rhaid i ni ddweud wrth dy fam ar ôl gweld dy nai nai yno ar ei phen ei hun. Pwy a ŵyr beth allai fod wedi digwydd iddi. Roedden ni'n ddinasyddion da.'

'Bu bron i mi gael fy nghaethiwo i'r tŷ am

bythefnos. Lwcus fy mod i wedi llwyddo i ddianc rhag hynny.'

'Yr unig beth dwi eisiau ei wneud yw dianc o'r fan yma. Dwi ddim yn deall pam mae Ma yn mynnu dod yma o gwbl.'

'Mae hi'n dod am ei bod hi wedi diflasu, a does ganddi ddim gwell i'w wneud na gwthio ei thrwyn i mewn i fusnes pobl eraill!' Agorodd drws yr ystafell gyda gwich, gan ddatgelu Modryb Yee. Roedd hi'n sefyll yno a'i hwyneb yr un mor binc â'i dillad.

'Yr hen fachgen annifyr! Sut allet ti fod mor anghwrtais?' dywedodd.

Ymddangosodd pen Ma wrth ei hymyl. 'Mae bwyd yn barod. Be sy'n digwydd yma?'

'Mae dy fab di wedi bod yn dweud pethau amdanaf i – dweud 'mod i'n gwthio fy nhrwyn i fusnes pobl eraill. Fe ddes i yma â phob ewyllys da, Su Lin.'

'Dwi'n siŵr y gallwn ni ddatrys hyn. Doedd Danny ddim yn ei feddwl o.' Roedd Ma wedi cynhyrfu a'i hwyneb yn gwrido.

'Os mai fel hyn rwyt ti am fagu'r bachgen yma, does dim dyfodol iddo, cofiwch chi.'

Edrychodd Ma arnaf i â siom yn ei llygaid unwaith eto. Am ryw reswm, allwn i ddim gwneud unrhyw beth yn iawn.

'Danny, ymddiheura rŵan,' dywedodd Ma.

'Wna i ddim ymddiheuro. Amelia hyn ac Amelia llall, dyna'r unig beth maen nhw'n ei drafod. Yr unig reswm mae Modryb Yee yn dod yma ydy – ' Torrodd Mrs Ffroenuchel ei hun ar fy nhraws.

'Mae'r bachgen yn cadw reiat, Su Lin,' dywedodd Modryb Yee. 'Fe wnes i ddweud bod yr ysgol yna'n dda i ddim. Fe ddylet ti fod wedi dewis un breifat, neu ei yrru i un Gatholig ag ychydig o ddisgyblaeth o leiaf. Edrycha ar sut mae dy fachgen yn ymddwyn, ac edrycha ar Amelia. Does dim cymhariaeth. Mae addysg dda yn werth pob ceiniog.' A oedd hi'n sôn amdanaf i, neu'n sôn am ysgolion? Roeddwn i wedi drysu, ac yn flin.

'Mae Amelia'n gas, ac mae pawb yn gwybod o ble dysgodd hi hynny,' gwaeddais. 'Rydych chi wastad yn dewis ei hochr hi, Ma!'

'Danny, rho'r gorau i hyn y funud yma!' Roedd cywilydd ar Ma, roedd hynny'n amlwg.

'Dydy Amelia ddim yn gas, mae hi'n werth y byd,' cyhoeddodd Modryb Yee. 'Tyrd, Amelia, rydyn ni'n mynd.'

A chyda hynny, cydiodd Modryb Yee ym mraich Amelia. Roedd ei dwy wefus wedi'u gwasgu'n dynn. Ei llygaid yn fflachio gan ddicter tuag ataf i. A diflannodd y ddwy i lawr y grisiau.

'Aros! Aros! Clarissa!'

Safodd Ma yn gegrwth am eiliad neu ddwy, ac yna trodd i fy wynebu i. Gallwn ei gweld yn ystyried sut y dylai ymateb. A ddylai hi geisio datrys pethau'n heddychlon, neu roi cerydd? Dewisodd roi cerydd.

'Danny, alla i ddim credu be wyt ti newydd ei ddweud wrth Clarissa. Dwi wedi fy siomi'n arw.' Edrychais tua'r llawr.

Daeth Ba i'r golwg, yn cario dau lond hambwrdd mawr o gorgimychiad a garlleg. Roedden nhw'n dal yn eu cregyn, eu llygaid duon yn syllu a'u hantenau pinc yn symud i fyny ac i lawr wrth iddo gerdded.

'Ble aeth Clarissa? Dwi wedi coginio'r rhain i gyd iddyn nhw.'

'Mae hi wedi mynd,' atebodd Ma, gan wthio heibio iddo yn ofalus a diflannu i lawr y grisiau. Roedd hi'n drist am fy mod i wedi codi cywilydd arni.

'Pwy sydd am fwyta y rhain?' gofynnodd, gan syllu arnaf i.

'Mi wna i a Nai Nai eu bwyta nhw,' atebais. Rhoddodd Ba y ddau hambwrdd i mi, yn falch nad aeth ei waith caled yn ofer.

'Bydd dy fam yn iawn. Dydy hi ddim yn deall na fydd Clarissa byth yn fodlon. Ond dydy hi'n gwrando dim arna i yn hynny o beth. A wnaiff hi ddim gwrando arnat ti chwaith. Bydd yn rhaid iddi ddysgu hynny ei hun.'

'Diolch, Ba,' dywedais.

Es i'r ystafell fyw. Roedd Nai Nai yn dal yn eistedd ar y soffa. Diffoddodd y teledu pan welodd hi fi.

Eisteddodd y ddau ohonon ni mewn distawrwydd, yn tynnu'r cregyn oddi ar y corgimychiaid a'u gadael yn bentwr pinc ar ganol y bwrdd. Roedden nhw'n fendigedig, yn llawn blas garlleg – yn union fel roeddwn i'n eu hoffi. Ac er na allai Nai Nai siarad gyda mi, roeddwn i'n teimlo ei bod hi'n deall fy mod i eisiau bod yn fi fy hun, a neb arall: Danny Chung. Roeddwn i wir angen siarad gyda rhywun. Roedd cymaint o saim ar fy mysedd fel na allwn dynnu llun, ond byddai siarad yn fy helpu i deimlo'n llai euog am yr hyn oedd newydd ddigwydd. Roeddwn i wedi ffrwydro, ond nid bai'r Yees yn llwyr oedd hynny – roedd popeth ar chwâl gen i. Brathodd Nai Nai damaid o garlleg wedi'i ffrio oddi ar un o'r corgimychiaid.

'Doeddwn i ddim yn dweud celwydd, Nai Nai – rydych chi'n gwybod sut rai ydyn nhw. Bob tro mae Modryb Yee'n dod draw mae hi'n gwneud i mi deimlo mor ddi-ddim.' Codais y corgimwch roeddwn i newydd ei dynnu o'i gragen. 'Dychmygwch mai fi ydy hwn. Does gen i ddim cragen, dim byd i fy amddiffyn, ac mae Modryb Yee fel siarc mawr sy'n ceisio fy nal i o hyd.' Brathais hanner y corgimwch.

Gwenodd Nai Nai, a gwnaeth yr un fath i'w chorgimwch hi.

'*Hao chi ... hao chi.*' Blasus.

Ymddangosodd pen Ba trwy'r drws. 'Ydych chi'n iawn?' holodd.

'Ydyn, iawn. Dwi'n meddwl fy mod i angen chydig o awyr iach,' atebais.

'Wel, os wyt ti'n mynd allan, cer â Nai Nai i siop Mr Potempa. Roedd hi eisiau i ti gario chydig o felonau a rhagor o litshis adre.'

'Iawn. Dewch, Nai Nai, mi awn ni,' dywedais.

19

Eureka!

Y diwrnod hwnnw, roedd y Farchnad Fach Fyd-eang yn edrych yn arbennig o daclus. Roedd Mr Potempa wedi gosod y ffrwythau a'r llysiau y tu allan mewn bwa o liwiau'r enfys, y rhai cochion ar y top, fel afalau a mefus, yna'r orenau a'r moron. Bananas a lemonau wedyn, ac yna'r llysiau a'r ffrwythau gwyrdd, glas a phorffor. Yng nghanol y stribed werdd roedd tocyn o'r llysiau pigog anhygoel a welson ni pan ddaeth Nai Nai i'r siop am y tro cyntaf erioed. Codais un ohonyn nhw er mwyn teimlo ei ymylon pigog. Cymerodd Nai Nai'r llysieuyn o fy nwylo a'i roi yn y fasged. Rhoddodd winc, a gwenais innau yn ôl. Roedd yn edrych fel cyfuniad o fabi blodfresych a brocoli, a oedd wedyn wedi'i frathu gan bry cop ymbelydrol.

Dyma fyddai canlyniad hynny. Cefais fy atgoffa o'i enw gan yr arwydd: blodfresych Romanesco. Roeddwn i wrth fy modd ag o, ac yn teimlo mor falch ein bod am ei brynu y tro hwn. Yn bendant, byddai'n fy ysbrydoli i dynnu llun o rywbeth creadigol iawn.

Ymddangosodd Mr Potempa yn y drws gyda'i ysgub yn ei law. 'P'nawn da, Danny a nain Danny. Braf gweld eich bod chi am roi cynnig ar un o'r blodfresych bendigaid heddiw. Hefyd, mae gen i bris arbennig ar y bricyll.'

Aeth y ddau ohonon ni i mewn a cherdded o gwmpas y siop. Roedd Nai Nai'n brysur yn parablu wrth ei hun, yn teimlo'n gartrefol yn amlwg, ac yn blasu a bodio'r bwydydd cyn dewis beth i'w gymryd. Cyn hir, dychwelodd y ddau ohonon ni adref, â llwyth trwm o ffrwythau a llysiau yr un.

Wedi i ni orffen dadbacio'r bagiau a llenwi'r dysglau ffrwythau, eisteddodd y ddau ohonon ni wrth y bwrdd bwyd. Daeth Ba i eistedd wrth ein hymyl hefyd.

'Mi wnaeth Ma fy atgoffa y dylet ti fod yn gwneud dy brosiect mathemateg, ac y bydd Amelia yn cystadlu yn yr un gystadleuaeth. Waeth be wnaiff ddigwydd, gwna dy orau, Danny.'

'Mi wna i, ond ar hyn o bryd alla i ddim meddwl am unrhyw bwnc ar gyfer fy nghyflwyniad. Rhaid iddo fod yn hwyliog ac yn ddifyr. Ond, i mi, mae mathemateg jyst yn anodd, a thynnu lluniau dwi'n hoffi ei wneud.'

'Dwi'n gwybod mai tynnu lluniau rwyt ti'n ei hoffi, Danny, ond rhaid i ti roi sylw i bethau eraill hefyd.' Gwyliodd Nai Nai y ddau ohonon ni'n sgwrsio. Dywedodd rywbeth wrth Ba ac atebodd yntau. 'Mae Ma yn dweud mai meddylfryd ydy mathemateg. A bod ffordd trwodd, bob tro.' Roedd golwg ddryslyd ar Ba, a doeddwn i ddim yn deall chwaith.

'Ta waeth, rhaid i mi fynd i dorri wyau! Bydd swper ymhen hanner awr, iawn? Mi ddoi di o hyd i'r ateb. Mae mathemateg yn ein gwaed ni, cofia!'

Yr unig beth roeddwn i eisiau ei wneud oedd tynnu lluniau. Roedd y prosiect heb ei ddechrau ac roeddwn i'n teimlo'r straen. *Mae mathemateg yn ein gwaed ni?* Yr unig beth a oedd yn fy ngwaed i oedd celloedd coch. Dechreuais deimlo'n well yr eiliad yr eisteddais wrth y bwrdd gyda fy llyfr lluniau a'm beiro yn fy llaw. Edrychais o gwmpas yr ystafell i chwilio am ysbrydoliaeth. Llun o beth ddylwn i ei wneud? Roedd blodfresychen ddigrif Nai Nai o fy mlaen, yn y ddysgl ffrwythau. Pam lai?

Dechreuais trwy dynnu amlinelliad o'r llysieuyn rhyfedd. Symudodd fy mhensel yma ac acw – darn pigog yn y fan yma, darn garw yn y fan acw. Wrth weithio, roedd y gair **ESTRONWR** yn dychwelyd i fy meddwl dro ar ôl tro – roedd yn edrych fel pe bai'n dod o ryw fyd arall. **Y LLYSIEUYN O BEN DRAW'R BYDYSAWD**. Tynnais lun o ambell leuad yn cylchdroi o'i gwmpas, a rhyw estronwr â dau antena yn hedfan o gwmpas y lle ar fadarchen ofod.

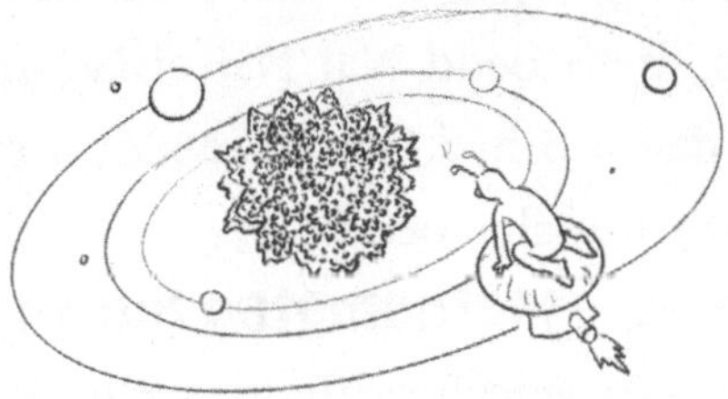

Edrychodd Nai Nai dros fy ysgwydd, a chlywais hi'n dweud 'A!' Troais i weld beth roedd hi'n ei wneud. Edrychodd arnaf â'i llygaid yn fawr; roedd hi'n pwyntio at y llun.

'Be sydd, Nai Nai?' gofynnais. Roedd yn edrych fel pe bai ganddi ddiddordeb mawr yn y llun. Roeddwn i'n teimlo'n eithaf balch ei bod hi'n rhoi cymaint o sylw i fy ngwaith a dweud y gwir. Roedd hi'n chwifio ei dwylo yn yr awyr fel pe bai hi newydd ennill yn y bingo. Doeddwn i ddim yn deall – doedd y llun ddim cystal â hynny, nac oedd? Cipiodd Nai Nai y flodfresychen o'r ddysgl a'i rhoi o fy mlaen ar y bwrdd, gan bwyntio ati fel pe bai'n rhywbeth hudolus. Allai hi ddim aros yn llonydd, cymaint oedd ei chyffro, roedd fel pe bai'r Forgrugnain â llond ei dillad isaf o forgrug.

'Danny-A!!!' tapiodd ar y llun dro ar ôl tro.

'Blodfresychen?' gofynnais. 'Be ydych chi'n ceisio ei ddweud?'

Cythrodd Nai Nai am y gwerslyfr mathemateg a oedd yn fy mag ysgol, a dechreuodd chwilio trwy'r tudalennau. Beth oedd Nai Nai eisiau ei ddweud? Yn sydyn, daeth o hyd i'r hyn roedd hi ei eisiau. Y pennawd ar y dudalen oedd:

Fibonacci – Mathemateg mewn Natur

Ar y dudalen roedd llun o flodfresychen Romanesco, yn ogystal â phlanhigion a blodau eraill. Roedd y dudalen yn egluro bod mathemateg o'n cwmpas ni ym mhob man, hyd yn oed ym myd natur. Tapiodd Nai Nai ar fy llyfr lluniau ac yna ar y llyfr mathemateg, yna daeth â'i dwy law at ei gilydd yn araf bach, gan blethu ei bysedd. Dod â nhw at ei gilydd? Ynghyd?

'Dod â nhw ynghyd? Mathemateg a thynnu lluniau?'

Ysgrifennodd Nai Nai y gyfres Fibonacci er mwyn i mi gopïo'r rhifau: 0, 1, 1, 2, 3, 5, 8, 13, 21, 34 ...

Gallwn weld ei fod yn eithaf syml mewn gwirionedd. I gael y rhif nesaf yn y gyfres, yr unig beth sydd angen i chi ei wneud ydy adio'r ddau rif blaenorol at ei gilydd. Mae'r rhifau'n mynd yn fwy ac yn fwy. Yna, gwnaeth Nai Nai lun a oedd yn dangos sut y byddai'n edrych

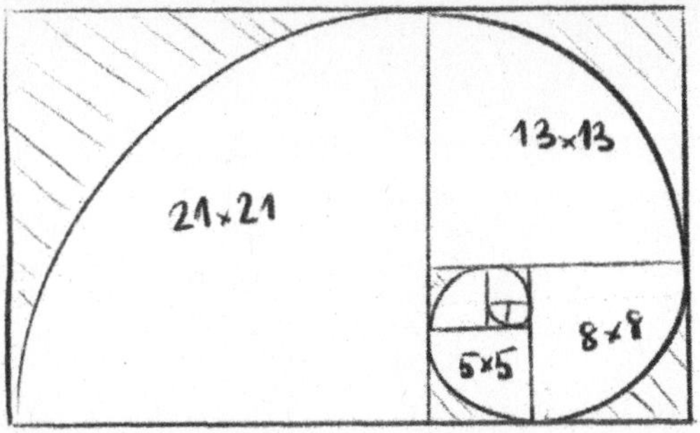

pe byddwn yn gwneud sgwariau o'r un lled â'r rhifau hynny, a sut roedd yn parhau i dyfu ac i dyfu. Ac yna, gyda beiro las, tynnodd lun o linell yn troelli.

Roeddwn i wrth fy modd; pwy allai gredu? Danny Chung yn mwynhau rhywbeth a oedd yn ymwneud â mathemateg. Cododd Nai Nai y flodfresychen eto, a dangosodd sut roedd pob pigyn yn troelli fel y llun, gan fod yn rhaid i'r blodau bychain barhau i droi wrth dyfu. Roedden nhw'n dal i fynd ac yn dal i fynd, ac yn creu rhywbeth mor hardd.

Roedd llun o flodyn haul yn y gwerslyfr, ac roedd yr hadau yn ei ganol yn dilyn yr un patrwm troellog. Tynnais lun o hwnnw hefyd.

Roedd fy meddwl yn llawn syniadau am y lluniau y gallwn eu tynnu a'r hyn y gallwn ei ddweud.

Pan roddodd Nai Nai ei llaw ar fy ngwar, troais a rhoi'r cwtsh mwyaf erioed iddi.

'Diolch, Nai Nai. Rydyn ni yn dîm da wedi'r cyfan. Dreigiau lwcus!'

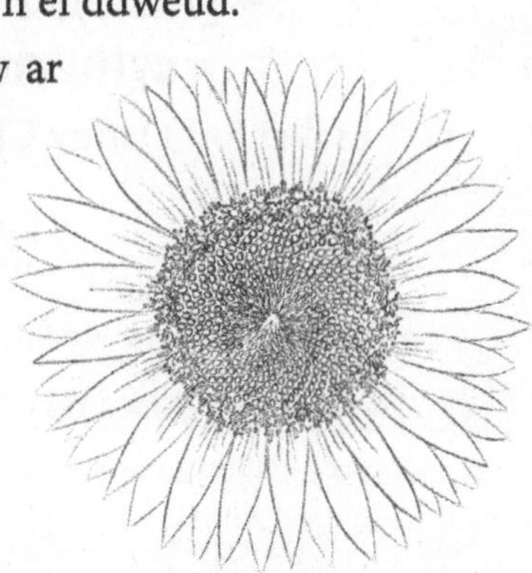

20

Atgofion Gydol Oes

Treuliais i a Nai Nai weddill y noson yn gwneud gwaith ymchwil ar bethau eraill ym myd natur a oedd yn defnyddio'r gyfres Fibonacci. Am y tro cyntaf ers oes pys, roeddwn i'n credu y gallwn greu rhywbeth gwirioneddol wych. Roedd gen i fformiwla newydd ar waith:

Fy sgiliau tynnu lluniau i
+ ymennydd mathemateg Nai Nai
= cyflwyniad maths arbennig

Efallai fod Danny Chung a maths yn ffrindiau wedi'r cyfan.

'Nai Nai, mae'r wythnosau diwetha wedi bod mor od,' dywedais wrthi. 'Dwi a Ravi wedi ffraeo. Roedd Carter a'i griw yn fy nefnyddio i er eu budd eu hunain.

Roedd Ma eisiau i mi fod fel Amelia, a dwi'n gwneud dim byd ond ei siomi. A phan oeddwn i'n disgwyl i fy stafell wely gael ei thrawsnewid yn lle cŵl, mi drodd yn rhywle lle nad oedd gen i unrhyw breifatrwydd o gwbl. Ar hyn o bryd, chi ydy'r unig un sy'n fy nerbyn i am bwy ydw i. Does gan Ma a Ba ddim amser i mi, maen nhw'n gweithio trwy'r adeg. Mae'r holl beth yn ormod.'

'Danny-a. *Hao hao-a*.' Syllodd i fyw fy llygaid a mwythodd fy ysgwydd, cyn rhoi arwydd i mi ei dilyn i'r ystafell wely. Codais i'w dilyn. Safodd ar ben cadair er mwyn cyrraedd pen y wardrob i nôl ei chês mawr. Rhoddodd y cês ar y llawr a'i agor. Y tu mewn, roedd amlen fawr flêr; roedd y corneli wedi'u rhwygo, ac roedd llythrennau o'r wyddor Tsieineaidd arni. Gan eistedd ar y llawr a'i choesau ar led, gwagiodd y cynhwysion ar y llawr. Pentwr o hen ffotograffau oedden nhw – rhai du a gwyn yn bennaf, ond ambell un mewn lliw. Roedd rhai mor hen fel eu bod wedi dechrau darnio – yr ymylon yn frown ac yn arw. Roedd ychydig bapurau yno hefyd.

Cododd un o'r lluniau a'i roi i mi i edrych arno. Llun o ddyn oedd o, ac eisteddai'n gefnsyth wrth fwrdd. Yn ei law, daliai frwsh paent pren a chanddo ben du main; roedd yn edrych fel pe bai'n gwneud gwaith manwl iawn. O'i gwmpas, roedd pedwar potyn bychan o inc. Roedd ganddo glustiau fel rhai Ba. Mae'n rhaid mai Ye Ye oedd o, fy nhaid. Mae'n rhaid bod Ba yn flin iawn gydag o, achos doedd yr un llun ohono i'w gael yn y tŷ – wel, doeddwn i heb weld un erioed. Roedd hi'n braf cael gweld fy nhaid am y tro cyntaf. Roedd ei wallt yn daclus, wedi'i gribo i un ochr, a gallwn ddweud ei fod yn un da am ganolbwyntio. Ar y papur o'i flaen roedd wedi tynnu llinellau duon, cadarn. Llun o beth oedd o'n ei wneud, tybed?

Dangosodd Nai Nai lun ohoni hi a Ye Ye gyda baban bach. 'Ba?' holais, a gwenodd Nai Nai a nodio ei phen. Roedd llun arall yn dangos Nai Nai a Ye Ye yn sefyll ger cownter siop. Y tu ôl iddyn nhw roedd rhes ar res o jariau yn llawn pethau bychain, ffrwythau sych efallai. Ac roedd llun du a gwyn ohoni hi'n dal ffon ac arni blât arian ar un pen a phwysau ar y pen arall. Mae'n rhaid mai dyna beth roedd hi'n ei ddefnyddio i bwyso pethau. Doedd dim syndod ei bod hi'n dda gyda rhifau: roedd hi'n mesur a phwyso pethau bob dydd. Nesaf, roedd llun bach mewn ffrâm o wyneb Ye Ye – gwenai wrth edrych i lawr y lens, ac roedd pen bychan Ba i'w weld y tu ôl i'w ysgwydd, rhaid ei fod tua f'oed i. Roedd golwg hapus ar y ddau.

Cymerodd Nai Nai y llun a'i ddal o flaen ei hwyneb i roi cusan iddo. Yna cydiodd yn y llun wrth ei bron, gan siglo o un ochr i'r llall. Caeodd ei llygaid yn araf. Roedd hi'n edrych fel merch fach yn mwytho doli.

Doeddwn i ddim eisiau tarfu arni, felly tynnais weddill y papurau yn nes yn araf. Lluniau roedd Ye Ye wedi'u gwneud oedden nhw. Wel, dim lluniau fel y rhai roeddwn i'n eu gwneud, ond paentiadau. Rhai gyda'r llinellau duon bras, fel yn y ffotograff, ac eraill yn fanylach ac yn fwy lliwgar. Pysgod yn nofio mewn pyllau glas; adar yn hedfan trwy gymylau; yr haul yn codi dros fynyddoedd duon. Roedd Nai Nai wedi bod yn ceisio dangos i mi fod Ye Ye yn artist hefyd. Roeddwn i fel Ye Ye! Roedd Ba yn dweud o hyd fod mathemateg yn ein gwaed ni, ond wnaeth o erioed sôn fod celf yn ein gwaed ni hefyd – fy mod i'n ŵyr i artist. Bechod nad oedd Ba wedi sôn mwy amdano. Tybed pam y gwnaethon nhw roi'r gorau i siarad â'i gilydd?

Pan edrychais i fyny eto, gwelais fod Nai Nai yn llefain. Gollyngais y llun a oedd yn fy llaw a symudais ati i gydio yn ei braich. Sychodd ei hwyneb â'i llawes. Edrychais i weld a oedd baw trwyn yno, ond roedd yn lân.

'Ydych chi'n iawn, Nai Nai?' holais. Roeddwn i'n gwybod na fyddwn yn deall pe bai hi'n ateb, ond mae'n rhaid gwneud rhywbeth i drio helpu pan fydd rhywun yn drist. Mae Mr Heathfield yn dweud nad oes angen bod yn wyddonydd gwych i wybod pethau, ond roeddwn i wastad yn meddwl bod hynny'n beth od i'w ddweud, gan mai'r unig beth maen nhw'n ei wybod ydy pethau am wyddoniaeth a rocedi ac ati. Ydyn nhw'n gwybod sut i wneud naid 360 ar sgwter, neu sut i wneud *dim sum*? Mae'r rheiny'n sgiliau hefyd. Doeddwn i ddim yn wyddonydd gwych, roedd hynny'n bendant, ond roeddwn i'n gwybod fod Nai Nai yn drist y tu mewn. Roeddwn i'n drist weithiau hefyd, ond tan hyn, doedd gen i neb y gallwn ddweud hynny wrthyn nhw. Mae'n rhaid bod fy nhristwch i wedi deffro ei thristwch hi, gan ei bod hi'n ceisio dangos rhywbeth a oedd yn bwysig iddi.

'Ye Ye? Mae o'n *hao hao*.' Roeddwn i'n teimlo'n wirion yn dweud *hao hao*, ond wyddwn i ddim pa eiriau eraill i'w defnyddio. Doedd o ddim yn dda, nac oedd? Roedd o wedi marw. Byddwn wedi rhoi unrhyw beth i allu dweud wrthi ei fod yn edrych fel person caredig. Nodiodd Nai Nai, a rhwbiodd ei bys ar ei wyneb. Lwcus fod y llun dan wydr, neu byddai ei dagrau wedi gwneud i'r inc redeg.

Dechreuodd Nai Nai fwmian canu. Rhoddodd y llun o Ye Ye yn ôl yn yr amlen yn ofalus. Nai Nai druan, roedd hi wedi colli cymaint; ei gŵr a'i gwlad. Roeddwn i mor falch fod ganddi Mrs Cruikshanks, a ni. Roedd arni angen mynd allan o'r fflat a gweld ffrindiau. Roedd hi'n haeddu chwarae bingo, a doedd dim ots gen i beth ddywedai Ma a Ba, roeddwn i am fynd â hi eto drannoeth. Dweud dim a bydd pob dim yn iawn, fel byddai Mrs Cruikshanks yn ei ddweud.

21

Llygaid ar y Cardiau

Roeddwn i wedi arfer dweud celwyddau bychain. Wrth Ravi i ddechrau, ac yna wrth fy rhieni. Ond roedd hyn er lles pawb. Roedd yn rhaid i Nai Nai fynd i'r bingo. Efallai nad oedd gen i ffrindiau ar hyn o bryd, ond roeddwn i'n benderfynol y byddai Nai Nai'n dal i gael hwyl.

Roeddwn i a Nai Nai yn arbenigwyr ar sleifio o'r siop tecawê erbyn hyn, a chyrhaeddon ni'r ganolfan gymunedol mewn pryd i fynd i'r bingo. Roedd Enid Gwallt Glas a'i chyfeillion oll yn barod amdani, eu pinnau ffelt mewn rhesi taclus o'u blaenau. Gwelais bob un yn edrych trwy gil eu llygaid wrth i Nai Nai fynd ati i roi ffrwythau am ddim i bawb a oedd yn eistedd ar eu pennau eu hunain. Roedd criw Enid yn ysgwyd eu pennau ac yn dwrdio'n dawel; roedd hi'n amlwg nad oedden nhw'n hoff o weld Nai Nai yn hapus ei byd fel arfer.

O nunlle, daeth llais mawr cyfarwydd i darfu ar dwrw'r neuadd. Mrs Cruikshanks oedd yno – doedd gan neb arall acen debyg iddi. 'Dim ond gair bach i'ch atgoffa bod bingo i bawb. Ie wir, i bawb. Boed yn ddu, yn wyn, yn frown, yn felyn, neu'n borffor a smotiog. A thra ydyn ni wrthi – does DIM hawl cadw seddau yn y bingo chwaith. Ydw, rwy'n siarad amdanoch chi, Enid O'Grady.' Roedd ambell un yn twt-twtian, ac eraill yn chwerthin ac yn nodio i gytuno. Doedd gan Nai Nai ddim clem beth oedd yn digwydd o'i chwmpas, ond cododd law pan welodd Mrs Cruikshanks ar y llwyfan.

Yna clywson ni sŵn ffraeo a llais dyn yn dweud, 'Rhowch y meicroffon yn ôl i mi, Nellie, 'dach chi ddim i fod yn fa'ma.'

'O, pwyllwch, Tommy. Dim ond gwneud datganiad cyhoeddus oeddwn i.'

'O 'ma!' dywedodd Tommy. Gadawodd Mrs Cruikshanks y llwyfan, ac roedd hi braidd yn simsan wrth iddi lwybreiddio rhwng y cadeiriau tuag aton ni.

'Ry'ch chi wedi cyrraedd, Danny! Arbennig. Dewch mla'n, gwell i ni baratoi ar hast.' Plethodd fraich trwy un Nai Nai i'n harwain tuag at dair cadair wag yng nghanol y neuadd. Fi oedd yr unig blentyn yn y lle, ac roeddwn i'n teimlo ychydig yn chwithig.

'Dwi am aros i wylio, os ydy hynny'n iawn,' dywedais wrth Mrs Cruikshanks.

'Wrth gwrs, Danny, mae tipyn yn dod â gofalwyr neu deulu gyda nhw. Fe allet ti fynd i gael diod oren os hoffet ti. Dwed mai fi wnaeth dy anfon di.' Es draw i estyn diod cyn rhedeg yn ôl i eistedd wrth ymyl Nai Nai.

Roedd gwefr yn yr aer wrth i ni aros i'r bingo ddechrau; roedd gen i groen gŵydd hyd yn oed. Roedd Nai Nai yn canolbwyntio. Edrychais ar ei llygaid; roedden nhw'n syllu tuag ymlaen. Nodiai ei phen, fel pe bai ar fin dechrau ras. Roedd hi'n fy atgoffa o athletwr yn cynhesu. Wrth ei hymyl, roedd dysgl blastig enfawr yn llawn litshis, ceirios a ciwi. Roedd hi wedi rhoi llond bag plastig o satswmas i Mrs Cruikshanks, ac yn gyfnewid roedd Mrs Cruikshanks wedi agor bag llawn mintys yn llydan rhwng y ddwy. Taflodd un tuag ataf i.

'Dyna ti, Danny.' Edrychodd o'i chwmpas. 'Beth sy'n bod? Fe ddylen nhw fod wedi dechre bellach.'

'Llygaid ar y cardiau,' cyhoeddodd Tommy. Dyn mawr oedd o, a chanddo fol fel pe bai'n disgwyl chwech o fabis. Gwisgai sbectol a chanddi ffrâm goch, ac edrychai fel pe bai ar fin disgyn oddi ar ei drwyn unrhyw eiliad. Mae'n siŵr ei fod o'n teimlo fel brenin, ar ei orsedd ar y llwyfan. Ef oedd yn arwain y sioe. Ef oedd meistr y rhifau. Duw y bingo. Roedd pawb yno i'w addoli, a minnau yno i wylio'r cyfan. Sugnais ar y da-da yn barod am y sioe.

'Barod?' gofynnodd Mrs Cruikshanks. Cododd ei bodiau ar Nai Nai, a chododd hithau ei rhai hi i ateb. Trodd Mrs Cruikshanks ei bodiau ataf i wedyn.

'Barod i weld dy fam-gu'n dod yn fuddugol?' gofynnodd. Nodiais fy mhen. Roedd fy mol yn llawn gloÿnnod byw.

Dechreuodd y gêm.

Roedd y peiriant yn chwyrlïo, a'r peli'n sboncio fel haid o siopwyr yn chwilio am fargen yn ystod sêl mis Ionawr. Syllais arnyn nhw, wedi fy hudo'n llwyr.

Roedd y tanc yn llawn addewidion, tocynnau i rai, gwobrau i eraill. Gallai unrhyw un ennill. Byddai'r rhifau'n dod allan ar hap, lwc oedd yn arwain pethau, ond roedd angen sgìl i lenwi sawl cerdyn ar unwaith heb fynd ar goll. Roedd Mrs Cruikshanks yn dweud y gwir, gallai unrhyw un ennill yn y bingo, waeth pa fath o berson oedden nhw. Roedd pawb yn gydradd yma. Doedd dim syndod bod Nai Nai wrth ei bodd. Hwn oedd ei galwedigaeth.

Cafodd pelen werdd ei sugno trwy'r bibell.

'A dyma'r bêl gyntaf. *Two fat ladies* ... wyth deg wyth!' Ymddangosodd y rhif yn fawr ar y sgrin. Stampiodd Nai Nai un o'i chardiau.

'*Ba ba* ... *hao, hao*.' Nodiodd ei phen. Gallwn weld ei hyder yn cynyddu yn sgil y dechrau da. Roedd y rhif wyth yn lwcus iawn yn niwylliant Tsieina.

'Yw hi'n canu "*Baa Baa Black Sheep*"?' holodd Mrs Cruikshanks heb edrych, ei phin ffelt yn yr awyr yn barod i stampio.

'Na ... mae *ba* yn golygu wyth. Mae'n lwcus iawn iddi hi.'

'Ond ro'n i'n meddwl bod Ba yn golygu Dad?'

'Ydy, wel, mae o. Ond mae hwn ar dôn gwahanol. Mae'n anodd ei ddisgrifio.'

'Ydy, glei. Ry'ch chi'n dod yma o Tsieina gyda'ch iaith gymhleth, ac yna'n mynd ati i ddysgu ein hiaith ni hefyd, un o'r rhai anoddaf i'w dysgu. Does dim rhyfedd eich bod chi i gyd mor beniog – dylech chi ennill gwobrau am wneud.'

'Dydyn ni i gyd ddim yn beniog – stori ydy hynny. Ac mi ges i fy ngeni yma, wnes i ddim dod o unlle, heblaw am yr ysbyty,' dywedais, ond chlywodd hi ddim.

'Hwrê, mi ges i hwnna!' Stampiodd rif ar un o'i chardiau.

Parhaodd hyn am amser hir. Rhwng galwadau Tommy, byddai Nai Nai yn cipio ceiriosen neu litshi, yn tynnu'r croen neu'r coesyn yn sydyn ac yn ei sugno. Byddai'n ei rolio o gwmpas ei cheg, ac ambell dro yn ei gadw yn ei boch am ychydig, pan oedd hi angen canolbwyntio.

Edrychais draw ar ei chardiau hi a gallwn weld fod un o'r rhesi bron wedi'i chwblhau.

Roedd hi'n tapio ei throed. Roedd hi'n agos, ac yn gwybod hynny'n iawn.

Edrychais eto, a gwelais mai dim ond rhif pum deg chwech oedd arni ei angen.

'Tyrd mla'n, pum deg chwech ... bydd Nellie'n fodlon iawn os doi di nesaf,' dywedodd Mrs Cruikshanks.

Mwyaf sydyn, roeddwn i angen mynd i'r tŷ bach. Dyma'r adeg waethaf, yr eiliad dyngedfennol! Ond allwn i ddim aros, roedd yn rhaid i mi fynd. Codais, ac es ar frys tua'r toiledau agosaf wrth yr allanfa.

*

Wrth redeg yn ôl i'r neuadd o'r toiledau, roeddwn i'n disgwyl gweld rhyw enillydd lwcus yn nôl ei wobr o'r llwyfan. Yn hytrach na hynny, roedd cynnwrf mawr yn yr ystafell. Roedd torf o bobl wedi ymgasglu yng nghanol y neuadd, lle roedd ein seddau ni, ac allwn i ddim gwasgu heibio i fynd yn ôl.

'Be sydd wedi digwydd?' holais wrth i mi geisio gwasgu heibio i hen ddyn â ffrâm gerdded.

'Rhyw hen wraig wedi gweiddi "bingo", ac mae'n rhaid i hynny fod yn ormod iddi – mae hi wedi disgyn.'

'Dwi'n meddwl mai'r ddynes o Tsieina oedd hi ...' dywedodd rhywun arall.

'Nai Nai?'

Gwthiais drwy'r haid o bobl.

'Rhaid i mi fynd heibio!' gwaeddais. 'Fy nain i sydd yno! Gadewch i mi fynd heibio.'

Pan gyrhaeddais yn ôl o'r diwedd, gwelais fod sedd Nai Nai yn wag.

Ble roedd hi?

Ai hi oedd wedi disgyn?

A oedd hi ...? A oedd hi wedi marw?

Fy mai i oedd hyn i gyd. Fi wnaeth ei hannog i ddod. Edrychais o fy nghwmpas, ac o'r diwedd fe'i gwelais hi. Roedd hi ar ei gliniau ar y llawr. Doedd hi ddim yn edrych yn sâl – roedd hi'n edrych yn drist. Roedd hi'n cydio yn llaw Mrs Cruikshanks a oedd yn gorwedd ar y llawr, ei hwyneb yn welw.

Roedd Nai Nai yn siarad â Mrs Cruikshanks fel melin bupur. Gorweddai yno â'i llygaid ar gau ond gallwn weld fod ei chardigan yn symud i fyny ac i lawr, felly roeddwn i'n gwybod ei bod hi'n fyw. Gydag un llaw, roedd hi'n dal i gydio'n dynn yn ei cherdyn bingo, ac roedd ei phin ffelt yn y llaw arall.

'Dwi'n ffonio 999! Byddwch yn dawel, bawb!' gwaeddodd Linda, y rheolwr.

Es ar fy nghwrcwd i roi fy llaw yn ysgafn ar gefn Nai Nai. Trodd i fy wynebu, a gwelais fod ei llygaid yn dyfrio.

'Dan Dan,' dywedodd. '*Ah-ya*. Nellie.' Estynnodd ei llaw tuag ataf i a helpais i'w thynnu yn ôl ar ei thraed. Rhoddodd ei braich amdanaf a gwasgodd yn dynn. Roeddwn i mor falch nad Nai Nai oedd yno ar y llawr. Ac nid oherwydd y byddwn i'n cael y cerydd mwyaf i mi ei gael erioed, ond am fy mod i'n dechrau ei hoffi hi hefyd. Efallai fy mod i yn ei charu hi hyd yn oed. Pan ddywedodd rhywun mai'r 'ddynes o Tsieina' oedd wedi disgyn, bu bron i mi lefain. Ond Mrs

Cruikshanks druan. Doeddwn i erioed wedi gweld rhywun yn sâl fel hyn o'r blaen. Roedd Nai Nai'n dal i edrych ar ei ffrind.

Safai Tommy, y galwr bingo, ar y llwyfan gyda'i feicroffon, ei lais yn taranu dros y tanoi. 'Gwrandewch, bawb, peidiwch â busnesu. Mae Nellie angen lle!'

'Mae ambiwlans ar y ffordd. Byddwn i'n ddiolchgar os ewch chi tuag at yr allanfa. All rhywun ddod â bag Nellie yma, os gwelwch yn dda,' dywedodd Linda, ei ffôn yn dal yn dynn wrth ei chlust.

'Wel, mae hyn yn hynod anghyfleus,' cwynodd Enid, a theimlais fy nwylo'n tynhau'n ddau ddwrn. Roeddwn ar fin dweud rhywbeth pan agorodd y drysau gyda chlep a daeth y parafeddygon i mewn.

Safai Linda ar flaenau ei thraed i geisio gweld dros yr holl bennau. 'Draw yn y fan yma!' gwaeddodd gan godi llaw arnyn nhw.

'Dewch 'mlaen, Enid, awn ni i'r caffi am baned. Fe ddown yn ôl yfory ar gyfer y Wobr Fawr. Bydd pethau yn ôl i drefn erbyn hynny,' dywedodd ei gŵr.

Typical – doedd Enid a'i gŵr yn poeni dim am neb ond nhw eu hunain, a doedden nhw'n poeni dim am Mrs Cruikshanks a pha mor sâl oedd hi. Roedd y parafeddygon wedi gwneud eu mesuriadau hanfodol o fewn dim. Daeth un arall i mewn gan gario stretshyr a rhagor o offer. Yn ofalus, cafodd Mrs Cruikshanks ei chodi arno, a rhoddwyd blanced amdani cyn codi'r ochrau metel i'w lle. Rhoddodd un o'r parafeddygon fasg plastig ar ei hwyneb a oedd yn sownd i danc ocsigen. Aeth Tommy i nôl bag Mrs Cruikshanks oddi ar y bwrdd, ac wrth i'r stretshyr fynd heibio, rhoddodd o'n ofalus o dan y flanced.

Dychwelodd Nai Nai yn araf i'r fan lle'r oedden ni'n eistedd. Roedd trugareddau Mrs Cruikshanks yn dal ar y bwrdd – roedd Tommy wedi anghofio ei hoff bethau i gyd. Ei llun o'r Iesu, ei chlustog â llun cath arni, ei phinnau ffelt, roedden nhw i gyd yn dal yno, gydag ambell dda-da, satswma, a chacen ar ei hanner. Cododd Nai Nai fy mag oddi ar gefn y gadair a dechreuodd roi pethau Mrs Cruikshanks ynddo, er iddi adael y gacen. Roedd ei bag hi'n llawn dop o ffrwythau. Es i a Nai Nai tuag at yr allanfa, yn cael ein cludo fel dau ddarn o froc môr ar lanw o chwaraewyr bingo.

Pan ddaethon ni allan i'r awyr iach o'r diwedd, pwyntiodd Nai Nai at yr ambiwlans wrth iddo wibio rownd y gornel. Roedd dagrau'n cronni yn ei llygaid eto. Roedd y dyn a safai wrth fy ymyl yn pwyntio at fy esgidiau gan ddweud, 'Mae careiau dy esgidiau'n agored'.

'Diolch,' atebais, ac es ar fy nghwrcwd i'w cau. Pan edrychais i fyny, gwelais fod Nai Nai wedi dechrau cerdded i ffwrdd. 'Nai Nai, arhoswch,' galwais arni wrth i mi dynnu'r cwlwm yn dynn. Ond pan safais yn barod i'w dilyn trwy'r dorf, allwn i ddim ei gweld hi – roedd hi wedi mynd.

Edrychais i bob cyfeiriad. Allwn i ddim gweld ei sgarff gyfarwydd na'i bag enfawr yn unlle. Allwn i ddim credu'r peth. Roeddwn i wedi colli fy nai nai.

22

Gyda'n Gilydd Eto

Roedd fy mhen yn troi fel chwyrligwgan. Dim ond llond llaw o leoedd yr oedd Nai Nai yn eu hadnabod – gartref, yr ysgol, y Farchnad Fach Fyd-Eang, a'r neuadd bingo. Doedd ei Saesneg ddim yn ddigon da iddi roi cynnig ar gyrraedd yr ysbyty, nac oedd? Sut allwn i fod yn ddigon dwl i golli fy nain? Os byddai Ma a Ba yn clywed am hyn, byddai ar ben arnaf i.

Defnyddia dy feddwl, Danny! Dyna roeddwn i'n ei ddweud wrth fy hun, ond roedd fy meddwl mor wag â bwrdd gwyn newydd sbon. Byddwn wedi gwneud unrhyw beth i gael Ravi yno gyda mi. Byddai Ravi'n gwybod beth i'w wneud. Dyna'r ateb, meddyliais. Ravi!

Rhedais nerth fy nhraed yr holl ffordd o'r Ganolfan Gymunedol i dŷ Ravi. Roeddwn i'n chwysu chwartiau, ac roedd gen i boen yn fy ochr pan gyrhaeddais. Canais y gloch, cyn gorffwyso â'm dwylo ar fy nghoesau er mwyn cael fy ngwynt yn ôl ataf. Edrychais i fyny a gwelais y llenni yn y ffenestr flaen yn symud.

Yna, agorodd y drws a sleifiodd Ravi allan. Roedd yn gwisgo ei siaced yn barod. Gallwn glywed ei chwiorydd yn ffraeo, a Vishal bach yn crio – roedd eu mam yn gweiddi.

'Ravi ... edrych ... roeddwn i eisiau dweud ...' Roedd fy nghalon yn curo fel gordd, ac roedd fy nwylo'n chwys oer. Efallai mai'r rhedeg oedd ar fai am hynny, neu efallai fy mod i'n ofni na fyddai'n derbyn fy ymddiheuriad.

'Aros tan wedyn i ddweud. Dwi angen dianc o'r tŷ 'ma. Mae hi mor swnllyd yma, fedra i ddim meddwl. Tyrd, awn ni.' Caeodd sip ei siaced ac yna caeodd y drws. Aeth y ddau ohonon ni gyda'n gilydd i lawr y llwybr tua'r lôn a heibio i'r gwrych.

'Ravi, yn gyntaf, dwi eisiau dweud ...' Roedd yn rhaid i mi ddechrau siarad yn arafach er mwyn cael amser i anadlu.

'Pam wnest ti redeg yma? Wyt ti wedi bod yn chwarae efo dy ffrindiau gorau newydd? Saethu gynnau a hynna i gyd?'

'Naddo – na, ti oedd yn iawn. Doedden nhw

ddim yn cŵl o gwbl. Dwi angen dweud ... mae'n ddrwg gen i.'

'Iawn ...' atebodd gan syllu ar y palmant. Yna, cododd ei lygaid i edrych arnaf i. 'Mae'n ddrwg gen i hefyd.'

'Gawn ni roi'r gorau i ffraeo?' gofynnais.

'Wrth gwrs. Wnes i ddim trio dweud wrth Tia dy fod ti'n rhannu gwely bync efo dy nai nai. Roeddwn i wedi bwriadu dweud wrthyt ti ar ôl yr ysgol, ond roeddet ti efo Carter.'

'Wel, roeddwn i'n flin iawn efo ti ... Ac roeddwn i eisiau cyfle i chwarae efo'r gynnau yna hefyd ...' Doedd Ravi heb fwriadu dweud er mwyn gwneud i mi edrych yn ddrwg. Dylwn i fod wedi gofyn iddo yn syth bin, yn hytrach na phenderfynu ei fod yn ffrind gwael.

'Sut oedd o?' holodd.

'Wel, ti wedi clywed pobl yn dweud "adar o'r unlliw a hedant i'r unlle"? Wel, mae'n wir. Roedd o fel treulio amser efo haid o dodos. Ti oedd yn iawn. Mae Carter cynddrwg â'r gweddill. Doedd o'n malio dim am fy nghomics, na jowstio.'

'Fo sydd ar ei golled felly. Mae dy gomics di mor ddoniol,' dywedodd Ravi, a gwnaeth hynny i mi deimlo'n gynnes braf y tu mewn.

'Be am chydig bach o jowstio er mwyn gwneud

y peth yn swyddogol?' gofynnais, gan godi ael yn obeithiol.

'Pam lai.' Gwenodd Ravi, a chodi ei fys yn fygythiol. Dechreuodd y ddau ohonon ni gylchdroi yn araf o gwmpas ein gilydd, fel roedden ni'n arfer ei wneud, y naill yn ceisio procio'r llall yn ei ystlys. Roedd ei freichiau o yn hirach na fy rhai i o lawer, a chefais i fy nharo yn fy asennau.

'Aw,' chwarddais. 'Mae eich llafn cyn finioced ag erioed, Syr Ravi.'

'Cwbl ddiamheuol!' gwaeddodd Ravi. Wrth i ni gyrraedd gwaelod y ffordd, gofynnodd, 'Ta waeth, sut wyliau wyt ti'n ei gael hyd yma?'

'Wel, dyna pam 'mod i yma a dweud y gwir ... mae wedi bod braidd yn wyllt.' Roeddwn i wedi llwyddo i gael fy ngwynt yn ôl yn eithaf erbyn hyn.

'Pam hynny? Dwi wedi gweld gormod o deulu o lawer yn ystod y gwyliau. Ti ddim yn edrych fel ti dy hun – be sy'n bod?'

'Wel, roedd Nai Nai a fi yn y neuadd bingo, ac mi wnaeth Mrs Cruikshanks – mae hi'n gwsmer yno, ond hi ydy unig ffrind Nai Nai yma hefyd – mi wnaeth hi ddisgyn pan oeddwn i yn y tŷ bach.' Prin allai fy nhafod gael trefn ar y geiriau, cymaint oedd fy mrys i ddweud popeth. Roedd o i gyd wedi digwydd mor gyflym.

'Achos dy fod ti wedi creu cymaint o ddrewdod?' gofynnodd Ravi dan grechwenu. Pwniodd fy mraich – rêl Ravi.

'Na, o ddifri, mi ddisgynnodd hi go iawn. Strôc neu rywbeth falle. Roedd o mor ddychrynllyd, yn enwedig achos 'mod i wedi meddwl mai Nai Nai oedd wedi disgyn i ddechrau. Mi aeth hi oddi yno mewn ambiwlans. Ond mi ddiflannodd Nai Nai yn syth wedyn. Roedd Ma a Ba wedi dweud wrtha i am beidio â mynd â hi i'r bingo, ond mi wnes i, a rŵan mae hi wedi mynd. Dwi'n gwybod 'mod i wedi drysu pob dim, ond dwi angen dy help di, Rav. Wn i ddim be i'w wneud!'

'Yn gyntaf, ti angen gwneud yn iawn am yr hyn wnest ti i mi, Danny Chung.'

'Ond roeddwn i'n meddwl dy fod ti wedi maddau i mi?'

'Do, ond dwi am gymryd mantais o hyn! Ar dy liniau, fel gwas yn erfyn am drugaredd gan ei arglwydd.'

'Iawn,' dywedais, ac es i lawr ar fy ngliniau. '*Yr wyf i, Danny Chung, o siop tecawê y Ddraig Lwcus, mewn diffuantrwydd dwys, yn estyn fy ymddiheuriadau llaes i fy nghyfaill pennaf, Ravi Sebastian Dalal, yr un sy'n dwyn yr enw Syr Ravi o'r Deheubarth. Dirfawr fy edifeirwch*

am dreulio amser gyda'r dodo di-glem Carter hwnnw. Sut mae hynny?'

'Iawn. Ocê, mi gei di godi rŵan,' dywedodd Ravi gan wenu. Estynnodd ei ddwrn tuag ataf, ac mi wnes i ei gyffwrdd â fy nwrn i.

'Dwi mor falch ein bod ni yn ôl efo'n gilydd!' dywedais.

'A fi,' atebodd. Gyda Syr Ravi wrth fy ystlys, roedd gen i fwy o hyder o lawer yn fy ngallu i wynebu'r llanast roeddwn i wedi'i greu.

'Tyrd, awn ni i ddod o hyd i dy nain,' dywedodd Ravi. 'Awn ni i'ch tŷ chi yn gyntaf, rhag ofn ei bod hi wedi mynd yn syth adre. Os na fydd hi yno, mi awn ni i chwilio yn yr ysbyty.' Roeddwn i'n gwybod yn iawn y byddai o'n fy helpu i. Ac o fewn dim, roedd y drefn arferol wedi cael ei hadfer. Wel, rhyngof i a Ravi o leiaf.

Pan ddes i a Ravi yn ôl i'r siop tecawê, doedd dim golwg o Nai Nai. Roeddwn i wedi gobeithio y byddwn yn ei gweld hi yno, yn eistedd wrth y bwrdd bwyd yn poeri hadau i'w llaw, ond doedd ei hesgidiau ddim i'w gweld ar waelod y grisiau, ac roedd hi'n dawel yno – dim mwmian canu, dim sŵn cwyno, dim byd. Yr eiliad honno, agorodd drws y gegin, a daeth Ba trwyddo.

'Helô, Ravi, sut wyt ti ers tro byd?' gofynnodd. Roeddwn i wedi gobeithio y byddai o a Ma wedi gadael y tŷ i wneud rhyw neges, ond hei lwc yn hynny o beth.

Canodd cloch y drws ffrynt a daeth Ma i mewn gyda llond ei chôl o fagiau siopa, ac i'w chanlyn daeth Modryb Yee. Wnâi hi ddim edrych arnaf i; roedd hithau hefyd yn cario llwyth o fagiau. Doeddwn i ddim yn disgwyl gweld Modryb Yee ar ôl y 'digwyddiad' y tro diwethaf. Ond dyna lle roedd hi, ei thrwyn yn ein busnes ni fel arfer.

'O, ti sydd yna. Fe wnaeth dy fam gynnig prynu bag newydd i mi, er mwyn ymddiheuro am dy ymddygiad ofnadwy di y tro diwethaf i mi fod yma. Mae Amelia yn dal yn ddig am yr hyn wnest ti ei ddweud, a doedd hi ddim eisiau dychwelyd yma.' Amelia lwcus, meddyliais.

'Danny, ble mae Nai Nai? Dwi wedi prynu pâr o sliperi newydd iddi yn y sêl,' dywedodd Ma gan edrych o'i chwmpas.

'Ma ... Ba,' dywedais. 'Rhaid i mi ddweud rhywbeth wrthych chi.'

'Dydy esgidiau Nai Nai ddim yma. Ble mae hi?' gofynnodd Ma.

Edrychais ar Ravi, a nodiodd yntau mewn anogaeth.

'Mae'n ddrwg gen i! Es i â Nai Nai i'r bingo, ac yna mi ddaeth yr ambiwlans –'

'Ambiwlans?' dywedodd Ma a Ba yn unsain. Cefais fy hoelio i'r llawr gan lygaid yr oedolion. Safai Ba gyda'i ddwylo ar ei gluniau.

'Bingo eto fyth? Am beth gwirion i'w wneud, cwbl ddi-chwaeth,' dywedodd Modryb Yee. 'Fe wnes i'ch rhybuddio chi, a nawr mae hi wedi cael trawiad ar y galon.'

'Naddo, dydy Nai Nai heb gael trawiad, ond mae Mrs Cruikshanks wedi cael rhywbeth, strôc falle,' dywedais, gan gywiro Modryb Yee.

'Su Lin, dyma'n union pam –' dechreuodd Modryb Yee.

'Clarissa, gad i Danny siarad, os gweli di'n dda,' dywedodd Ma yn swta.

'Ia, Clarissa, tawelwch, os gweli di'n dda. Rydyn ni'n trafod fy mam,' dywedodd Ba. Roedd Modryb Yee wedi dychryn o glywed y ddau ohonyn nhw'n dweud wrthi am gau ei cheg. 'Wel, Danny, be ddigwyddodd?' holodd Ba.

'Dwi wedi ei cholli hi. Roedd hi yno un munud, ac wedyn mi ddiflannodd.' Ochneidiodd yr oedolion i gyd.

'Wedi ei cholli hi? Ti wedi colli fy mam?' ailadroddodd Ba.

'Dwi'n gwybod, fi ydy'r ŵyr gwaetha yn y byd ... ond ... gadewch i mi wneud yn iawn am hyn. Dwi'n gwybod y galla i ddod o hyd iddi. Gadewch i mi wneud hynny o leia.'

'Plis, Mr a Mrs Chung, mi wna i helpu hefyd,' dywedodd Ravi, yn gefn i mi eto. 'Rydyn ni'n nabod yr ardal yma yn well na neb. Dwi'n gwybod y gallwn ni ddod o hyd iddi hi. Mi allwn ni wneud rhestr o'r holl leoedd mae'r Forgrugnain – ym, hynny yw, nain Danny – yn eu nabod. Dydy hi heb fynd yn bell – dydy'r dre ddim mor fawr â hynny.

'Am syniad ofnadwy,' datganodd Modryb Yee.

'Nac ydy,' dywedais i. 'Fi sydd wedi bod yn ei thywys i bob man dros y gwyliau, a fi wnaeth ei cholli hi. Fi ydy'r un sydd angen dod o hyd iddi. Hefyd, bydd y siop tecawê yn agor yn fuan, Ma, felly mae'n rhaid i ti a Ba aros yma.' Roedd yn rhaid i mi eu darbwyllo mai fi ddylai wneud hyn ar fy mhen fy hun. Fy mai i oedd bod Nai Nai ar goll.

'Dwi'n meddwl mai camgymeriad yw hyn, ond beth wyddwn i?' meddai Modryb Yee, gan edrych ar ei hewinedd.

'Na. Dwi'n meddwl mai Danny sy'n iawn,' atebodd Ma. 'Cyn belled â'ch bod chi'ch dau yn aros efo'ch gilydd, iawn?' Nodiais i a Ravi. 'Ti'n iawn, mae angen i mi a Ba fod yma. Rydyn ni'n disgwyl archeb fawr am chwech heno, ac rydyn ni'n agor ymhen tri chwarter awr. Does gen i ddim amser i chwilio amdani fy hun cyn dod yn ôl yma i weithio y tu ôl i'r cownter.' Edrychodd Ma ar Ba, roedd o'n dal i ystyried y peth.

Rhoddodd Ba ei law ar fy ysgwydd, ac yna nodiodd ei ben. 'Iawn, Danny, dwi'n ymddiried ynot ti i ddod o hyd i dy nai nai cyn iddi dywyllu. Mae hi'n nabod y ffordd o gwmpas yng ngolau dydd, ond mae pethau'n edrych yn wahanol gyda'r nos.' Dim darlith am y Ffordd Tsieineaidd gan Ba? Beth oedd yn digwydd? Roeddwn i wedi cael llai o'r darlithoedd ers i Nai Nai symud i fyw aton ni, meddyliais.

Syllodd Modryb Yee arnaf i a Ravi, gan wneud wyneb hyll.

'Byddwn i'n galw'r heddlu, Su Lin. Mae hi'n fregus,' dywedodd, gan chwilota yn ei bag. Estynnodd ei ffôn symudol. 'Byddwn i'n mynd i chwilio amdani fy hun, ond mae'n rhaid i mi fynd yn ôl at Amelia; mae ganddi wers biano y prynhawn yma. Adrian sydd gyda hi ar hyn o bryd, mae o'n ei helpu gyda'i phrosiect mathemateg.'

Ond roedd rhywbeth wedi newid. Wnaeth Ma ddim cydio yn yr abwyd y tro hwn. 'Na, Clarissa, rydyn ni am ymddiried yn Danny. Mae o'n dweud y gall ddod o hyd iddi, ac mae'n rhaid i ni roi cyfle iddo.' Gwenodd arnaf i.

'Oes, cer i ddod â fy mam adre,' dywedodd Ba. A chyda hynny, trodd ar ei sawdl a dychwelodd i'r gegin.

Estynnodd Ma ddau fag o *prawn crackers*, a rhoi un yr un i mi a Ravi. 'Rhowch y rhain yn eich bagiau – chewch chi ddim cyfle i gael swper.'

Fy mag i. Ble roedd fy mag i?

'Be sy'n bod?' holodd Ravi. 'Ti'n edrych fel sombi.'

'Mae fy mag i gan Nai Nai. Ac mae fy llyfr lluniau ynddo ...'

Syllodd Ravi arnaf i, ei ddau lygad fel soseri. Roedd o'n gwybod yn iawn beth fyddai Nai Nai yn ei weld pe bai hi'n agor y llyfr. Cydiais yn llawes ei siaced.

'O na. Mae hi am ei weld o, comic **Morgrugnain, Archelyn**.'

Morgrugnain yn cael ei llowcio gan greadur sy'n hanner llew, hanner pŵdl.

Morgrugnain yn cael ei thaflu i mewn i dwll du yn y gofod.

Morgrugnain yn cael ei gwasgu gan esgid clown enfawr.

Morgrugnain yn cael ei thaflu gan gatapwlt i mewn i geg yr Hwyaddraig enfawr.

Syniad Ravi oedd yr un diwethaf yna.

Roedd yn rhaid i mi ddod o hyd i Nai Nai cyn iddi edrych ar fy nghomics.

Roeddwn i'n teimlo fel 'mod i ar fin chwydu.

23

Eiddo Coll

Rhedodd y ddau ohonon ni i mewn i dderbynfa Damweiniau ac Achosion Brys yr ysbyty, a dywedodd Ravi wrth y person wrth y ddesg ei fod yn un o ffrindiau teulu Mrs Cruikshanks. Dywedon nhw ym mha ward yr oedd hi a daeth nyrs i'n tywys ni yno, gan ein hebrwng ni rhwng y gwelyau, a phwyntio at un yn y pen draw.

'Cofiwch fod ymweliadau'n gorffen ymhen chwarter awr, mae hi'n amser te,' dywedodd y nyrs.

Aeth y ddau ohonon ni yn ein blaenau.

'Sut un ydy Mrs Cruikshanks?' sibrydodd Ravi.

'Hen ddynes efo gwallt llwyd cyrliog, chydig o flew ar ei gên, sbectol frown drom ...' Roeddwn i'n ceisio cofio. 'Tua naw deg pump oed falle?'

'Rwy'n dy glywed di, Danny! Y diawl bach. Dim ond yn fy saith degau ydw i! Dyma fi, fan hyn!' Roedd llais Mrs Cruikshanks i'w glywed yn glir o ochr draw'r llenni.

Brysiodd y ddau ohonon ni yno a thynnu'r llenni i'r ochr. Gorweddai Mrs Cruikshanks yn y gwely, yn sownd i beiriant a phibellau yn ei thrwyn.

'Ydych chi'n iawn, Mrs Cruikshanks?' gofynnais.

'Wedi bod yn well, was. Wedi cael *mini stroke*, yn ôl y meddyg. Mae'n well 'da fi Mini Cheddars! Bu bron i'r bingo fod yn ddiwedd arna i.' Cododd law ar Ravi. 'Helô, ffrind Danny. Mae gen i galon wan, roeddwn i'n meddwl ei bod hi ar ben arna i. Ond roedd ganddo Fe lan fan'na gynllunie eraill – nid heddiw rwy'n mynd i gwrdd â fy nghrëwr, nage wir.'

'Edrych!' dywedodd Ravi wrth fynd ar ei gwrcwd i godi bag oddi ar y llawr – fy mag i! Roedd y bag ar agor.

'Fe ddaeth dy fam-gu di draw gyda fy nghlustog a fy llun i o'r Iesu.' Gwelais mai'r hen glustog â chathod ar ei hyd oedd y tu ôl i'w chefn hi.

'Ydych chi'n gwybod i ble'r aeth hi wedyn?'

'Mae hi'n ddig braidd, Danny. Fe welodd hi'r lluniau.' Cododd Mrs Cruikshanks fy llyfr lluniau oddi ar y bwrdd a oedd wrth ei hymyl, a'i agor ar dudalen a oedd yn llawn lluniau o'r Forgrugnain.

'Dy'n nhw ddim yn neis iawn, nac ydyn? Ti wedi torri ei chalon hi.'

Suddodd fy nghalon fel plwm.

'Dwi'n teimlo'n ofnadwy am hyn, wir. Doeddwn i ddim eisiau brifo Nai Nai,' dywedais, ac roeddwn i'n dweud y gwir. Roeddwn i wedi dod yn dda iawn am frifo teimladau pobl yn ddiweddar. Roedd hynny'n gwneud i mi deimlo'n ofnadwy.

Edrychodd Ravi arnaf i, cyn edrych ar y llawr drachefn. Fo oedd wedi ysgrifennu rhai o'r geiriau.

'Wnaeth Danny ddim eu gwneud nhw ar ei ben ei hun – mi wnes i helpu. Doedden ni ddim yn ceisio rhoi loes i neb. Mae'n ddrwg gen i hefyd.'

'Wel, mae hyn wedi ei brifo hi ... mae wedi rhoi tipyn o loes iddi. Rwy wedi fy siomi ynot ti, Danny. Ro'n i'n meddwl dy fod ti'n un da.'

'Wn i ... doedd hi ddim yn iawn i mi wneud y rhain. Ydych chi'n gwybod ble mae hi?'

'Nac ydw. Yr unig beth rwy'n ei wybod yw ei bod wedi gadael fan hyn yn ei dagrau. Dagrau. Synnwn i ddim pe bai hi'n colli ei lwc yn llwyr yn sgil hyn. Mae hi'n Wobr Fawr yn y bingo yfory, ac roeddwn i'n grediniol y bydde hi'n ennill. Dydw i heb weld neb mor gyflym â hi ers blynydde maith.' Roedd golwg welw iawn ar Mrs Cruikshanks. 'Ta waeth, ewch i ofyn i un o'r nyrsys wneud paned o de i mi, wnewch chi?'

Gadawon ni'r ysbyty gyda fy mag, pamffled gan Mrs Cruikshanks yn sôn am y Wobr Fawr, a chalon drom.

'Ble nesa?' holodd Ravi.

'Mae hi'n caru ffrwythau. Falle ei bod hi wedi mynd i brynu rhai gan Mr Potempa?'

Rhedodd y ddau ohonon ni i lawr y stryd fawr a throi i lawr y stryd gefn a arweiniai at siop Mr Potempa, gyda'i harddangosfa liwgar ar y palmant.

'Helô, Mr Potempa, ydy fy nain wedi bod yma yn prynu ffrwythau heddiw tybed?'

'Do, Danny, fe ddaeth yma yn gynharach. Fe brynodd lond gwlad o ffrwythau a llysiau. Digon i bara pythefnos, dybiwn i. Ydy hi angen chydig o help i'w gweithio hi eto, Danny?'

'Na – na – wn i ddim. Gwrandewch, rydyn ni'n chwilio amdani.'

'Wnaeth hi ddweud i ble roedd hi'n mynd?' holodd Ravi.

'Wel, ddim gan ddefnyddio unrhyw iaith dwi'n ei deall!' atebodd Mr Potempa, a chwarddodd.

'Oedd hi'n edrych yn iawn?'

Cododd Mr Potempa, a dechreuodd roi trefn ar yr hen becynnau o Bombay Mix a oedd ar y cownter. 'Danny, ffrwythau a llysiau ydy fy musnes i, nid seicoanalysis. Roedd hi'n edrych fel rhywun a oedd angen ffrwythau, angen rhyw felyster, mae hynny'n wir, ond dwi ddim yn un am fusnesu ym musnes personol fy nghwsmeriaid. Ti'n gwybod sut mae hi. Sgwrs ysgafn, bob tro, ond dwi'n cadw draw o'r materion mawr. Dwi'n rhy brysur gyda'r busnes i fynd i drafod pethau difrifol.'

Crwydrodd Ravi tua'r stondin siocled yn y gornel.

'Fe wnaeth hi nôl ei thocyn bws, ac roedd hi'n ei chwifio i gyfeiriad y stryd,' dywedodd Mr Potempa. 'Dwi'n meddwl ei bod hi'n ceisio holi ble roedd y safle bws agosaf. Yr un agosaf yw'r un sy'n mynd i ganol y dref.'

'Ocê, roedd hi wedi llwyddo i gyrraedd yr ysbyty, ond i ble mae hi wedi mynd rŵan?' meddyliais.

'Diolch, Mr Potempa. Faint o'r gloch oedd hi pan oedd hi yma?' holodd Ravi.

'Tua ugain munud wedi pedwar. Gobeithio y dewch chi o hyd iddi ... Danny – '

'Ia?'

'Fe brynodd eirin, a phob un litshi yn y siop. Llond bag.' Cododd ei law i ffarwelio wrth i ni adael y siop.

Es i a Ravi i lawr y lôn fawr yn y gobaith o'i gweld.

'Allai hi ddim bod wedi mynd ymhell. Mae bag cyfan o litshis yn drwm,' dywedais.

*

Roedd hi'n brysur ar y stryd fawr er ei bod hi bron yn amser i'r holl siopau gau, ac roedd yr awyr yn dechrau pylu yn araf bach. Roedd Ravi yn dechrau mynd i hwyliau yn ei waith newydd fel ditectif neiniau; roedd yn stopio pawb a welai, un ar ôl y llall, ac yn eu holi, gan ddefnyddio ei lais mwyaf awdurdodol. 'Nain o Tsieina! A oes rhywun wedi gweld nain o Tsieina?' Tybed beth oedd pobl yn ei feddwl. Roedd o wedi ymroi i'r dasg yn llwyr.

Gafaelais yn ei fraich yn dyner, a gofynnais, 'Ravi, wyt ti'n meddwl y bydd pobl yn ein cymryd ni o ddifri os wyt ti'n gweiddi hynna?'

'Wn i ddim, roeddwn i'n meddwl y byddai'n helpu.'

'Hm, mae'n well na pheidio â dweud unrhyw beth, am wn i.'

Dechreuais i wneud yr un fath.

'Nain ar goll! Sach o *prawn crackers* i'r sawl sy'n dod o hyd iddi! Ond peidiwch â sôn wrth fy rhieni! Bwyd am ddim yn gyfnewid am nain o Tsieina! Cofiwch, dim gair wrth fy rhieni.' Roedden ni fel dau glochydd yn gweiddi ar hyd y stryd, ond heb y clychau.

Wedi pum munud o holi pobl ddiarth, penderfynon ni roi'r gorau i'r cynllun hwnnw, yn bennaf am fod ein gyddfau ni'n dechrau brifo. Crwydrodd y ddau ohonon ni am oes, yn edrych trwy ffenestri'r siopau elusen a oedd yn britho'r stryd fawr. Roedd yn rhaid i mi atal Ravi rhag mynd i bori trwy'r bocsys o hen DVD's a oedd wedi'u gosod ar y palmant y tu allan. Aeth y ddau ohonon ni tua'r parc wedyn. Roedd fy nhraed yn dechrau brifo ac roedd amser yn prinhau.

'Dwi'n dechrau meddwl y dylen ni fynd adre i ddweud wrth Ma a Ba ein bod ni'n methu â dod o hyd iddi,' dywedais yn ddigalon o'r diwedd. Ble fyddai hen ddynes o Tsieina, a llond bag o litshis, yn mynd i gael llonydd ar nos Wener? Doedd gen i ddim clem. Dechreuodd fy stumog wneud sŵn.

'Falle y byddwn ni'n meddwl yn well ar ôl cael chydig i'w fwyta? Dwi'n eitha llwglyd erbyn hyn, a dwi'n amau, o'r sŵn rhuo yna, dy fod ti ar lwgu hefyd. Gawn ni roi'r gorau i chwilio am chydig bach, i gael seibiant bach?' gofynnodd Ravi.

'Iawn, ond dim ond am chydig,' atebais. Roedd y ddau ohonon ni yn sefyll y tu allan i'r siop cyw iâr.

'Mi af i nôl sglodion a diodydd i ni,' dywedodd Ravi. Rhoddais ychydig bunnoedd iddo.

'Syniad da. Diolch.' Edrychais ar bawb a oedd yn cerdded heibio. Doedd dim golwg o Nai Nai yn unman.

Buan iawn y daeth Ravi yn ôl, gyda dau gôn o sglodion a dwy botel o bop yn llenwi ei bocedi. Eisteddodd y ddau ohonon ni ar y fainc i fwyta.

‘Hei, diolch i ti am ddod,’ dywedais, gan sychu fy nwylo ar fy nhrowsus.

‘Mae’n iawn, siŵr,’ dywedodd Ravi. ‘Mae wedi bod yn dipyn o antur a dweud y gwir, ddim mor ddiflas a swnllyd a bod adre.’

O na! Gan fod yn ofalus i beidio â denu gormod o sylw, gwnes sŵn bach i ddenu sylw Ravi a gwnes arwydd arno i edrych y tu ôl iddo.

‘Wyt ti’n iawn, Danny? Be wyt ti’n ei wneud efo dy ben? Wyt ti eisiau rhagor o sglodion?’ gofynnodd Ravi, gan gynnig ei gôn i mi.

‘Na ... Carter,’ sibrydais. ‘Mae o draw’n y fan acw.’

Trodd Ravi ei ben, a gwelodd Carter, Mitchell a Jay Jay yn cerdded tuag aton ni gyda’u gynnau. Gwisgai Carter gap glas am ei ben. Wrth iddo nesáu, gallwn weld ei fod yn dweud ‘*TAKE NO PRISONERS*’ arno.

Gwasgodd Ravi ei gôn sglodion yn ei ddwylo. Codais i wneud yr un fath. Cymerodd Ravi yr ysbwriel er mwyn mynd ag o i’r bin cyfagos. Roeddwn i wir yn gobeithio y byddai’n cyrraedd yn ôl cyn i Carter a’i griw ein cyrraedd ni.

‘Wel, wel, wel ... dyma’r babi nain ei hun,’ dywedodd Mitchell.

Dychwelodd Ravi – roedd wedi bachu ei fodiau ym mhocedi ei siaced. Roedd yn edrych arnyn nhw â golwg ryfedd ar ei wyneb.

'Ie,' meddai Jay Jay.

'Carter, nid rŵan ydy'r adeg orau i wneud hyn. Sori, ond –' dechreuais egluro.

'Chung, ti'n mynd i'w chael hi rŵan,' dywedodd Mitchell, gan anelu ei wn at fy wyneb. Chwarddodd Carter.

Roeddwn i'n gobeithio bod Ravi'n gwisgo ei esgidiau rhedeg. Safai'r ddau ohonon ni yn agos i'n gilydd, ein breichiau'n cyffwrdd.

'Bois, bois. Peidiwch â bod mor gas. Nid ar Danny mae'r bai ei fod mor dlawd, a'i fod yn gorfod rhannu ei stafell efo'i nain. Nid arno fo mae'r bai ei fod yn gorfod byw mewn fflat. Cofia, Danny, cofia be wnes i ei ddweud – os gwnei di elyn ohona i, mae hi ar ben arnat ti,' dywedodd Carter, a theimlais ei boer ar fy wyneb wrth iddo siarad.

'Mae llwyth o bobl yn byw mewn fflatiau,' meddai Ravi. 'Does dim byd o'i le ar fflat Danny.'

'Mae'n iawn, Ravi,' dywedais, gan roi fy llaw ar ei fraich.

'Carter ...' dywedais, heb wybod yn iawn beth roeddwn i am ei ddweud.

'Ie, Danny?' gofynnodd.

'Ym ... mewn gwirionedd ... y peth ydy ... fyddwn i ddim wedi gallu dy helpu di hyd yn oed pe bawn i eisiau gwneud. Dwi ddim yn dda yn gwneud mathemateg.'

'Dwi ddim yn dy goelio di,' dywedodd Carter. Cododd ei law, cystal â dweud, *Dyna ddigon o siarad.* Yn araf, cododd ei wn i'w anelu ataf.

'Danny, gobeithio dy fod ti'n barod. Ti ar fin cael dy chwalu. Mae gen ti bum eiliad. A dy dro di fydd hi wedyn,' dywedodd Mitchell, gan edrych ar Ravi.

Y tu ôl iddo, gallwn weld bws dau lawr yn dod tuag aton ni. Edrychais ar y ffenestri. Allwn i ddim credu'r peth. Edrychais eto. Allai hyn ddim bod yn wir ... roedd Nai Nai yn eistedd arno! Roedd hi ar y llawr uchaf, yn y sedd flaen!

'Esgusoda fi, Carter, ond mae'n rhaid i mi ddal yr UNION fws yna,' dywedais, gan bwyntio at y bws a oedd yn teithio o gwmpas y dref mewn un gylchdaith fawr.

'Ti ddim yn mynd i nunlle,' dywedodd Mitchell.

'Ravi, mae hi ar y bws,' sibrydais.

Roedd y bws bron â chyrraedd yr arhosfan y tu ôl i Carter a'i griw. Byddai angen i mi redeg rhyw bum metr er mwyn ei ddal. Byddai'n anodd mynd heibio iddyn nhw, ond doedd gen i ddim dewis. Os byddwn i'n methu, byddai Nai Nai yn mynd yn ei blaen ar y gylchdaith, a fy mai i fyddai hynny hefyd.

'Gad i ni fynd heibio, Carter,' dywedais.

'Mi gei di wneud fel y mynni,' atebodd, ac roeddwn

yn gwybod o'i wên mai ef fyddai archelyn fy nghomic nesaf.

'Bydd yn barod,' sibrydodd Ravi.

Barod am beth?

Barod i redeg?

I gael fy saethu yn fy wyneb gan Carter a'i griw?

Doedd gen i ddim clem beth oedd ei gynllun.

'Un, dau, tri – cer!' Rhedodd Ravi nerth ei draed at y tri bachgen, ei ddwy fraich wedi'u hymestyn allan. Rhoddodd sgrech fel anghenfil.

'I'R GAAAAAAAD!!!!!' sgrechiodd, a dechreuodd eu procio'n galed â'i fys – doedd ganddyn nhw ddim syniad beth oedd yn digwydd. Gallwn weld ofn yn llygaid Carter. Doeddwn i erioed wedi gweld Ravi fel hyn o'r blaen. Roedd yr holl oriau o wylio gwersi carate Vishal wedi talu ar ei ganfed! Aeth Ravi i'w boced i estyn potel ddiod. Dechreuodd ei hysgwyd wrth redeg a gwaeddodd, 'Cer ar y bws!', wrth ei hagor. Ffrwydrodd cynnwys y botel dros y bechgyn. Safodd y tri'n syn, ddim yn gwybod beth oedd wedi digwydd. Roedden nhw'n wlyb, ac yn arogli fel ceirios melys. Aeth Ravi i nôl y llall, a'u trochi drachefn. Syr Ravi o'r Deheubarth – fy arwr! Doeddwn i erioed wedi ei weld o'n dal ei dir yn eu herbyn nhw fel hyn o'r blaen.

Rhedais cyn gynted ag y gallwn. Es heibio i'r pedwar ohonyn nhw, a chwifiais fy mreichiau'n wyllt i ddal sylw'r gyrrwr wrth iddo gau'r drysau i adael. Gwasgodd fotwm i'w hagor i mi. Dringais ar y bws. Roedd gen i boen yn fy mrest, roedd yn teimlo fel pe bai rhywun wedi rhoi cic i mi. Chwiliais yn fy mhoced am arian mân i'w roi yn y blwch. Edrychais trwy'r ffenestr i weld beth oedd yn digwydd y tu allan, a gwelais Ravi'n carlamu oddi wrth y bws. Roedd yn codi llaw arnaf i, ac yn codi ei fodiau wrth blethu drwy'r holl siopwyr ar y stryd fawr.

Cydiais yn y canllaw ar waelod y grisiau, ac es i fyny i wynebu Nai Nai.

24

Morgrugnain, Archarwr!

Yn ei chadair ym mlaen y bws, edrychai Nai Nai'n fychan. Yn llai nag arfer hyd yn oed. Wrth ei hymyl roedd ganddi fag plastig mawr, a brigau litshis yn gwthio eu pennau ohono. Wnaeth hi ddim troi. Syllodd yn ei blaen. Ceisiais reoli fy anadl i dawelu fy nghalon ac eisteddais ar y gadair drws nesaf iddi, gan osod fy mag ar y llawr ger ein traed.

'Nai Nai, mae'n ddrwg gen i,' sibrydais. Wnaeth hi ddim symud modfedd. Roedd hi'n dal i syllu ymlaen, 'Nai Nai, mae'n ddrwg gen i am dynnu'r lluniau yna ohonoch chi.' Dim ymateb y tro hwnnw chwaith. 'Mae'n wir, roeddwn i'n flin ar y dechrau, am fy mod i'n gorfod rhannu fy stafell efo chi. Dydy hi ddim yn hawdd bod yn un ar ddeg oed. Ac roeddwn i ... wel, dwi'n gwybod 'mod i'n cwyno am orfod helpu yn y siop ac o gwmpas y tŷ. Ond mae'r ysgol yn anodd pan fo pawb arall yn cael mwy o hwyl na chi ... mwy na fi, hynny yw.'

Pan feddyliais, go iawn, am sut roedd hi'n teimlo, dechreuodd y dagrau gronni yn fy llygaid i hefyd.

'Nai Nai, mae'n wir ddrwg gen i!' dywedais, gan wyro fy mhen tuag ati. Gafaelais amdani, a rhoddais fy mhen ar ei hysgwydd. Rhoddodd ei llaw ar fy nghefn i'm mwytho. Doeddwn i ddim yn trio gwlychu ei chardigan – ceisiais sychu'r baw trwyn oddi arni gyda fy llawes.

'*Hao. Hao.* Dan Dan.' Roedd hi'n siarad. Plygodd yn ei blaen a chododd fy mag oddi ar y llawr yn ofalus.

Estynnodd fy llyfr lluniau ohono a throdd y tudalennau nes cyrraedd llun o'r Forgrugnain yn cael ei thaflu i safnau'r Hwyaddraig.

Cymerais y llyfr ganddi a rhwygais y tudalennau ohono, cyn mynd ati i'w darnio'n fân. Trodd Nai Nai i fy wynebu; roedd ei llygaid yn goch. Sychodd ei thrwyn gyda'i hances boced. Dechreuais dynnu llun arall. Roeddwn i'n mynd fel lladd nadroedd, gan fy mod i'n gwybod yn iawn beth roeddwn i eisiau ei wneud. Pan orffennais, gosodais y llun ar ei chôl yn ofalus.

Pwyntiais at y llun, llun ohoni hi'n sefyll yn dalsyth gyda chlogyn, ac N fawr ar ei bron.

Siwpyr Nai Nai – Pencampwr y Bingo

Os nad oedd hi'n hoffi llun o'i hun gyda'i nicyrs blodeuog y tu allan i'w throwsus, ddywedodd hi ddim byd i ddangos hynny. Syllodd ar y llun. Roedd yn teimlo fel oes pys cyn iddi droi tuag ataf i eto.

'Nai Nai *ai* Dan Dan,' dywedodd. *Caru.* Roedd hi'n dal yn fy ngharu er gwaethaf y ffaith mai fi oedd yr ŵyr gwaethaf erioed, am i mi ysgrifennu pethau cas amdani, a dianc oddi wrthi yn y bingo er mwyn mynd i gael hwyl hebddi.

'Dwi'n eich caru chi hefyd, Nai Nai. Dwi wedi bod mor wirion.' Pwyntiais ataf i fy hun. 'Fi – Dan Dan – gwirion.'

Nodiodd. Roedden ni'n cytuno ar un peth o leiaf. Cofiais fod angen i ni ddod oddi ar y bws, ac roeddwn i'n gwybod yn iawn sut y gallwn i ei pherswadio. Estynnais y pamffled a gefais gan Mrs Cruikshanks a'i roi iddi.

'Mae eich ffrind chi, Mrs Cruikshanks, yn ocê.

Mi wnaeth hi roi hwn i mi. Ydych chi eisiau mynd i'r bingo fory?'

Edrychodd ar y pamffled, ac er na allai ddarllen y geiriau arno, roeddwn i'n gwybod ei bod hi'n gwybod beth oedd o, ac yn deall bod arian mawr yn y fantol. Yn wir, roedd £2,000 yn llawer IAWN o arian. Neidiodd ar ei thraed. '*Hao-si!*' *House.* Roedd hi'n deall yn iawn. Cydiodd yn ei bagiau a gwthiodd fi o'r ffordd. Yna, gafaelodd yn fy llaw a'm llusgo i lawr y grisiau. Canodd y gloch, a chamodd y ddau ohonon ni oddi ar y bws.

Er bod Nai Nai wedi bod yn teithio rownd a rownd ar gylchdaith o gwmpas y dref ers oriau, roedd hi'n llawn bywyd mwyaf sydyn. Ac yn llawn ffrwythau hefyd. O'r arogl, gallwn ddweud ei bod wedi bod yn bwyta eirin, ac o'r cnecs a ganai fel trwmped wrth iddi gerdded, gallwn ddweud ei bod hi wedi bod yn eu mwynhau hefyd. Roedd sglein rhyw asbri yn ei llygaid wrth i ni frysio tuag adref. Hwn fyddai'r tro olaf i mi fynd â Nai Nai i'r bingo, ond byddai'n werth y risg. Hyd yn oed pe bai Ma a Ba yn fy nghaethiwo yn fy ystafell am fis cyfan, roedd arnaf i hyn i Nai Nai.

Roedd y bws wedi cwblhau ei gylch erbyn hyn ac yn ôl ar y stryd fawr, a phan ddaeth y ddau ohonon ni oddi arno, neidiodd Ravi allan o un o'r gwrychoedd gerllaw.

'Mi ... mi ... mi wnes i fy ngorau glas i'w cadw nhw draw,' ochneidiodd. Roedd yn ei gwman, ei ddwylo'n pwyso ar ei gluniau.

'Wyt ti'n iawn?' gofynnais.

'Nac ydw,' atebodd, gydag ymdrech. 'Pigyn yn fy ochr! Awww!' Cododd eto a rhoddodd ei law ar ei ystlys.

Agorodd Nai Nai ei bag a dechreuodd chwilota ynddo. Estynnodd jar fechan ohono.

'Eli teigr,' dywedais.

Cydiodd Nai Nai yn llaw Ravi, a rhoddodd dalp o'r stwff ar ei fys.

'Rhwbia hwnna arno. Bydd yn lleddfu'r boen chydig,' dywedais.

Cododd Ravi ei grys, a dechreuodd ei rwbio ar ei ochr.

'Ww, poeth,' dywedodd. 'Ond mae'n dechrau teimlo'n well.'

Moesymgrymodd o flaen Nai Nai, fel pe bai hi'n frenhines.

Yr eiliad honno, neidiodd Carter a'i griw o'r gwrychoedd, gyda'u gynnau'n barod i danio.

'Wel, wel, wel,' meddai Carter. Roedd yn fyr ei wynt, ond roedd hi'n amlwg o'i wyneb nad oedd ei ysfa i'n hanafu wedi pylu dim.

'Edrychwch, mae ei annwyl nain efo fo.'

Chwarddodd Jay Jay. Es i sefyll rhyngddyn nhw a Nai Nai, er mwyn ei hamddiffyn hi pe baen nhw'n dechrau saethu.

'Ooo, 'dydy hi'n annwyl, efo'i bagiau a'i het wlân. Mae hi'n edrych fel tylwythen deg fach,' meddai Mitchell.

'Paid ti â siarad fel yna am fy nain i,' dywedais innau.

'Pam, be wnei di am y peth, babi nain?' galwodd Mitchell yn gas.

'Mae'n drueni, Danny. Mi fyddwn i wedi gallu dy droi di'n un o'r plant mwyaf cŵl yn y dosbarth. Ond mae'n well gen ti dreulio amser efo'r twpsod hyn,' dywedodd Carter, gan anelu ei wn at fy mron. Roedd Mitchell yn anelu at Nai Nai, a Jay Jay at Ravi.

Cymerais gam yn ôl, nes gallwn deimlo'r bag plastig a oedd yn llaw Nai Nai. Gafaelais ynddo yn sydyn, a'i hyrddio i'r llawr o'n blaenau. Heb oedi dim, es i lawr ar fy nghwrcwd i gasglu dyrnaid o litshis, a dechreuais eu taflu tuag at Carter. Tarodd un ganol ei drwyn yn galed. Anelais eto, cyn taflu tair arall. Glaniodd y rheiny yn ei lygaid.

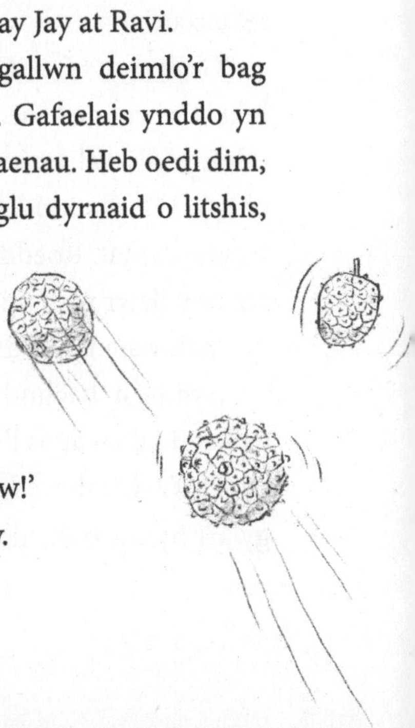

'AW! Aw! Saethwch nhw!' gwaeddodd ar Mitchell a Jay Jay.

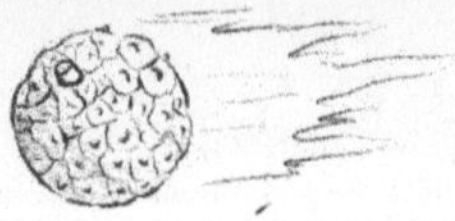

Ond, cyn i'r ddau godi eu gynnau, roedd Nai Nai wedi sboncio yn ei blaen i gasglu llond ei chôl o'r ffrwythau bychain pigog hefyd, a dechreuodd eu hyrddio at Mitchell fel pe bai hi'n fowliwr criced. Ni welais neb cystal erioed, ni wyrodd yr un ffrwyth o'i darged, a chafodd Mitchell ei daro ym mhob man, ond yn enwedig y mannau hynny sy'n brifo bechgyn. Dechreuodd Ravi hefyd, ac ymhen dim roedd yr holl le wedi'i orchuddio gan y cregyn brown a choch – roedd rhai ohonyn nhw wedi agor, gan liwio'r palmant â'u llanast o beli gwynion gwlyb.

Trodd Mitchell ar ei sawdl a dihangodd. Cydiodd Carter yn Jay Jay, gan geisio defnyddio ei ffrind bach fel tarian.

'Gollynga fi, Carter! Gollynga fi!' Roedd hi'n amlwg nad oedd Jay Jay'n mwynhau cael ei ddefnyddio fel tarian. Dechreuodd wingo i ddianc o'i afael, a rhedodd nerth ei draed ar ôl Mitchell ar y cyfle cyntaf. Roedd un ohonyn nhw wedi gadael ei wn ar y llawr yn y miri.

Aeth Ravi i'w godi.

'Byddai'n bechod gadael hwn yma,' dywedodd, gan ei ddal yn agos i'w gorff.

'*HAO-SI!*' dywedodd Nai Nai, a chododd y bag gyda'r hynny o litshis a oedd yn weddill ynddo.

25

Gwrthryfel y Robotiaid Dieflig

Daeth y dydd! Roedd Gwobr Fawr y Bingo yn cael ei chynnal yn y ganolfan gymunedol am ddau o'r gloch y prynhawn. Daeth Ravi draw i roi ei gefnogaeth. Eisteddodd wrth fy ymyl ar y soffa wrth i ni wylio Nai Nai.

'Ydy hi'n brasgamu yn ôl ac ymlaen fel hyn fel arfer?' gofynnodd wrth edrych arni yn cerdded o un pen i'r lolfa i'r llall, eto ac eto.

'Ddim fel arfer,' atebais. Byddai hi'n stopio i edrych ar y cloc o bryd i'w gilydd.

'Wnest ti addo na fyddet ti'n mynd â hi i'r bingo byth eto?' gofynnodd Ravi.

'Wel, mi wnes i addo, ond ddim cris croes, tân

poeth,' dywedais, gan chwilio am ryw ffordd i gyfiawnhau beth roeddwn i am ei wneud. Roedd Nai Nai wedi bod yno i fy helpu i fwy nag unwaith, ac roedd hi wedi wynebu Carter gyda ni ddoe. Roedd hi'n aelod llawn o'n tîm ni bellach. Nid Ravi a fi oedd yr unig aelodau rŵan. Roedd Nai Nai yn aelod o'r gang, ac roedd hi'n haeddu cael mynd i'r gystadleuaeth fawr. Edrychais arni hi'n codi'r pamffled am y canfed tro, cyn ei ollwng eto. Edrychodd ar y cloc, roedd y bysedd yn nesáu at ddau o'r gloch.

'Gwell i ni fynd â hi,' dywedais wrth Ravi. 'Ond rhaid i ni ddianc o'r tŷ heb i neb sylwi.' Dechreuais ysgrifennu nodyn i fy rhieni, ond yr eiliad honno agorodd y drws a daeth Ma i mewn, ac ar ei hôl hi daeth Modryb Yee ac Amelia. Roedd Modryb Yee yn gwisgo ffrog biws, ac roedd Amelia'n gwisgo pâr o jîns a siwmper lwyd. Dyma'r tro cyntaf erioed i mi ei gweld hi wedi gwisgo'n wahanol i'w mam. Doedden nhw ddim yn cyd-fynd o gwbl! Gallwn weld bod gwrthryfel yn codi ymysg y robotiaid dieflig.

Er hyn, roedd yn dal angen i mi fod yn ofalus o'i chwmpas hi, felly stwffiais y nodyn i lawr ochr y soffa, o dan y clustogau. Edrychais ar Ravi, a gwnes arwydd arno i guddio'r pamffled bingo a oedd ar y bwrdd yng nghanol yr ystafell. Dechreuodd ymestyn ei freichiau, fel pe bai o newydd ddeffro. Syllodd

Amelia arno. Yna, gwnaeth symudiad sydyn, gan daro'r pamffled i'r llawr ac o'r golwg.

Roedd Amelia'n pwdu. 'Ond pam mae angen i mi aros yma? Pam na cha i aros adre gyda Ba?'

'Dwi wedi dweud yn barod, Amelia. Mae o'n dod gyda mi, a fydd dim lle i roi'r drych newydd yn y car os byddi di'n dod hefyd – mae angen iddo orwedd yn gwbl wastad ar y sedd gefn. Gwae ni os bydd o'n torri – mae'n lwc ddrwg.'

'Dim problem,' meddai Ma. 'Mi gei di aros drwy'r prynhawn os wyt ti eisiau, Amelia.'

'Does dim angen am hynny, Su Lin. Dim ond awr fach, bydd hynny'n hen ddigon,' dywedodd Modryb Yee.

'Fyddwn ni ddim yn hir,' dywedodd Ewythr Yee pan ymddangosodd y tu ôl iddyn nhw. 'Fe awn i nôl y drych newydd, awn i ag o i'r tŷ, cyn dod yn ôl yma i dy nôl di mewn pryd i fynd i'r clyweliad yn y *conservatoire*,' dywedodd wrth ei ferch.

Cerddodd Amelia i mewn ac eisteddodd ar y soffa yn flin. Gallwn weld ymyl y nodyn yn gwthio ei ben trwy'r clustogau wrth ei hymyl.

'Diolch, Su Lin. Cofiwch am fresys dannedd Amelia – dim bwyd a allai fynd yn sownd ynddyn nhw. Amelia, bydd yn barod amdanon ni am ddau ar y dot, allwn ni ddim bod yn hwyr i'r apwyntiad gyda'r *conservatoire* – rydyn ni wedi aros chwe mis am hyn.'

Gwelais Amelia'n rolio ei llygaid wrth droi ei phen oddi wrth ei mam. 'TI sydd wedi aros chwe mis ...' sibrydodd yn swta.

Gadawodd yr Yees, a daliodd Ma y drws ar agor iddyn nhw. 'Iawn, blant, ewch chi i gael hwyl. Peidiwch â bod ofn bwyta'r ffrwythau, mae digonedd ohonyn nhw yma. Dim ffraeo, iawn?' A chyda hynny, gadawodd.

Roedd Ravi'n adnabod Amelia o'r holl gomics **Robotiaid Dieflig** – roedd y bresys yn amlwg. 'Helô, rhaid mai Amelia wyt ti. Dwi wedi clywed lot amdanat ti.' Rhoddodd wên fawr i mi.

'Hei,' dywedodd. Doedd dim gwenwyn yn yr ateb, dim gair cas. Beth oedd yn bod arni heddiw? 'Rhaid mai Ravi wyt ti, mae Danny'n sôn amdanat ti drwy'r adeg.'

Roeddwn i'n teimlo braidd yn lletchwith. Yn amlwg, roedd Amelia wedi bod yn gwrando ar bopeth roeddwn i wedi bod yn ei ddweud, hyd yn oed pan oeddwn i'n meddwl ei bod hi'n fy anwybyddu.

Gwelais, gyda braw, ei bod wedi sylwi ar y nodyn a oedd wrth ei hymyl. Tynnodd y papur o blygiadau'r soffa, a dechreuodd ddarllen.

Annwyl Ba a Ma, mae'n RHAID i mi fynd â Nai Nai i rywle arbennig heddiw. Mae'n bwysig iawn. Mae'n ddrwg gen i! Gobeithio eich bod chi'n deall.

O.N. Dwi'n addo peidio â'i cholli hi y tro hwn!

'I ble mae'n RHAID i ti fynd â dy nai nai?' holodd Amelia.

Gallwn deimlo fy hun yn gwrido. Gallai Amelia achwyn. Wyddwn i ddim a allwn i ymddiried ynddi o gwbl. Ond doedd gen i fawr o ddewis. Roedd hi yma, ac yn gwybod am ein cynllwyn ni.

Daeth Nai Nai draw, roedd hi wedi codi'r pamffled bingo ac fe'i rhoddodd yn fy llaw. Tapiodd arno, a phwyntiodd tuag at y cloc.

'*Hao-si*?' gofynnodd.

'Bingo!' Roedd Amelia wedi'i deall hi. 'Mae hi eisiau mynd i'r bingo?'

'Mae hi ar bigau i fynd,' dywedodd Ravi.

'Rhaid i ni fynd â hi,' dywedais. 'Wyt ti am achwyn?'

'Dwi heb ddewis eto,' dywedodd Amelia, gan godi

oddi ar y soffa. Edrychodd ar Nai Nai gyda'r pamffled bingo yn ei llaw. Gwych, Amelia Yee oedd yn gyfrifol am ein ffawd ni bellach. Roedd hi'n siŵr o ddweud wrth ei mam, a byddai hi'n dweud wrth fy rhieni, a byddai'r holl bethau da roeddwn i wedi'u gwneud, fel dod o hyd i Nai Nai ar y bws, wedi bod yn ofer. Edrychodd Nai Nai ar y cloc ar y wal. Daeth ataf i a gafaelodd yn fy llaw.

'Nellie, *Hao-si*. Ennill.' Rhoddodd ei llaw ar ei bron. Bu bron i fy nghalon ffrwydro. Roedd Nai Nai yn siarad, ac roeddwn i'n ei deall hi. Roedd hi mor alluog. Roedd hi eisiau ennill er mwyn Mrs Cruikshanks. Edrychodd Amelia arnon ni bob yn ail.

'Rhaid iddi fynd i'r bingo. Ein gwaith ni fel marchogion ydy mynd â hi. Neu mi alla i fynd â hi os wyt ti eisiau,' cynigiodd Ravi.

'Na, rhaid i mi fynd hefyd. Rydyn ni'n dau yn dîm – y Dreigiau Lwcus. Rhaid i mi fod yno i'w chefnogi oherwydd bod Mrs Cruikshanks yn dal yn yr ysbyty. Ocê, awn ni ... ond –' Edrychais ar Amelia. Roedd hi'n mynd i achwyn, roeddwn i'n siŵr o hynny.

Brathodd Amelia ei gwefus a dywedodd, 'Ewch chi os oes raid i chi, wna i ddim achwyn. Ond, ga i ofyn un peth? Ga i ddod gyda chi?' Allwn i ddim credu'r peth. Roedd Amelia Yee yn bod yn ... neis?

Roedd hi'n dal i siarad: 'Mae'r gwyliau yma wedi bod yn ofnadwy. Mwy o wersi piano, gweithio ar y cyflwyniad mathemateg bob nos – dwi ddim eisiau cwrdd â maer y dref, na gyrru o gwmpas y lle mewn limo. Dwi ddim eisiau mynd i'r *conservatoire*, byddai hynny'n golygu mwy fyth o ymarfer a mwy fyth o wersi. Dwi eisiau cael chydig o hwyl am unwaith. Dwi'n addo peidio ag achwyn, ond dim ond os ca i ddod hefyd.'

Yn sydyn, roedd gen i bechod dros Amelia. Roedd ei mam hi'n erchyll. Doedd Amelia byth yn siarad am ei ffrindiau, doeddwn i erioed wedi ei chlywed yn crybwyll enw neb. O leiaf roedd gen i fy ffrind gorau, Ravi.

Edrychais ar Ravi ac edrychodd o arnaf i. Edrychodd y ddau ohonon ni ar Nai Nai.

'Ocê, awn ni i gyd gyda'n gilydd. Amelia hefyd.'

Gwenodd Amelia. Roedd hi – allwn i ddim credu hyn – yn edrych yn gyfeillgar.

'Nai Nai,' dywedais, gan droi at fy nain. 'Dewch, 'dan ni'n mynd i'r bingo!'

Gadewais y nodyn ar ganol y bwrdd. Rhoddodd Nai Nai sgip fach, a rhedodd i nôl ei bag. Gwagiodd holl gynnwys y ddysgl ffrwythau i mewn iddo ac aeth pob un ohonon ni ar flaenau'n traed i lawr y grisiau, gan wisgo ein hesgidiau'n dawel bach a gadael y siop tecawê fesul un. Wedyn, gyda'n gilydd, aethon ni tua'r neuadd cyn gynted ag y gallen ni.

Dwi'n gwybod y byddaf yn gaeth i fy ystafell wely am byth pan fydd Ma a Ba yn clywed fy mod i wedi torri addewid am y trydydd tro. Ond roedd hyn yn bwysicach na fi, roedd yn bwysicach na Ma a Ba. Roedd hyn i Nai Nai. Dyma Ffordd Tsieineaidd Nai Nai! Roedd Ma a Ba yn sôn drwy'r amser am wneud ein gorau glas ac am lwyddo mewn bywyd. Dyma gyfle Nai Nai i lwyddo, a hynny mewn gwlad ddiarth yn bell oddi cartref.

26

A'r Enillydd ydy ...

Prin fod unrhyw seddau gwag ar ôl pan gyrhaeddon ni'r neuadd. Roedd pawb â'u bryd ar y wobr o £2,000. Wrth ddod trwy'r drws, dechreuodd y pedwar ohonon ni chwilio am le da i eistedd, lle gallen ni weld y bwrdd yn glir. Roedd un sedd y drws nesaf i Enid, yng nghanol yr ystafell, ond brysiodd Enid i roi ei chardigan drosti pan welodd ni'n nesáu. Gwenodd Nai Nai, a chlywais ryw sŵn bychan. Dwi'n meddwl i Nai Nai daro rhech wrth iddi gerdded heibio ei harchelyn.

'Dwi ddim yn credu'r peth,' dywedodd Ravi. Gwasgodd y ddau ohonon ni ein dwylo dros ein cegau a'n trwynau. Roedd Nai Nai yn beryg bywyd, yn gollwng bomiau ffrwythau ar ei gelynion.

Aeth Ravi ac Amelia i helpu Nai Nai i gyrraedd sedd ger y wal gefn, ac es i i brynu'r cardiau bingo iddi. Nid Enid oedd yr unig un â gosgordd i'w chefnogi. Pan ddes yn ôl, helpais Nai Nai i dynnu ei siaced lwcus gyda'r ddraig arni, a'i rhoi ar gefn ei chadair. Gosododd Amelia'r cardiau'n drefnus ar y bwrdd o'i blaen. Dechreuodd Ravi dylino ei hysgwyddau. Estynnodd Nai Nai ei phinnau ffelt a'i ffrwythau o'i bag cyn eistedd. Arhosodd yno'n llonydd fel delw, ei llaw wedi'i chodi'n barod. Cael a chael oedd hi i ni gyrraedd mewn pryd.

Diffoddodd y prif oleuadau, goleuodd y sgrin fawr, a dechreuodd y peli bingo fownsio'n wyllt yn eu blwch gwydr. Roedd Tommy, y galwr, yn ei gadair ar y llwyfan yn barod.

'Croeso, bawb, i'r Wobr Bingo Fawr. Rwy wedi cael neges gan yr ysbyty i ddweud bod Nellie'n gwella'n dda. Rydyn ni'n danfon ein dymuniadau gorau i Nellie!'

Roedd rhyddhad i'w weld ar sawl wyneb yn y neuadd.

'Heddiw, mae coblyn o wobr yn y fantol – £2,000 i'r enillydd lwcus, diolch i'n noddwyr hael, *Selsig*

Cymru. Bydd y sawl sy'n ail a thrydydd yn cael cyflenwad o selsig i bara blwyddyn gron. Mae selsig llysieuol ar gael hefyd. Ydy pawb yn barod?'

'Ydyn!' oedd yr ateb unsain.

'Brysiwch!' gwaeddodd un o griw Enid.

'Llygaid ar y cardiau, felly!' atebodd Tommy.

Roedd fel gwylio sioe hud a lledrith yn digwydd o'n blaenau, a dim syniad sut roedd y tric yn gweithio. Roedd y rhifau un ai ar y cardiau neu ddim. Roeddech yn eu stampio mewn pryd, neu ddim. Roedd gen i deimlad mai'r diwrnod hwn oedd diwrnod lwcus Nai Nai. Hwn OEDD diwrnod Nai Nai. Hwn oedd y diwrnod mwyaf cyffrous i mi ei gael erioed! Roeddwn yn dal fy ngwynt wrth wylio Nai Nai yn gweithio.

Cefais fy synnu wrth weld pa mor chwim oedd ei symudiadau. Roedd hi'n canolbwyntio'n llwyr, ond gallai sugno ar ambell litshi er gwaethaf hynny. Roedd ei phin ffelt yn stampio'r rhifau cyn gynted ag y galwyd nhw. Roedd y peli'n taranu o'r tiwb ar wib, y rhifau'n cael eu rhestru'n un llith hir, a'r galwr yn graff wrth ofalu ei fod yn dal y peli y ffordd iawn cyn eu darllen.

Pop! Pop! Pop!

Poerwyd y peli o'r peiriant fesul un. Goleuodd y rhifau ar y sgrin wrth iddyn nhw gael eu galw. Trwy'r neuadd, roedd dwylo medrus, dwylo chwim, a dwylo cnotiog yn dyrnu'r cardiau â'u pinnau ffelt, yn eu gorchuddio â smotiau bras. Roedd fel pe bai'r papurau wedi dal y frech goch. Roedd Nai Nai ar dân.

Bang! Bang! Bang! Sŵn ei phin ffelt lwcus yn taro'r rhifau.

Edrychais o gwmpas yr ystafell, yn ofni gweld rhywun ar fin gweiddi '*House*'. Byddai'r wobr fawr yn cael ei hennill yn yr eiliadau nesaf. Dechreuais sboncio yn fy unfan. Fi oedd yn methu ag aros yn llonydd rŵan.

'Mae hyn mor gyffrous!' gwichiodd Amelia, a'i dwylo wrth ei cheg. Roedd hi'n cnoi ei hewinedd.

'Mae fel gwylio meistr wrth ei waith,' dywedodd Ravi.

Ac yna, gwelais i nhw. Dau ben yn hwylio heibio i'r ffenestr y tu allan, Ma a Ba. Mae'n rhaid eu bod nhw wedi darllen y nodyn. Byddan nhw'n cael gweld pa mor wych oedd Nai Nai am chwarae bingo – roeddwn i'n falch o'u gweld nhw yma a dweud y gwir, gan ei bod hi mor agos at ennill. Ymddangosodd pennau Modryb Yee ac Ewythr Yee ar eu holau. Beth oedden nhw'n ei wneud yma? Byddai ar ben arnon ni pe bydden nhw'n dechrau creu helynt. Roedd Nai Nai bron â llwyddo.

'Edrychwch, draw yn fan'na.' Pwyntiais at y ffenestr. Trodd Amelia a Ravi i weld.

'Be wnawn ni?' gofynnais mewn panig.

'Dewch, awn ni i rwystro'r drysau.' Rhedodd y tri ohonon ni i gydio yn y dolenni, a'u dal yn dynn. Roedd Linda, y reolwraig, yn edrych arnon ni fel pe baen ni'n wirion bost. Dechreuodd gerdded tuag aton ni. Daeth pennau Ma a Ba i'r golwg yr ochr draw i'r drws. Roedden nhw yn y cyntedd, ac yn syllu trwy'r ffenestr. Brysiodd Modryb Yee i edrych trwy'r ffenestr arall. Roedd hi'n wyllt gacwn, ac yn pwyntio. Allwn i ddim clywed gair o'r hyn roedd hi'n ei ddweud, ond cofiais bod dau o'r gloch wedi mynd heibio ers tro byd. Roedd Amelia wedi methu ei chlyweliad â'r *conservatoire*.

'Daliwch chi'r drysau, rhaid i mi fynd i weld bod Nai Nai yn iawn!' Rhedais yn ôl i'r fan lle'r oedd fy nain yn gweithio'n galed. Roedd un o'i chardiau bingo bron yn llawn. Roeddwn i ar bigau'r drain. Roedd hi'n dal i sugno ei litshis, ac yn poeri, gyda bang, i'r bin heb edrych. Roedd hi wedi perffeithio'r grefft honno.

Dim ond y rhif wyth oedd arni ei angen rŵan. Tyrd, wyth lwcus!

Roedd Linda wedi gofyn i Ravi ac Amelia symud oddi wrth y drysau, ac roedd Ma, Ba, Modryb Yee, ac Ewythr Yee yn yr ystafell erbyn hyn. Roedden nhw'n chwilio'r seddau fesul un i'n canfod ni. Es i ar fy nghwrcwd, gan ddal fy ngafael yn ysgwyddau Nai Nai.

'Ewch amdani, Nai Nai!' dywedais.

A'r eiliad honno, clywais lais yn sgrechian, '*House*!'

Nid llais Nai Nai oedd o. Codais ar fy nhraed i weld pwy oedd wedi gweiddi.

'Doniol iawn, Barry, ond dwyt ti ddim yn chwarae hyd yn oed!' gwaeddodd Tommy dros y meicroffon. 'Llygaid ar y cardiau, bawb. A wnaiff rhywun hebrwng Barry i'r allanfa, os gwelwch yn dda?' Cafodd Barry druan ei dywys at un o'r allanfeydd tân. Cododd ei fam ar ei thraed i adael hefyd, ond roedd hi'n dal i farcio'r rhifau ar ei cherdyn wrth iddi gerdded am yn ôl tua'r drws.

Roedd Ma a Ba bellach yn brasgamu i lawr y llwybr yn nghanol y neuadd, ond doedd dim golwg flin arnyn nhw, fel roeddwn i wedi ei ddisgwyl. Roedd y ddau ohonyn nhw'n gwenu. Rhoddodd Ba ei fraich am ysgwyddau Ma wrth iddyn nhw nesáu. Wel, doedd dim rhaid i mi boeni am gael fy nghaethiwo i fy ystafell am byth bythoedd o leiaf. Pwyntiodd Ma tuag at Nai Nai, a oedd yn canolbwyntio'n llwyr ar y sgrin bingo, ei llygaid fel dwy soser.

Roedd Modryb Yee yn loncian yn ei sodlau uchel tuag at Amelia, a safai fel pe bai wedi'i hoelio i'r llawr. Roedd Ewythr Yee eisoes wedi mynd i sefyll rhyngon ni a gweddill yr ystafell, fel plismon yn ceisio cadw rheolaeth ar y sefyllfa.

'Danny, rwyt ti yn ddylanwad ofnadwy ar Amelia. Rydyn ni wedi methu'r clyweliad o dy achos di,' dywedodd Modryb Yee, gan wthio ei bys yn galed i mewn i f'ysgwydd. Roedd yn brifo – roedd y crafangau yna'n egr.

Dechreuodd Ma a Ba frysio tuag aton ni. Roedd braich Ba yn yr awyr, yn erfyn ar Modryb Yee i roi'r gorau iddi. Ond wnaeth Ma ddim cynhyrfu dim pan gyrhaeddodd, dim ond fy nhynnu tuag ati'n ofalus, y tu hwnt i afael Modryb Yee, a sefyll o fy mlaen i fel tarian. 'Dydyn ni ddim yn gwthio plant pobl eraill fel yna, Clarissa. Dydy hynny ddim yn iawn. Dyma'r tro olaf y cei di siarad fel hyn efo'n Danny ni, cer i ffeindio rhywun arall i'w fwlio. A thra ein bod ni wrthi, cer i gael gwersi pobi hefyd – mae dy gacennau di'n blasu fel rwber.'

Dyma'r tro cyntaf erioed i Ma achub fy rhan i. Doedd gan Modryb Yee ddim i'w ddweud – dyna'r tro cyntaf i hynny ddigwydd hefyd. Rhythodd arnon ni, cyn cydio yn Amelia a'i martsio tuag at yr allanfa. Aeth Ewythr Yee ar eu holau, yn cerddded am yn ôl ac yn moesymgrymu i Ma yr holl ffordd.

'Mae'n ddrwg gen i, Su Lin,' dywedodd. 'Dydy hi heb fod yr un fath ers y cyfarfod Merched y Wawr.

Roedden nhw'n hallt iawn eu barn am ei chacen hi. Fe af i â nhw adref. Mae'n ddrwg gen i.' Ewythr Yee druan, meddyliais, ond roeddwn i'n falch o'u gweld nhw'n gadael. Roeddwn i mor falch o Ma.

'Am gêm wirion!' gwaeddodd Modryb Yee wrth adael, yn awyddus i gael y gair olaf, fel arfer. Clywais griw o'r selogion yn gweiddi yn ôl. Cododd Enid a'i chriw yn fygythiol, gan chwifio eu dyrnau ar Modryb Yee wrth iddi faglu allan o'r neuadd, ei hwyneb yn fflamgoch. Cododd Amelia ei bawd arnon ni wrth iddi fynd, y golau'n fflachio oddi ar ei bresys. Doedd hi ddim mor ddrwg â hynny, wedi'r cyfan.

'Roedd hyn yn wych! Bydd yn rhaid i ni wneud hyn eto!' gwaeddodd.

Edrychais ar fy rhieni. ''Dach chi ddim yn flin?' gofynnais.

'Wel, mi welson ni'r nodyn, a doedden ni ddim yn gwybod be i'w ddisgwyl ...' dywedodd Ma. 'Roeddet ti wedi torri dy addewid eto. Ond, ar ôl gweld pa mor hapus ydy Nai Nai yma, rydyn ni'n deall pam dy fod yn dod â hi yma. Mae hi wrth ei bodd.' Roedd Ba'n brysur yn edrych ar y sgrin, ac yna ar gardiau Nai Nai.

Roedd Nai Nai yn dal i ddisgwyl y rhif wyth.

Rhoddodd Ma ei braich amdanaf i'm gwasgu. Edrychodd Ba ar gerdyn Nai Nai a gwenodd. Roedd o'n gwybod bod ei fam ar fin gwneud rhywbeth mawr.

'Dewch ymlaen, Ma!' gwaeddodd arni. Doeddwn i erioed wedi ei weld mewn cymaint o gyffro.

Wnaeth Nai Nai ddim symud yr un fodfedd, heblaw ... efallai i'w chlust symud y mymryn lleiaf. Roedd ganddi ddwy litshi wedi'u stwffio i'w boch. Dyna pryd y digwyddodd o. Ymddangosodd y rhif ar y sgrin.

8

Neidiodd Nai Nai ar ei thraed a gwaeddodd, '*Hao-si*!!!' Roedd y rhif wyth wedi achub y dydd!

Roedd hi'n sefyll ar ben y bwrdd, gan chwifio ei cherdyn yn wyllt – roedd smotiau coch drosto i gyd. Brysiodd dros y bwrdd, ar hyd y llwybr, ac i fyny'r grisiau tua'r llwyfan ac at Tommy. Daliodd pawb eu gwynt. Roedd fel pe bai'r aer yn drwm dan ddisgwyliad. Teimlais rywun yn fy mhrocio yn fy ochr. Roedd Ravi yr un mor nerfus â fi.

Gwiriodd Linda yr holl rifau, ac aeth Tommy trwyddyn nhw i gyd eto rhag ofn, gan ddefnyddio'r sgrin i nodi'r holl beli oedd ar gerdyn Nai Nai. Fesul un, diffoddwyd pob rhif ar y grid. Dyna'r rhai yr oedd Nai Nai wedi'u cael.

ENILLYDD!!! Fflachiodd y gair mewn pinc a melyn llachar ar y sgrin, ac oddi tano: **£2,000!!!!**

Ochneidiodd pob un ohonon ni yn unsain.

'Mae hi wedi ennill!' gwaeddais. Roedd fy mochau'n brifo, cymaint oedd fy ngwên. Dechreuodd Ravi a finnau neidio yn ein hunfan, fel dwy gwningen wyllt.

'Mae hi wedi ennill dwy fil o bunnoedd?' holodd Ba, gan syllu'n gegrwth ar ei fam, a oedd bellach yn dawnsio ar y llwyfan. Nodiais i a Ravi. Rhoddodd Ba glamp o gusan i Ma ar ei boch. Dechreuodd ddweud wrth y chwaraewyr eraill o'i gwmpas, 'Fy mam i ydy honna! Dynes heb ei hail!'. Dechreuodd weiddi'n uwch, 'FY MAM I YDY HONNA!'

'Ry'n ni'n gwybod,' meddai gŵr Enid yn swta.

Edrychais at y llwyfan, a gwelais fod Tommy'n ysgwyd llaw Nai Nai. Rhoddodd Nai Nai arwydd i ni fynd i ymuno â hi ar y llwyfan hefyd. Heb oedi dim, aeth Ba, Ma, Ravi a finnau i fyny ati ar frys a rhoi clamp o gwtsh iddi.

Roedd Linda yno hefyd, ac yn ei dwylo daliai siec enfawr. 'Rwy'n falch iawn o gyhoeddi mai'r fenyw hon, ffrind Nellie, sydd wedi ennill y jacpot! Beth yw'ch enw chi, cariad?' holodd. 'Rhaid i mi ysgrifennu'ch enw chi yma.'

'*Hao-si*!' gwaeddodd Nai Nai eto. A chwarddais i a Ma.

'Dong Mei! Enw fy mam ydy Dong Mei!' galwodd Ba yn hapus braf. Helpodd Linda i sillafu'r enw'n gywir ar y siec enfawr. 'Mae'n golygu *Eirin y Gaeaf*,' dywedodd wrthi wedyn. O'r diwedd, roeddwn i wedi dysgu beth oedd enw fy nai nai, ac allwn i ddim meddwl am enw a fyddai wedi gweddu'n well iddi.

Ar y meicroffon, cyhoeddodd Tommy: 'Dong Mei, neu Eirin y Gaeaf, sydd wedi ennill Gwobr Fawr y Bingo y mis hwn! A hoffech chi ddweud unrhyw beth?' Daliodd y meicroffon at geg Nai Nai.

'*Hao-si*! Ennill!' gwaeddodd Nai Nai. Clywais sŵn pawb yn gollwng eu pinnau ffelt mewn siom. Er hynny, dechreuodd un ddynes gymeradwyo, ac ymunodd rhai eraill wrth guro eu dwylo hefyd. Dechreuodd gŵr Enid glapio hyd yn oed, cyn iddo gael hergwd gan ei wraig i beidio.

Erbyn hynny, roedd y rhan fwyaf o'r ystafell yn cymeradwyo Nai Nai. Hi, yn swyddogol, oedd y chwaraewr bingo gorau yn yr ystafell. Rhoddodd Nai Nai gusan i Tommy ar ei foch, a gwridodd yntau nes ei fod yn fflamgoch. Rhoddodd Linda y siec enfawr i Nai Nai, yn ogystal ag amlen fechan gyda siec arferol i'w rhoi i'r banc, a safodd Ma a Ba wrth fy ymyl.

Doeddwn i heb weld dwy wên fel yna ar eu hwynebau ers oes pys.

Roedd Nai Nai wrth ei bodd, a'r siec a chwifiai uwch ei phen yn fwy o faint na hi.

27

Mae Mathemateg yn Hwyl!

Y diwrnod hwnnw, pan enillodd fy nai nai o Tsieina domen o bres, newidiodd hi feddwl sawl un nad oedd wedi arfer â phobl ddiarth cyn hynny. Hi ydy'r person dewraf i mi ei hadnabod erioed. Roedd hi wedi teithio miloedd o filltiroedd i fyw gyda ni, allai hi ddim siarad yr iaith, a doedd hi ddim yn adnabod neb yno. Roedd hi'n haeddu mwy na beth gafodd hi, yn enwedig gen i. Penderfynais y diwrnod hwnnw i werthfawrogi pob eiliad gyda hi yn fy mywyd. Roedd hi'n bencampwr mathemateg wedi'r cyfan. Roeddwn i wir yn ddraig lwcus i'w chael yno i fy helpu gyda'r un pwnc oedd yn fy maglu fwy nag unrhyw un arall.

Treuliodd y ddau ohonon ni weddill y gwyliau Pasg yn gweithio ar fy mhrosiect mathemateg. Byddwn i'n treulio amser yn tynnu lluniau gwych a oedd yn dangos mathemateg ar waith ym myd natur, ac yn dangos pam mae Fibonacci, neu Leonardo o Bisa, yn berson eithaf cŵl am feddwl am yr holl beth.

Ar y bore Llun cyntaf hwnnw yn ôl yn yr ysgol, tynnodd Mr Heathfield enwau allan o het. Roedd y camera'n barod i recordio'r cyflwyniadau i'w hanfon i swyddfa'r maer, er mwyn i'r beirniaid ddewis enillydd. Byddai'r ysgol fuddugol yn cael gwybod unwaith y byddai'r holl gyflwyniadau wedi'u hanfon i mewn.

Roedd gwylio cyflwyniad *Fortnite* Carter mor ddifyr â gwylio paent yn sychu. Roeddwn i wedi meddwl y byddai'n ofnadwy o gyffrous, ond yr unig beth wnaeth o oedd berwi am faint o bobl roedd o wedi'u saethu, a beth oedd y tebygolrwydd y byddai'n rhagori ar ei sgôr uchel ei hun.

Roedd cyflwyniad ffracsiynau hip hop Ravi yn wych. Llwyddodd i gael y dosbarth cyfan i symud gyda'r gerddoriaeth ac i chwifio eu dwylo yn yr awyr. Daeth ei gefnder, Deep, i'r dosbarth gyda chwaraewr recordiau a goleuadau fel y rhai sydd mewn disgo. Roedd Ravi'n gwisgo helmed marchog, ac roedd ganddo darian wedi'i gwneud o ffoil, gyda llwyth o gylchoedd wedi'u rhannu'n wahanol adrannau arni. Roedd un darn yn sôn am faint o angenfilod roedd o wedi'u trechu, a darn arall yn sôn am faint o dywysogesau roedd o wedi'u hachub. A doedd gen i ddim syniad bod Ravi'n gallu rapio!

'Danny! Dy dro di nesaf,' dywedodd Mr Heathfield, gan godi bawd arnaf i. Roedd y golau coch ar ochr y camera'n fflachio.

'Iawn, syr. Diolch, syr.' Roeddwn i'n wên o glust i glust. Doeddwn i erioed wedi bod mor awyddus i siarad am fathemateg o'r blaen. Ond y gwirionedd ydy, doedd hwn ddim yn teimlo fel mathemateg go iawn. Roedd yn teimlo fel celf.

Sefais o flaen y dosbarth. Doeddwn i ddim yn chwysu, ac roeddwn i'n anadlu fel arfer. 'Helô, bawb, dwi eisiau cyflwyno fy nai nai – Dong Mei.' Gwenais. 'Mae'n golygu *Eirin y Gaeaf* a dwi'n meddwl mai dyna pam ei bod hi mor hoff o ffrwythau.' Agorais ddrws y dosbarth a daeth Nai Nai i mewn, gan gario basged o ffrwythau a llysiau, a fy ngwaith celf i ar ddarnau mawr o gardbord.

'Mae fy nghyflwyniad i am fathemateg mewn natur ac mewn celf. Amser maith yn ôl, mi wnaeth dyn o'r enw Leonardo o Bisa ddarganfod y gyfres Fibonacci ...'

Cododd Nai Nai y darnau o gardbord A3 roeddwn i wedi'u paratoi. Roeddwn i wedi tynnu llun o

Leonardo gyda barf hir, ffrog frown hir, a chap pig. Es i nôl un o'r blodfresych Romanesco roedd Nai Nai wedi'u prynu o siop Mr Potempa o'r fasged, a'i phasio o gwmpas y dosbarth er mwyn i bawb ei gweld. Clywais sawl un yn dweud, 'wwww' ac 'aaaaa'.

'Beth YDY hwnna?' gwaeddodd Tia. Gallwn ddweud ei bod hi'n meddwl ei fod o'n eithaf cŵl. Aeth y flodfresychen yn ei blaen, o un llaw i'r llall, o gwmpas y dosbarth.

'Mae hwnna *mor* od, ond dwi'n hoffi sut mae'n teimlo,' dywedodd Grace, gan dynnu bys dros y pigau gwyrddion. 'Alli di ei fwyta fo?'

'Dydy hyn yn ddim byd i'w wneud â maths,' meddai Carter, gan esgus dylyfu gên. Gallwn weld ei fod o'n genfigennus.

'Wel, mi fydd rhai ohonoch chi'n gwybod hyn yn barod, ond dwi ddim yn wych am wneud mathemateg. Ond, er hyn, mi wnaeth fy nain i lwyddo i ddangos i mi fod mathemateg ym mhob man yn y byd o'n cwmpas. Does dim angen i ni ei ofni. Ac mae o ym myd natur hefyd.' Cododd Ravi ei fawd arnaf i a gwenodd.

'Doeddwn i ddim yn gwybod hynny,' meddai Tia.

Es yn fy mlaen i ddangos mwy o luniau o gyfres Leonardo, ac i ddangos sut roedd y rhifau'n ehangu, a ble y mae'r gyfres i'w gweld ym myd natur. Roedd Nai Nai wedi fy achub i.

Roedd hyd yn oed Mr Heathfield yn edrych yn hapus. Curodd ei ddwylo a rhoddodd ei fraich ar fy ysgwydd ar ôl i mi foesymgrymu.

'Gwych. Da iawn, Danny, ac, ym ... nain Danny hefyd. Dwi'n tybio nad hi wnaeth dynnu'r lluniau gwych yma,' dywedodd. 'Diolch i bawb a gyflwynodd eu gwaith heddiw. Rydych chi wedi bod yn wych.'

'Mae hi'n amlwg eich bod chi wedi bod yn gweithio'n galed dros y gwyliau. Roedden nhw'n gyflwyniadau difyr ac yn llawn gwybodaeth, heb os nac oni bai. Rydyn ni wedi ffilmio pob un, a byddwn yn danfon y rhai gorau i'r beirniaid. Cawn wybod pwy fydd yn fuddugol erbyn diwedd yr wythnos, ac os mai disgybl o'r ysgol hon ddaw i'r brig, byddwn yn dweud wrth bawb yn ystod y gwasanaeth. Pob lwc, bawb. Dwi'n falch iawn ohonoch chi i gyd.'

Ar ddiwedd y wers, daeth Mr Heathfield draw ataf i. Plygodd ei ben i ddweud, 'Ti wedi gwneud tipyn o argraff heddiw, Danny, efo'r lluniau gwych a dy allu i feddwl y tu allan i'r bocs. Dal ati. Ti'n gwybod y galli di ddod i fy ngweld i os oes gen ti unrhyw gwestiynau, yn dwyt?'

'Ydw, syr. Diolch, syr,' atebais.

Roeddwn i'n dal yn grediniol mai rhywun fel Amelia Yee fyddai'n ennill, gan ei bod hi'n dod i'r brig ymhob dim a wnâi. Er hyn, roeddwn i'n falch o fod wedi rhoi cyflwyniad da am unwaith. Roedd Nai Nai wedi dangos i mi fod DANNY CHUNG A MATHS YN FFRINDIAU, dim ond i mi gael gwneud y gwaith yn fy ffordd fy hun. Roedd Dad yn dweud y gwir fod mathemateg o'n cwmpas ni ymhob man.

Ddydd Mercher, ar ôl yr ysgol, aethon ni â Nai Nai i weld Mrs Cruikshanks, a oedd yn dal yn yr ysbyty yn gwella. Pan ddywedon ni wrthi fod Nai Nai wedi ennill y wobr fawr, a dangos y siec enfawr, gwaeddodd dros y lle a churodd ei dwylo. Gwasgodd y botwm oren a oedd wrth ei hymyl er mwyn cael dweud wrth y nyrs bod ei ffrind gorau wedi ennill Gwobr Fawr y Bingo y mis hwn. Gwenodd y nyrs yn ffals, gan ei hatgoffa mai dim ond mewn argyfwng y dylai wasgu'r botwm. Dechreuodd Mrs Cruikshanks lafarganu, '*Hao-si! Hao-si! Hao-si!*', ac o fewn dim roedd Nai Nai, Ma, a Ba wedi ymuno hefyd. Roedd Ravi a finnau'n ceisio'n gorau glas i beidio â chwerthin pan ddaeth y brif nyrs i mewn i ddweud wrthyn ni am fod yn dawel.

Cyfieithodd Ba ar gyfer Nai Nai pan ddywedodd Mrs Cruikshanks ei bod hi'n teimlo'n well o lawer, a pha mor lwcus oedd hi nad trawiad gafodd hi. Roedd hi wedi cael strôc fach, ac roedden nhw wedi dweud y câi fynd yn ôl adref yn y bore, ac y byddai yn ôl i'r arfer ymhen ychydig wythnosau.

'Wn i ddim beth wna i os na chaf i fynd i'r bingo neu wneud fy ngwaith elusen,' dywedodd Mrs Cruikshanks. 'Mae fy nhŷ i'n rhy fawr o lawer i mi ar fy mhen fy hun. Dyna pam 'mod i'n hoffi mynd a dod ar hyd y lle. I weld pobl ac i gael clonc. Sut fydda i'n cael fy *chow mein* os na chaf i adael y tŷ?' gofynnodd.

'Mi wna i ddod â bwyd i chi,' dywedais wrthi.

'O, ti'n angel, Danny,' dywedodd Mrs Cruikshanks. 'Wnest ti ymddiheuro i dy fam-gu am dynnu'r lluniau cas ohoni?'

'Do. Mae popeth yn iawn rŵan. Mi wnes i gomic newydd efo Nai Nai fel archarwr,' dywedais.

'Rwy'n falch,' dywedodd. Rhoddodd wên fawr heb ddannedd i Nai Nai. Roedd ei dannedd gosod yn y cwpan ar y bwrdd wrth ymyl y gwely. 'Dong Mei, am enw bendigedig,' meddai, a phwyntiodd at y siec. 'Ac mae dwy fil o bunnoedd yn dipyn o wobr!'

'Falle y gallwn ni ei ddefnyddio i brynu tŷ mwy,' dywedais wrth Ba.

'Wel, Danny, byddai'n rhaid i Nai Nai ennill mwy o'r gwobrau mawr cyn y gallwn ni brynu tŷ ein hunain,' dywedodd Ba.

'Byddi di'n rhannu stafell efo Nai Nai am amser maith eto,' ychwanegodd Ma.

Eisteddodd Mrs Cruikshanks yn uwch yn y gwely. 'Rwy newydd gael syniad bach doniol. Mae gen i bedair stafell sbâr yn y tŷ. Dwy ohonyn nhw ag *en-suite*. Mae fy mhlant i'n byw yn Santa Fe, yn America, felly does neb byth yn galw heibio. Bydde croeso i Dong Mei ddod i fyw gyda mi os yw hi eisiau. Mae gen i ardd, a byddet ti a dy ffrind yn gallu dod i chware pryd bynnag chi moyn.'

Edrychodd Ma ar Ba, ac edrychodd Ba arnaf i, ac yna ar Nai Nai. Dechreuodd gyfieithu'r neges gan Mrs Cruikshanks i'w fam, ac mi wenodd Nai Nai o glust i glust. Dechreuodd siarad bymtheg y dwsin, ac yna rhoddodd gusan fawr wlyb i Mrs Cruikshanks.

'Wel, dyna hynny wedi'i drefnu!' dywedodd Mrs Cruikshanks. 'Byddwn ni'n union fel *The Golden Girls* ar y teledu.' Doedd gen i ddim clem am beth roedd hi'n sôn, ond chwarddodd Ba a Ma. Wedyn, dechreuodd Mrs Cruikshanks ganu, 'Diolch am fod yn ffrind i mi,' gan gydio yn llaw Nai Nai.

Roedd Ba yn eithaf digalon pan symudodd Nai Nai o'r tŷ, ond dywedodd Ma wrtho am roi'r gorau i'w wylo.

'Dydy hi ond yn symud bum stryd i ffwrdd!'

Roedd Ma a Ba wedi pacio ei holl eiddo yn y fan, ac mi aethon ni i gyd draw i weld tŷ Mrs Cruikshanks – roedd o'n enfawr, a chanddo bum ystafell wely. Roedd ei phlant hi i gyd wedi gadael cartref a'i gŵr wedi marw, yn gwbl annisgwyl, fel y gwnaeth gŵr Nai Nai. Doedd dim syndod ei bod hi'n treulio ei holl amser y tu allan i'r tŷ – roedd hi'n unig mewn tŷ mor fawr. Cerddodd Nai Nai at ei chartref newydd yn 95 Stryd y Bedw gyda gwên fawr ar ei hwyneb, a chyda dau fag golchi dillad enfawr llawn dop yn ei dwylo. Safai Mrs Cruikshanks wrth y drws; roedd hithau'n gwenu fel giât hefyd, ac yn dal baner. Arni, mewn llythrennau brysiog wedi'u peintio â phin ffelt bingo, roedd yn dweud:

CROESO I'N CARTREF NI!

Daeth diwedd yr wythnos o'r diwedd. Roedd dydd Gwener yn ddiwrnod mawr – roedden ni am gael clywed pwy fyddai'n cael treulio'r diwrnod mewn limo a mynd i barc Marchogion yr Oes a Fu. Roedd fy mhres i ar Amelia, neu rywun arall o'i hysgol ffansi hi. Brysiodd pawb i'r neuadd ar gyfer y gwasanaeth – roedd yr ysgol gyfan yno. Safai Mr Heathfield ar y llwyfan, a oedd yn anarferol.

Eisteddodd pawb ar y llawr gan wynebu'r llwyfan.

'Bore da, bawb. Heddiw, rydyn ni wedi cael gwybod mai un o gyflwyniadau ein disgyblion ni sydd wedi ennill y gystadleuaeth fathemateg 'Mae Mathemateg yn Hwyl'. Bydd yr enillydd yn cael treulio diwrnod mewn limo gyda'i ffrindiau, yn cael cwrdd â maer y dref, ac yn cael tocynnau i barc antur Marchogion yr Oes a Fu.'

'Wel, nid un ohonon ni sydd wedi ennill, mae hynny'n saff,' dywedodd Carter y tu ôl i mi.

Roedd Mr Heathfield yn gwenu. 'Rwy'n fwy balch fyth o ddweud mai rhywun o fy nosbarth i sydd wedi ennill, a bod y limo yn disgwyl amdanyn nhw y tu allan yr eiliad hon.' Aeth ochenaid o sioc drwy'r holl ystafell.

'Tawelwch,' dywedodd Mrs Brannan yn awdurdodol o ochr y neuadd.

Edrychodd Mr Heathfield tuag ataf i ... 'A'r enillydd yw ...' Allai hyn ddim bod yn wir ... a oedd o am ddweud fy enw i? A oedd lwc dda Nai Nai wedi cael effaith arnaf i o'r diwedd?

'... Ravi Dalal o 6H am ei gyflwyniad gwych ar ffracsiynau hip hop!' Edrychodd Ravi arnaf i, a syllais i yn ôl arno fo.

'OMB! Gwych, Syr Rav!' dywedais yn llawn cyffro. Nid fi ddaeth yn gyntaf, ond doedd dim ots gen i am hynny, roeddwn i wedi gweld nad syms oedd mathemateg i gyd, a chefais i dynnu lluniau o bethau gwych hefyd.

''Dan ni'n cael mynd i Marchogion yr Oes a Fu mewn limo!' dywedodd Ravi yn syn, ei wên yn lletach nag erioed.

'Ni?' gofynnais, gan esgus nad oeddwn i'n gwybod yn iawn y byddai'n dewis ei ffrind gorau i fynd gydag o – fi!

'Alla i ddim credu 'mod i wedi ennill rhywbeth!' dywedodd.

'Rwyt ti'n ei haeddu o! Roedd dy gyflwyniad di yn anhygoel,' dywedais wrtho.

Rhoddais bawen lawen iddo, â'r ddwy law, cyn ei brocio'n galed yn ei ystlys. Chwifiodd Mr Heathfield ei law i ddweud wrth Ravi am ddod ar y llwyfan i gael ei docynnau. Pan gerddodd draw yno, roedd yn edrych ychydig yn dalach na'r arfer. Roedd yn dal ei hun yn sythach. Ef oedd Syr Ravi o'r Deheubarth. Y rapiwr o fri sy'n trechu ffracsiynau. Curodd pawb eu dwylo wrth iddo fynd heibio (heblaw am Carter, Mitchell a Jay Jay, a oedd wedi dechrau beio ei gilydd am nad oedden nhw wedi ennill). Hon oedd yr wythnos orau erioed.

Epilog

Fy Ystafell i

Yr wythnos honno, caeodd Ma a Ba y siop am ychydig ddyddiau i gymryd gwyliau bach, a doedd hynny ERIOED wedi digwydd o'r blaen. Dywedon nhw fod gweld Nai Nai a fi'n cael cymaint o sbort gyda'n gilydd wedi gwneud iddyn nhw deimlo eu bod nhw'n colli rhywbeth.

''Dan ni wedi bod yn gweithio'n rhy galed dros y blynyddoedd diwethaf, Danny. Mi ddaeth Nai Nai i ddeall pwy wyt ti a be wyt ti'n hoffi ei wneud o fewn chydig wythnosau i gyrraedd yma,' dywedodd Ma.

'A dwi am ymuno â dosbarth yoga a chymryd mwy o wyliau,' meddai Ba. 'Mae'r poen cefn yma'n arwydd fy mod i wedi bod yn ei gor-wneud hi.'

Dywedodd Ma a Ba y byddwn i'n cael ailaddurno'r

ystafell wely hefyd, oherwydd na fyddwn ni'n symud i dŷ arall unrhyw bryd yn fuan. Cefais i ddewis pa liwiau i beintio'r ystafell, a dewisais i liw o'r enw '*verte*', gan ei fod yn fy atgoffa o liw blodfresych Romanesco. Cefais gymaint o hwyl yn dewis sut roeddwn i eisiau i fy ystafell edrych. Dywedodd Ma fy mod i wedi bod yn aeddfed iawn wrth ddewis hefyd. Prynodd hi ddillad gwely newydd i mi a oedd yn mynd yn dda gyda'r lliw newydd. Ac o dan y ffenestr, roedd gen i gadair a desg newydd sbon, gyda droriau i gadw fy mhapurau a fy meiros. Yn y gornel, roedd bag ffa mawr a theledu. Fyddai dim angen i mi adael fy ystafell byth eto!

O'r diwedd, roedd yr ystafell yn barod i Ravi ddod draw i aros! Roedd yr hen ddillad gwely pêl-droed wedi mynd, ac roedd Nai Nai wedi mynd â'r rhai oren gyda hi. Roedd hi wedi rhoi'r cap gwlân i Mrs Cruikshanks hefyd, ac roedd hi'n ei wisgo bob gafael. Roedd yn mynd yn dda gyda'i chôt law.

Ond y peth gorau oll oedd fod gen i WAL GELF. A dyna lle roeddwn i, wrthi'n rhoi rhai o fy lluniau newydd ar y wal, pan ddaeth ymwelwyr i fy ngweld i.

'Mae Nai Nai a Mrs Cruikshanks yma i roi rhywbeth newydd ar dy wal gelf di,' dywedodd Ma. Stwffiodd y ddwy hen ddynes i mewn i fy ystafell. Cafodd Ma a Ba eu gwthio i le cyfyng wrth y ffenestr.

Rhoddodd Nai Nai flwch mawr coch i mi. Rhwygais y blwch ar agor, a gwelais mai llun o ddraig gan Ye Ye oedd ynddo. Roedd gen i lwmp yn fy ngwddf yr un maint â litshi, a rhoddais i gwtsh enfawr i Nai Nai.

'Diolch, Nai Nai. Dwi wrth fy modd ag o,' dywedais.

Daeth Ba draw gyda morthwyl yn ei law, gosododd fachyn bach ar y wal a rhoddodd y llun arno. Aeth ati i sythu'r ffrâm rhyw ychydig, cyn camu yn ôl. Dechreuodd rwbio ei lygaid. 'Chydig o lwch, dyna'r cwbl,' dywedodd gan droi ei gefn.

Daeth Ma ataf i wedyn, gan roi ei breichiau amdanaf. "Dan ni'n dy garu di, Danny, ac rydyn ni eisiau i ti wybod hynny, stafell ffansi neu ddim.'

'Diolch, diolch i'r ddau ohonoch chi,' dywedais. 'Mae'n berffaith.' Safodd pawb mewn rhes i edrych ar fy wal wych newydd. Roedd rhai o fy lluniau gorau i yno – **yr Hwyaddraig**, **Sglefr-falwoden**, **y Forgrugnain**, **Archarwr** ac, ar y chwith, y dystysgrif gefais i am fy nghyflwyniad mathemateg. Roedd yn dweud bod fy nghyflwyniad wedi cael 'clod arbennig'. Roedd Ba wedi hongian fy lluniau o Leonardo o Bisa hefyd, ac roeddwn i wedi dysgu am rai o'r pethau eraill gwych yr oedd o wedi'u gwneud, yn ogystal â'r gyfres Fibonacci. Y fo, er enghraifft, ydy un o'r rhesymau ein bod ni'n defnyddio ein rhifau ni heddiw yn hytrach na rhifolion Rhufeinig. Byddai mathemateg yn anoddach fyth pe baen ni i gyd yn gorfod defnyddio rhifolion Rhufeinig, heb os.

'I Nai Nai mae'r diolch. Hi wnaeth fynnu ein bod ni'n defnyddio ei henillion i dalu am y pethau newydd hyn.'

'Ond roeddwn i'n meddwl eich bod chi'n casáu celf am nad oes pwrpas iddo,' dywedais wrth Ba.

'Roeddwn i'n anghywir. Roedd Ye Ye yn artist, yn union fel ti,' dywedodd Ba, 'ac mi wnaeth o roi'r gorau i swydd dda iawn er mwyn gwneud ei gelf. Roeddwn i'n ei feio fo am nad oedd gan ein teulu ni ddigon o bres i mi fynd i'r brifysgol. Mi wnes i symud i'r wlad hon, a wnaethon ni ddim maddau i'n gilydd ar ôl hynny. I mi, doedd gan celf ddim pwrpas, roedd yn rhywbeth a berodd dristwch mawr i ni.' Gafaelodd Ba ynof i'n dynn. 'Mae'n ddrwg gen i, Danny ... am dy rwystro di rhag tynnu lluniau. Dyma dy ddawn di, dwi'n deall hynny rŵan.'

Cefais fy mhrocio gan Nai Nai. Roedd ganddi rywbeth hir yn ei dwylo i'w roi i mi, rhywbeth wedi'i lapio mewn rholyn cegin. Agorais y parsel yn ofalus, ac y tu mewn iddo gwelais frwshys paent pren.

'Ye Ye oedd piau'r rhain,' dywedodd Ba. Estynnodd gynfas gwyn o'r tu ôl i'r drws. 'Dyma ti, Danny. Rydyn ni eisiau i ti wneud beth bynnag sy'n llenwi dy galon di â llawenydd,' dywedodd. 'Tynna luniau, peintia –

mi fyddwn ni'n falch ohonot ti, dim ots be wyt ti'n ei wneud.'

Allwn i ddim credu'r peth. Dim mwy o bregethu am y Ffordd Tsieineaidd, dim mwy o ddarlithio am roi pwrpas i bob dim, dim mwy o geisio fy nhroi i mewn i Amelia! Rhoddais y cwtsh mwyaf erioed i Ba. Ac ymunodd pawb arall hefyd mewn un pentwr.

'Mae hyn mor emosiynol,' dywedodd Mrs Cruikshanks, gan sychu ei llygaid â hances boced. 'Rwy'n teimlo fel aelod o deulu eto.'

'Diolch, Nai Nai,' dywedais, gan gydio yn y brwshys paent.

Gafaelais amdani.

Rhoddodd Nai Nai ei llaw ar fy nghefn.

'Dwi'n eich caru chi,' dywedais.

'Dwi'n caru Dan Dan,' atebodd Nai Nai.

Nodyn gan yr Awdur

Cefais fy magu mewn tŷ cyngor yn Birmingham ac, ar y cyfan, roeddwn i'n teimlo fel plentyn cwbl arferol. Wyddwn i ddim fy mod i'n 'wahanol' nes i eraill ddechrau gwneud i mi deimlo nad oeddwn i'r un fath â nhw. Roeddwn i'n siarad fel nhw, yn bwyta'r un bwydydd â nhw, roedd gen i anifeiliaid anwes, ac roeddwn i'n chwarae yn y parc fel pawb arall. Er hyn, pan oeddwn i tua saith oed, dwi'n cofio meddwl, 'A oes rhywbeth o'i le arna i? Be sydd?'

Wel, fy nghroen i oedd. Doedd fy nghroen ddim yr un fath â chroen pobl eraill. Roeddwn i'n blentyn a fabwysiadwyd gan deulu gwyn, a chefais fagwraeth 'Seisnig' iawn (er, roedd plant a theuluoedd Tsieineaidd eraill yn yr ardal pan oeddwn i'n fach, felly roeddwn i'n teimlo bod rhywfaint o ddiwylliant Tsieina o fy nghwmpas). Ond roedd rhan annatod ohonof i yn 'Tsieineaidd'. Allwn i ddim dianc rhag hynny, er i mi geisio gwneud ambell dro, yn debyg i Danny yn y llyfr hwn.

Rydych chi wedi clywed, sawl tro mae'n debyg, na fydd person yn teimlo bod ganddyn nhw gynrychiolaeth oni bai eu bod nhw'n gweld eu hunain mewn llyfrau ac ar y sgrin. Dyna yn union oedd fy mhrofiad i. Doeddwn i ddim yn gwybod pwy oeddwn i. Dwi wedi ysgrifennu *Dydy Danny Chung a maths ddim yn ffrindiau* i'r holl blant Prydeinig-Tsieineaidd, neu blant Prydeinig Dwyrain neu Dde-ddwyrain Asia, sydd erioed wedi gweld plentyn sy'n debyg iddyn nhw ar glawr llyfr i blant ym Mhrydain. HEFYD, mae'n llyfr sydd wedi cael ei ysgrifennu gan berson sy'n gwybod yn iawn sut mae'n teimlo i gael dy arwahanu am dy fod yn edrych ychydig yn wahanol, er dy fod yn teimlo'n Brydeinig iawn y tu mewn.

Cefais fy ysbrydoli pan gwrddais â mam-gu fy ffrind, a symudodd i fyw i Birmingham pan oedd hi'n 92 oed! Waw, meddyliais, mae hi wedi symud i fyw i wlad newydd yn ei hoed a'i hamser, gan adael ei holl fyd ar ôl. Am ddynes ddewr. Allai ei hwyrion a'i hwyresau ddim deall ei thafodiaith hi, ond roedden nhw'n ei charu hi beth bynnag. Bues i hefyd yn pendroni am bethau y gallai hi eu gwneud gyda'i hamser, ac fe wnes i ei dychmygu hi'n chwarae bingo – a dyna sut y ganwyd cymeriad Nai Nai, mam-gu Danny. Wnes i ddim cwrdd â fy mam-gu nes roeddwn i yn fy ugeiniau chwaith, ac er nad oedden ni'n siarad yr un iaith, roedden ni'n ffrindiau mawr.

Mae *Dydy Danny Chung a maths ddim yn ffrindiau* yn llawn hiwmor a dyngarwch, a hynny mewn oes anghyfarwydd ac anwadal. Perthyn yw thema'r llyfr, a dwi'n gobeithio eich bod chi wedi mwynhau ei ddarllen.

Maisie Chan

Cydnabyddiaethau

Roedd ysgrifennu *Dydy Danny Chung a maths ddim yn ffrindiau* yn bleser pur. Roedd rhannau ohono yn gwneud i mi chwerthin hyd yn oed pan oeddwn i'n cael cyfnod arbennig o anodd. Mae'n nofel am obaith, teulu a pherthyn. Mae cymaint o bobl wedi fy nghefnogi dros y blynyddoedd ac mae'n ddrwg gen i os ydw i wedi anghofio am unrhyw un.

Diolch i fy asiant Chloe Seager am fod mor gynnes ac am fy helpu, gam wrth gam.

Piccadilly Press – mae fy nofel GYMAINT yn well oherwydd eich cyfraniad chi. Diolch i'r golygydd GWYCH, Georgia Murray, am fod gymaint o blaid y llyfr o'r dechrau. Diolch i weddill y tîm: Holly Kyte (y golygydd copi), Talya Baker (y prawfddarllenydd), Molly Holt (cysylltiadau cyhoeddus), Clements Dominica (cynllunydd y clawr), Dan Newman (dylunydd y testun) – rydych chi i gyd wedi bod yn arbennig.

Diolch ENFAWR i Anh Cao, a greodd glawr ac arlunwaith gwych ar gyfer y nofel. Dwi wedi mwynhau gweld sut rwyt ti dod â gwaith celf Danny yn fyw.

Diolch i Mrs Selwood (athrawes Saesneg yn yr ysgol) – am fy annog bob amser i ddod o hyd i eiriau.

Diolch i Jonathan Davidson a'r tîm yn Writing West Midlands – rydych chi wedi bod yn gefnogol i mi ers y dechrau. Diolch i Kit de Waal, sydd wedi bod yn wych yn rhoi cefnogaeth i'w chyd-awdur o Birmingham, ac i Sophie Morgan – roeddech chi yno pan oeddwn i'n ysgrifennu drafft cyntaf *Danny Chung*. Diolch hefyd i Steph Vidal Hall am yr hyfforddiant creadigol.

I fy nhiwtoriaid ysgrifennu creadigol cyntaf: Nicola Monaghan, Jackie Gay a Richard Beard. Fy nghyd-fyfyrwyr a ddaeth yn ffrindiau mawr: Sophie, Rena, ac Edmund. Diolch.

Diolch i Leila Rasheed o'r cynllun Megaphone, a newidiodd fy mywyd. Roedd gen i ryw fath o deimlad y gallwn i fod yn awdur plant ac mae Megaphone wedi helpu i wireddu hynny. Diolch i Nafisa, Avanti, Danielle a Joyce, a sicrhaodd fod y flwyddyn honno mor hapus. Yn yr un modd ag y gwnaeth Catherine Johnson, Patrice Lawrence, Candy Gourlay ac Alex Wheatle, a ddaeth i siarad â ni; fe wnaethoch chi baratoi'r ffordd ar gyfer mwy o awduron o liw yn y DU – rydych chi i gyd yn wych.

Diolch i fy ffrindiau SCBWI: Sarah B., A. M. Dassu, Rashmi, B. Taylor, am edrych ar fy ôl. Diolch i Grŵp Awduron Plant Glasgow: Tita, Susan, Lindsay, Dean, Emily, Josh, Joey ac Alistair.

Ac i'r Bubble Tea Writers: Yen, Eliza, Anne, Lui, Martin, Winnie, Mimi, Panni, Lu-Hai a llawer mwy.

Diolch i Muhammed Khan (awdur ac athro mathemateg) am ei gyngor ar ddilyniant Fibonacci.

I Alice S-H, a welodd rywbeth yn fy ngwaith ysgrifennu, ac i Lisa Williamson am fod yn ddigon caredig i ddarllen fy nofel gyntaf un. Diolch.

Diolch i Creative Scotland ac Ymddiriedolaeth Peter Pan Moat Brae am ganiatáu i mi fod yn Gymrawd Dr Gavin Wallace am flwyddyn gyfan. Hefyd, diolch i Ymddiriedolaeth Llyfrau yr Alban am fod mor groesawgar pan symudais i'r Alban, ac i Jenny Kumar o Literature Alliance.

Mae hi bob amser yn wych cael ffrindiau i'ch cefnogi chi. Felly, diolch i Ramona, Jane, Carmen, Eve, Eva, Antoine, Sarah, Cat, Csilla, Rhona P., Becks, Rhona M., Noy, Ruth ac Ellen, yn ogystal â llawer o rai eraill.

I fy nheulu, Jose, Santi ac Alma – diolch am eich cariad a'ch cefnogaeth. Dwi'n eich caru chi!

MAISIE CHAN

Dydy Danny Chung a maths ddim yn ffrindiau yw nofel gyntaf Maisie. Mae hi'n byw yn Glasgow gyda'i gŵr Sbaenaidd a'u dau o blant. Pan nad yw Maisie yn ysgrifennu, mae hi wrth ei bodd yn ymarfer ioga, bwyta *dim sum* a cheisio cadw planhigion yn fyw (dydy hi ddim yn arddwraig dda iawn!). Cafodd ei magu mewn tŷ cyngor yn Birmingham gyda phlant maeth eraill a llawer o anifeiliaid anwes (cŵn, cathod, bochdewion, cwningod, moch cwta, byjis, pysgod trofannol) ac mae hi wrth ei bodd yn ysgrifennu ar gyfer plant gan mai dyna'r swydd orau yn y byd. (Nid oes ots ganddi wneud mathemateg, ond mae'n well ganddi ysgrifennu.)

ANH CAO

Mae Anh Cao yn ddarlunydd sy'n wreiddiol o ddinas Ho Chi Minh, Fietnam. Ar ôl dod i'r DU i astudio, daeth yn amlwg iddi ei bod yn angerddol dros ddarlunio a phenderfynodd ddilyn y freuddwyd honno. Mae hi bellach yn gweithio ac yn byw yn Llundain, fel darlunydd ac artist datblygu gweledol.